Scandi Socken

STRICKEN

Niina Laitinen

Scandi Socken STRICKEN

20 kreative Muster
für Fortgeschrittene

CV

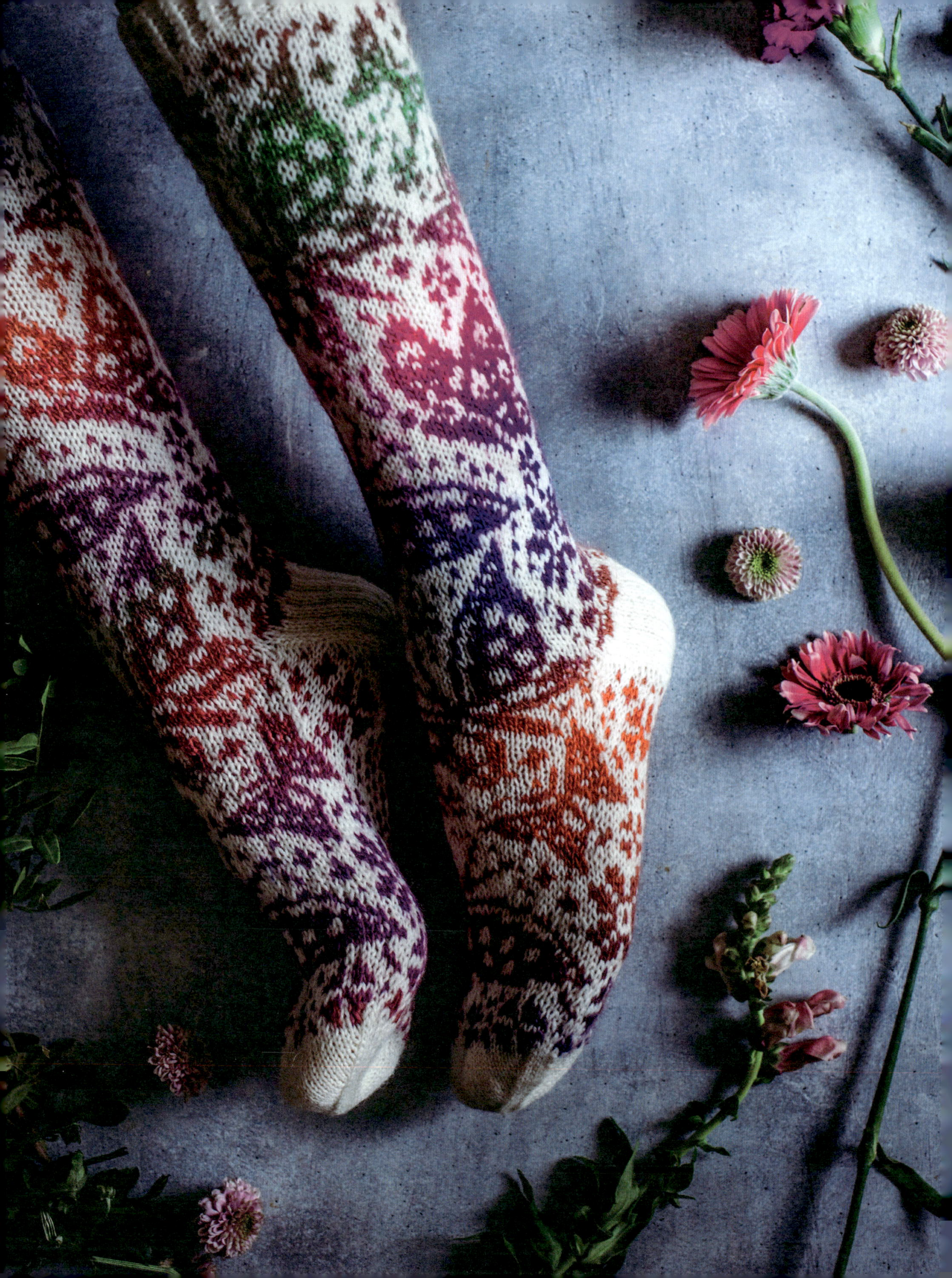

Dieses Buch ist meinen
Schwestern Mari, Paula,
Reetta und Heta gewidmet.

Sockenmodelle

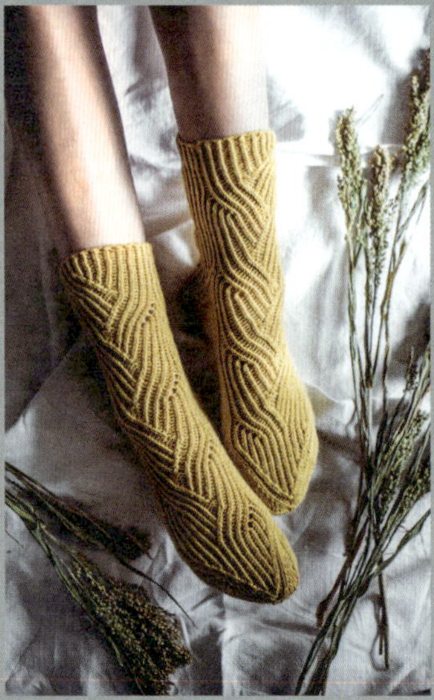

Für einen Moment
FRÜHLING

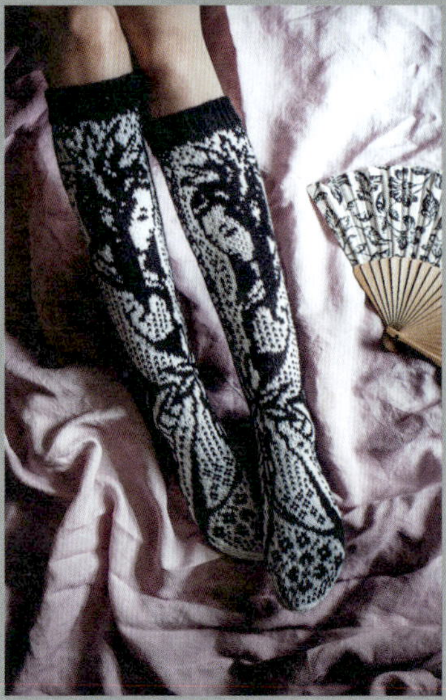

Zur Zeit der Kirschblüten
FRÜHLING

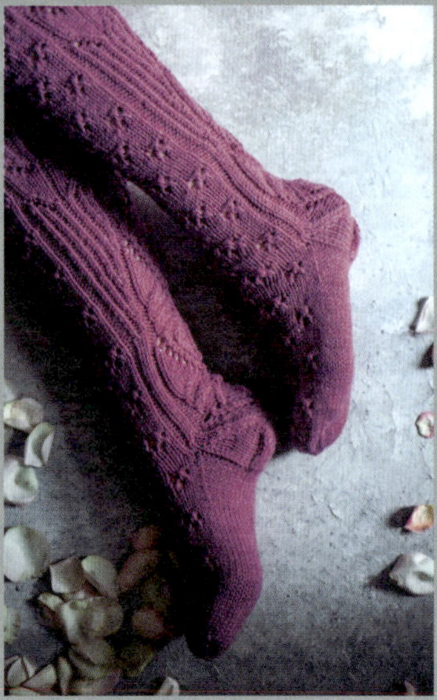

Die Zauberhaften
FRÜHLING

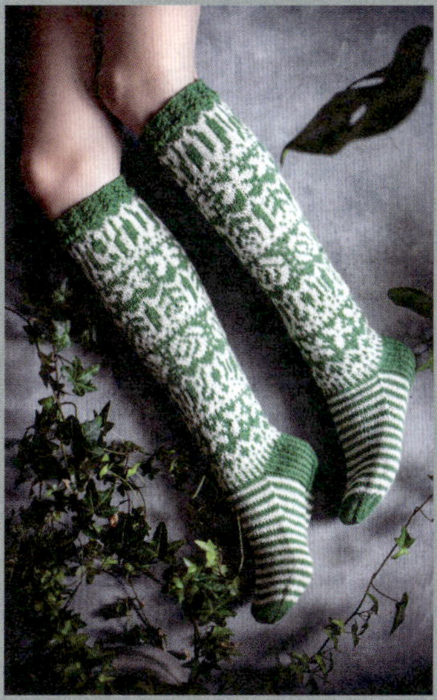

Mai
FRÜHLING

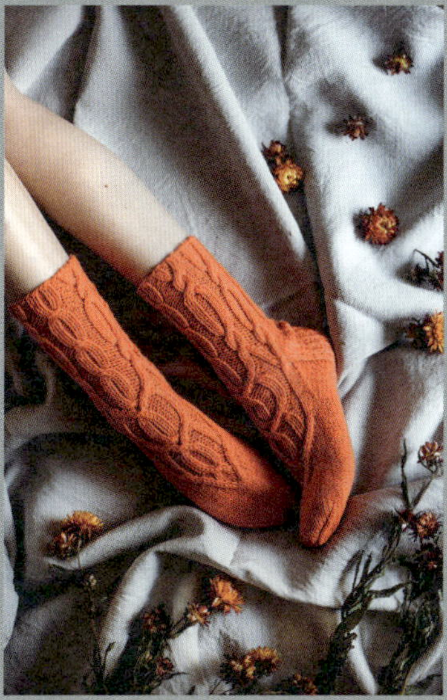

Lachender Wanderer
FRÜHLING

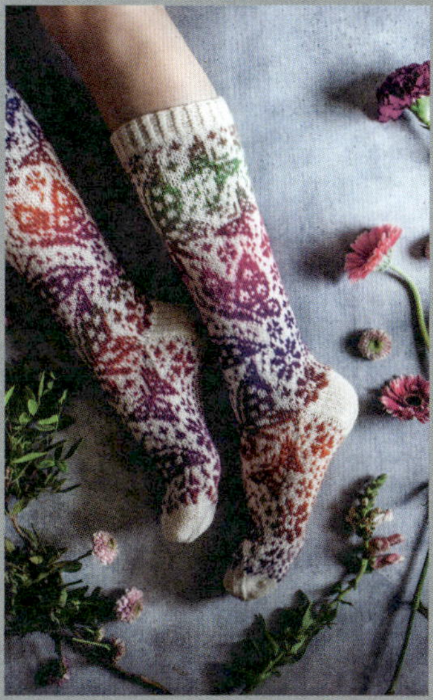

Meine Schwestern
SOMMER

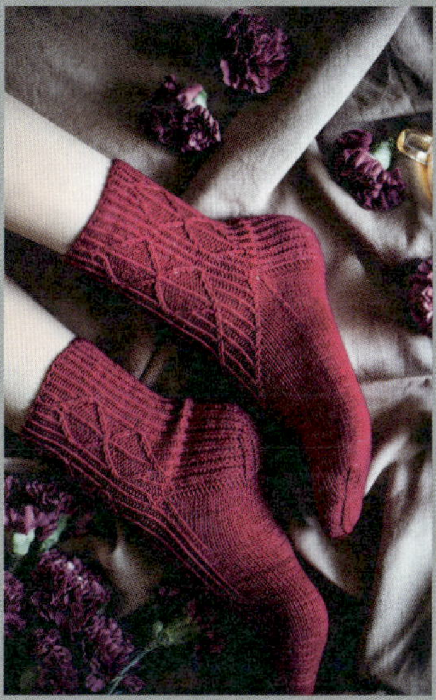

Alberne Liebe
SOMMER

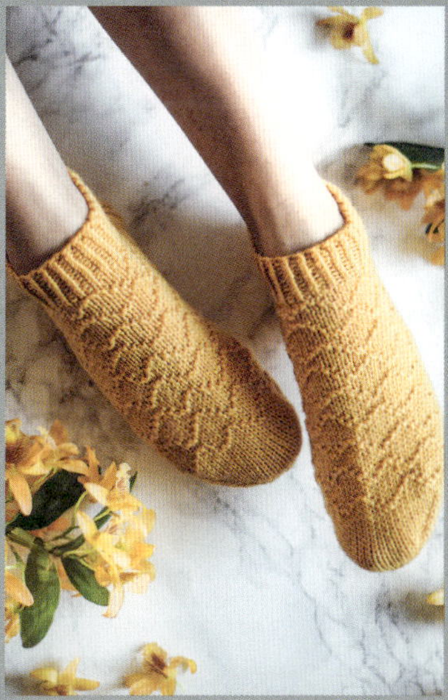

Gold im Haar
SOMMER

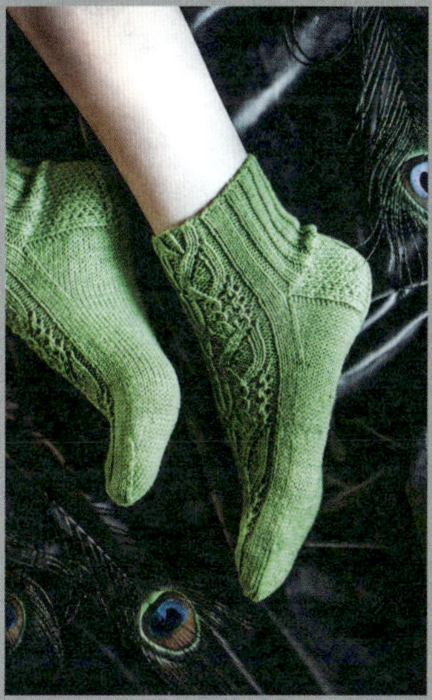

Paradies
SOMMER

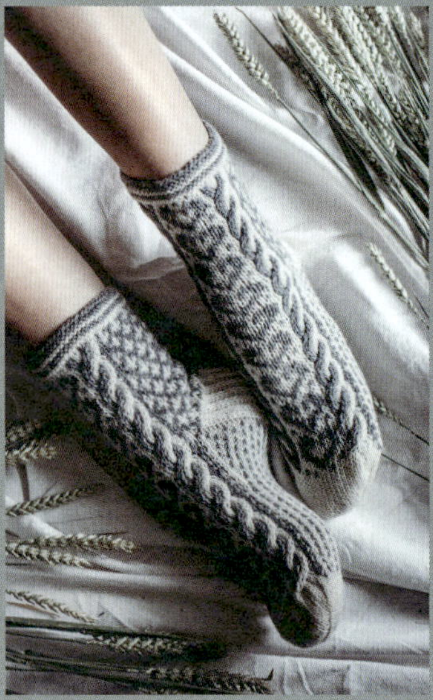

Hochzeitswalzer
SOMMER

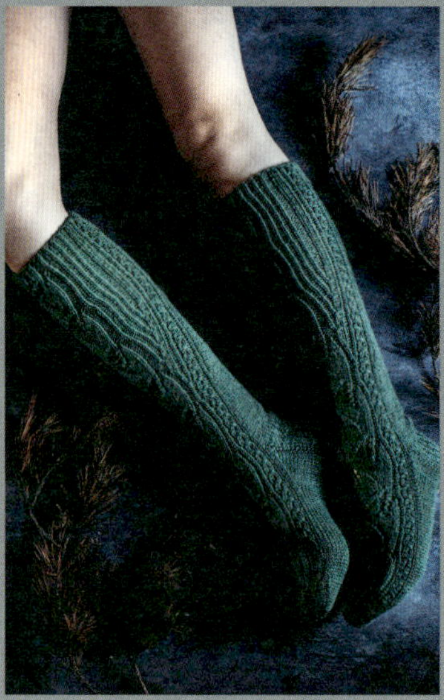

Die Grenzenlosen
HERBST

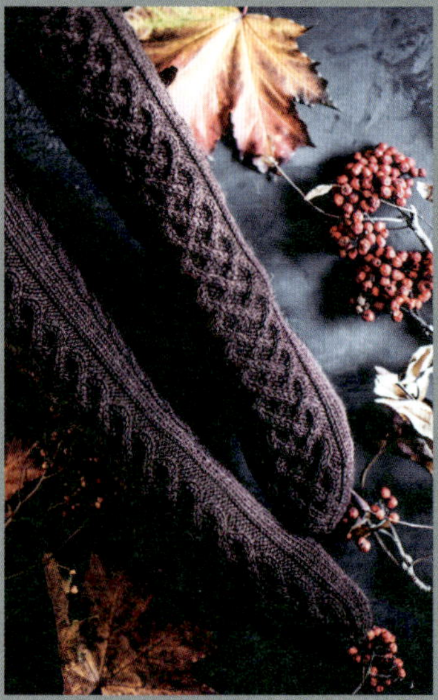

Schäkerei
HERBST

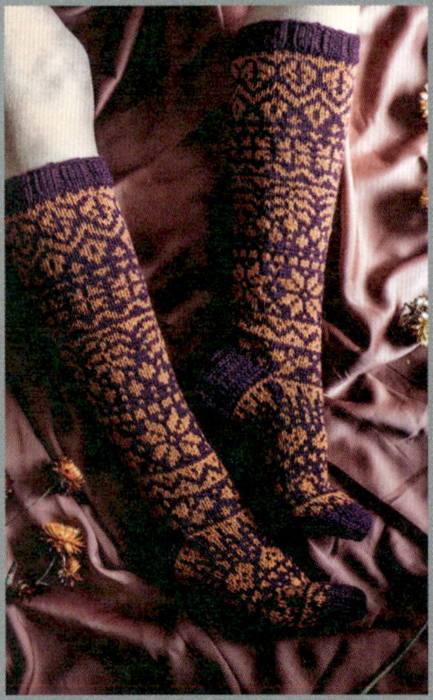

Abenteuer
HERBST

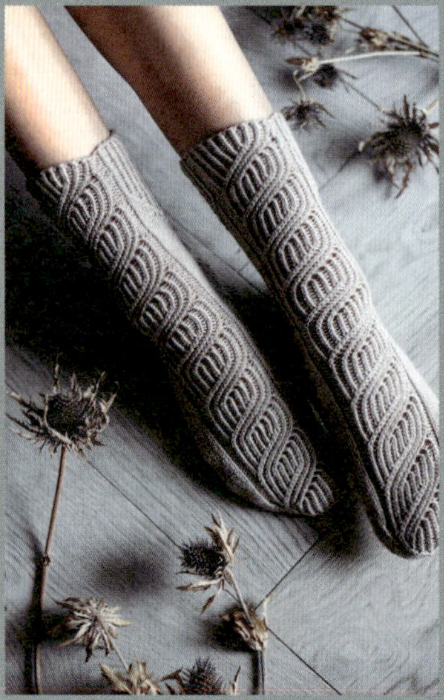

Seelenverwandte III
HERBST

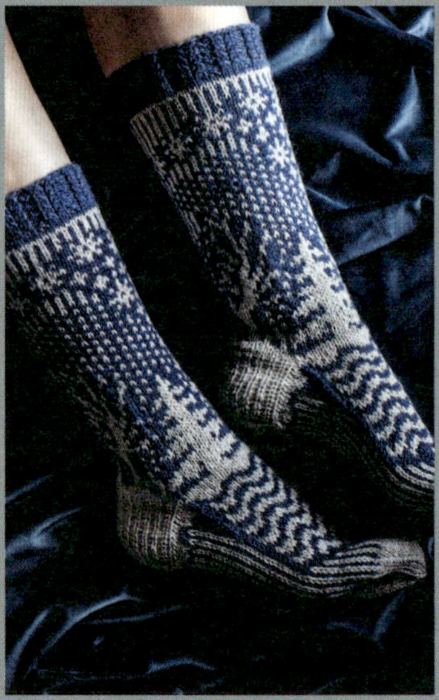

Am Tiilikka-See
HERBST

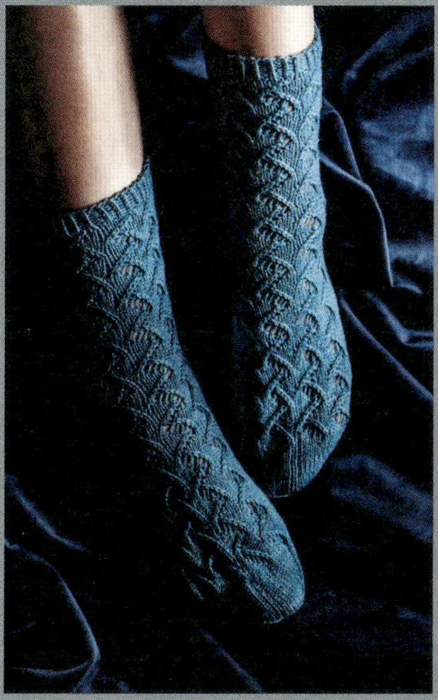

Die Eismeere
WINTER

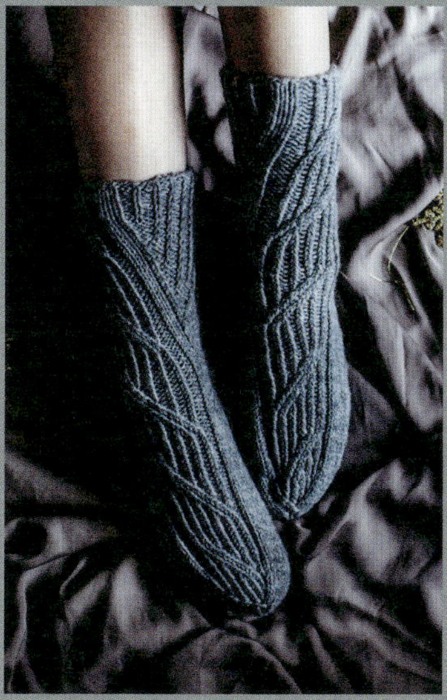

Wehmut
WINTER

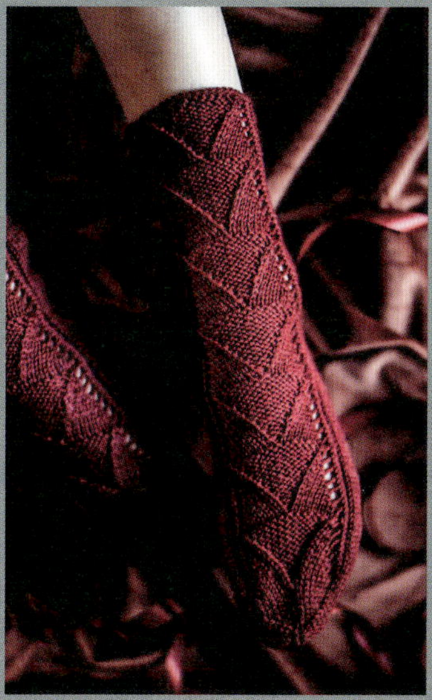

Vorabend
WINTER

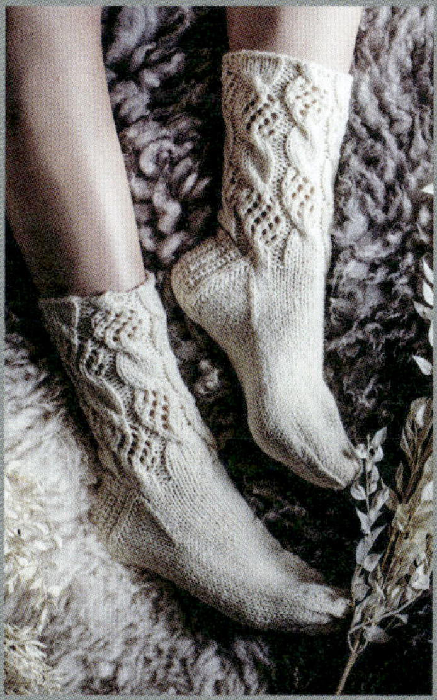

Still und leise
WINTER

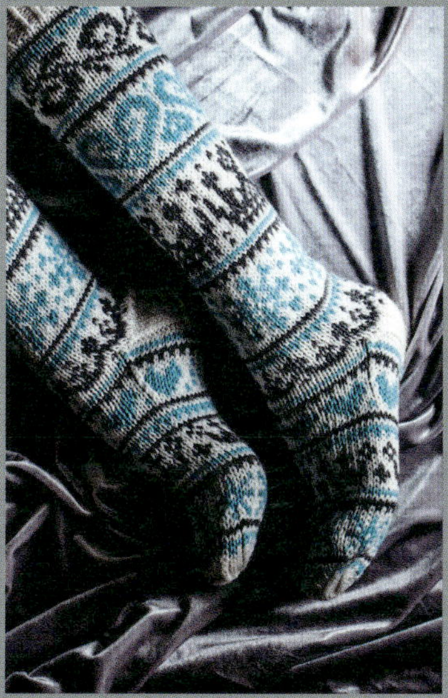

Die Schneekönigin
WINTER

Inhalt

SOMMER

HERBST

WINTER

Vorwort

Sie halten jetzt mein drittes Strickbuch in den Händen. In diesem Buch kehre ich zu den Stimmungen meines Erstlingswerkes zurück, zu den Abenteuern des nachfolgenden Jahres und dazu, wie wichtig und beruhigend es ist, seinen eigenen Platz in dieser Welt zu finden, wenn sich alles verändert.

Das neue Jahr der Wollsocken ist voller Erinnerungen, Landschaften und Momente des Glücks. Inspiration dazu fand ich in der Natur, in ihren wundersamen Schlupfwinkeln, in den Stimmungen unter dem Wind an guten und an schlechten Tagen.

Das Buch ist nach Jahreszeiten gegliedert, wobei jede Jahreszeit fünf Sockenanleitungen enthält. Im Frühjahr genießen wir das frische Grün, die Sonne und die Magie der Kirschblüten. Im Sommer wird mit den Schwestern in das Licht der Sommernächte eingetaucht, in die Verzauberung der Natur im Takt eines Hochzeitswalzers. Im Herbst machen wir Zeltausflüge, lassen uns auf einen Flirt und ein Abenteuer ein, während die Blätter leise auf die Erde fallen. Zur Magie des Winters gehört die Schneekönigin, der Weihnachtsfrieden und vielleicht sogar ein wenig freudige Erwartung auf das nächste Jahr.

Folgen Sie mir auf einen Ausflug durch das Jahr. Ich habe mich bemüht, die Anleitungen leicht verständlich zu formulieren, wie Sie es von mir gewohnt sind. Es sind auch einige anspruchsvollere Modelle dabei, die ich Ihnen wärmstens ans Herz legen möchte. Probieren Sie sie einfach mal aus und freuen Sie sich an den schönen Ergebnissen.

Zu den Modellen können Sie sich auf Facebook auf der Seite Niina Laitinen designs und in der Strickgruppe Taimitarha beraten lassen.

Nochmals ein herzliches Dankeschön an alle, die beim Entstehen dieses Buches mitgeholfen haben. Danke, dass es Euch gibt.

NIINA

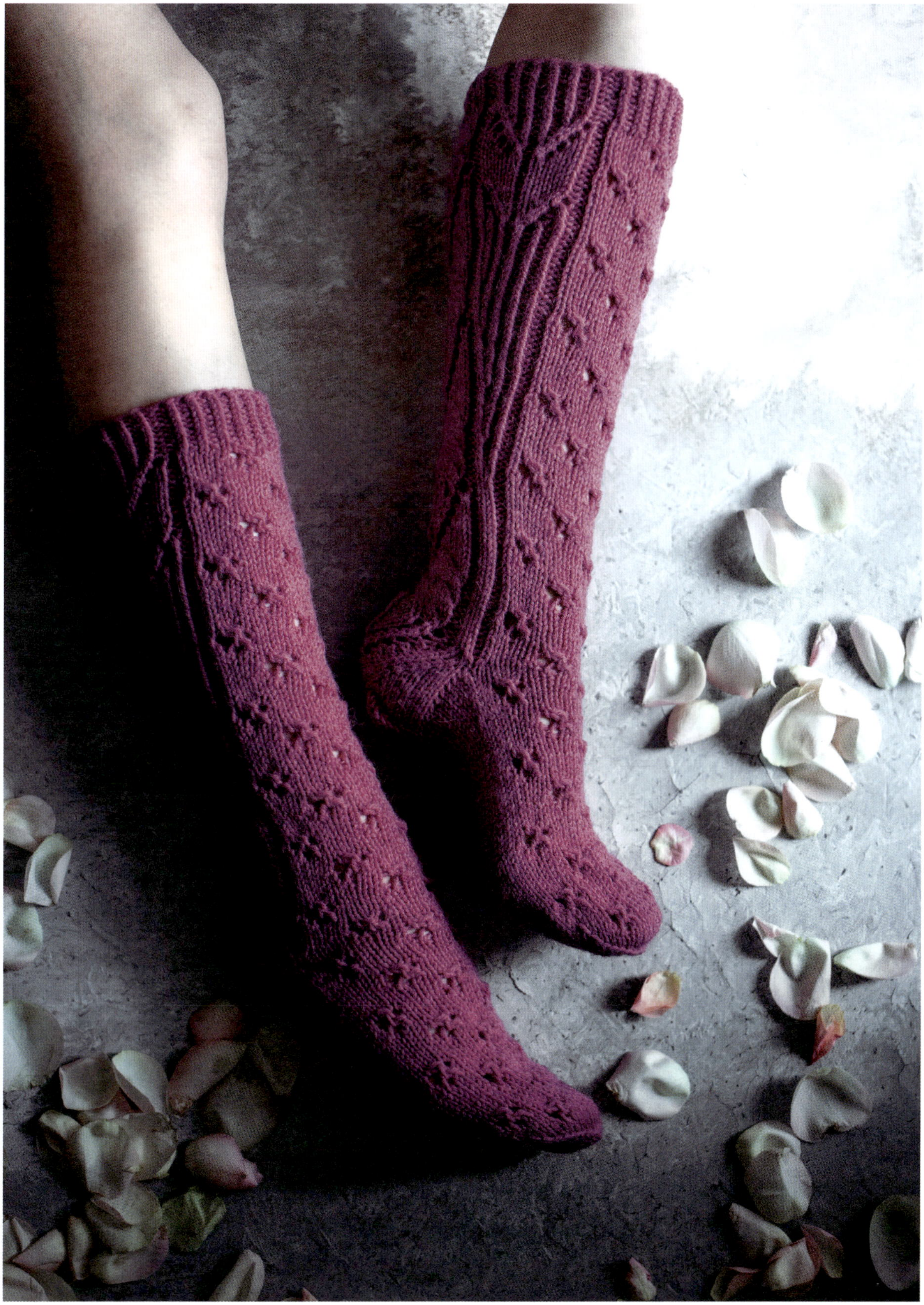

Abkürzungen und Stricktipps

In den Anleitungen werden Abkürzungen verwendet, damit der Text nicht zu lang wird. Manche Abkürzungen kommen in jeder Anleitung vor, andere wiederum nur in einigen. Die Erklärungen der Zeichen in den einzelnen Strickschriften finden Sie bei der jeweiligen Strickschrift.

M	Masche(n)
R, Rd	Reihe(n), Runde(n)
re	rechte, rechts
li	linke, links
Hin-R	Hinreihe(n)
Rück-R	Rückreihe(n)
U	Umschlag. Der Faden wird von vorne nach hinten über die Nadel gelegt.
Umschlag von hinten nach vorne	Der Faden wird von hinten nach vorne über die Nadel gelegt. In einigen Modellen wird dieser Umschlag verwendet, damit die rechte Maschen in der folgenden Runde/Reihe sich in die gewünschte Richtung neigt.
glatt re in Runden	Rechte Maschen stricken.
glatt re in Reihen	In der Hinreihe rechte Maschen, in der Rückreihe linke Maschen stricken.
kraus re in Reihen	In allen Reihen rechte Maschen stricken.
2 M re zus	2 Maschen rechts zusammenstricken.
2 M li zus	2 Maschen links zusammenstricken.
Übz	Überzug: 1 M wie zum Rechtsstricken abheben, 1 M rechts stricken, die abgehobene M über die gestrickte ziehen. Der Überzug kann durch die ssk-Abnahme ersetzt werden.
ssk	slip, slip, knit: abheben, abheben, stricken: 2 M nacheinander wie zum Rechtsstricken abheben, beide M zurück auf die linke Nadel legen und von hinten zusammenstricken. Die ssk-Abnahme kann durch den Überzug ersetzt werden.

–	Die Anleitung zwischen den Zeichen wiederholen.
1 M abheben, ohne sie zu stricken	Wird nicht angegeben, ob die Masche rechts oder links abgehoben wird, wird sie wie zum Linksstricken mit dem Faden hinter der Arbeit abgehoben. Bei der verstärkten Ferse können Sie die Maschen wie zum Rechtsstricken abheben und verschränkt stricken, damit die Maschen sauberer aussehen.
1 M li abheben, ohne sie zu stricken	Die Masche auf die rechte Nadel heben, der Faden liegt vor der Arbeit.
Fersen-R	Zu den Gesamtreihen der Fersen werden nur die verstärkt gestrickten Reihen gezählt, wenn nicht anders angegeben.
Zunahme von Maschen	Bei einigen Modellen werden für die Ferse eine oder mehrere Maschen zugenommen. Nehmen Sie dazu den Querfaden zwischen 2 M der Vorreihe auf und stricken Sie ihn rechts bzw. links verschränkt ab.
Nd	Nadel(n)
Nadelverteilung	Alle Modelle werden mit 4 Stricknadeln eines Nadelspiels gestrickt. Bei fast allen Modellen ist die Maschenaufteilung angegeben. Falls nicht, hat sie keine Bedeutung. Gelegentlich unterscheidet sich die Maschenzahl auf einer Nadel durch Abnahmen und Zunahmen von der einer anderen Nadel. Deshalb sollten Sie stets auf die richtige Gesamtzahl der Maschen achten.
Nummerierung der Nadeln	Mit der 1. und 4. Nadel wird die rückwärtige Sockenseite, mit der 2. und 3. Nadel die vordere Sockenseite gestrickt, wenn nicht anders angegeben.
Leserichtung der Strickschriften	Die Strickschriften werden von rechts nach links und von unten nach oben gelesen, wenn nicht anders angegeben.
Lesen der Strickschriften für Lochmuster	Bei einigen Strickschriften für Lochmuster kann die Rd, die gerade gestrickt wird, aufgrund von Abnahmen und Zunahmen nicht direkt mit der Vorrunde verglichen werden. Stricken Sie eine Rd nach der anderen, unabhängig von den darunter liegenden Maschen, so wird das Lochmuster korrekt.
Einstrickmuster	Bei Einstrickmustern sollten die langen Spannfäden alle paar Maschen verkreuzt werden. Nach jeder gestrickten Nadel sollten Sie die Maschen etwas dehnen und dabei sicherstellen, dass das Gestrick elastisch ist.
Maschenprobe	Die Maschenprobe ist für jedes Modell angegeben. Wenn Sie Ihre Maschenprobe für ein bestimmtes Garn nicht wissen, empfehle ich, ein Probestück zu stricken und die Maschen zu zählen. Wenn die Maschenzahl Ihrer Maschenprobe größer ausfällt, als in der Anleitung angegeben, werden die Socken kleiner, und umgekehrt.
Ändern der Größe	Sie können die Größe der Socken leicht ändern, indem Sie Nadeln anderer Stärke verwenden. Mit dickeren Nadeln erhalten Sie größere Socken und mit dünneren Nadeln kleinere. Einige Modelle haben fertige Anleitungen für unterschiedliche Größen oder Tipps zum Ändern der Größe.

Verwendete Garne und Alternativen dazu

DÜNNE SOCKENGARNE

LL 400–420 m = 100 g, empfohlene Nadelstärke 2,5

Alize
Austermann Step
Drops
Fabel
Kaupunkilanka Keskustori
Kirjo-Pirkka
Lana Grossa
Louhittaren Luola Väinämöinen
Malabrigo Sock
Maladi
Novita Venla
Opal 4ply
Regia 4ply
Socki Fine

MITTELDICKE SOCKENGARNE

LL 250–270 m = 100 g, empfohlene Nadelstärke 3

Austermann Step 6
Gjestal Maija
Kaupunkilanka Rotvalli
Louhittaren Luola Väinämöinen sport
Nordia Oona
Novita Nalle
Opal 6ply
Regia 6ply
Teetee Pallas
Vuorelma Veto

DICKE SOCKENGARNE

LL 200 m = 100 g, empfohlene Nadelstärke 3,5

Adlibris Socki
Gjestal Janne
Kaupunkilanka Kivijalka
Nordia Oiva
Novita 7 Veljestä
Teetee Salla

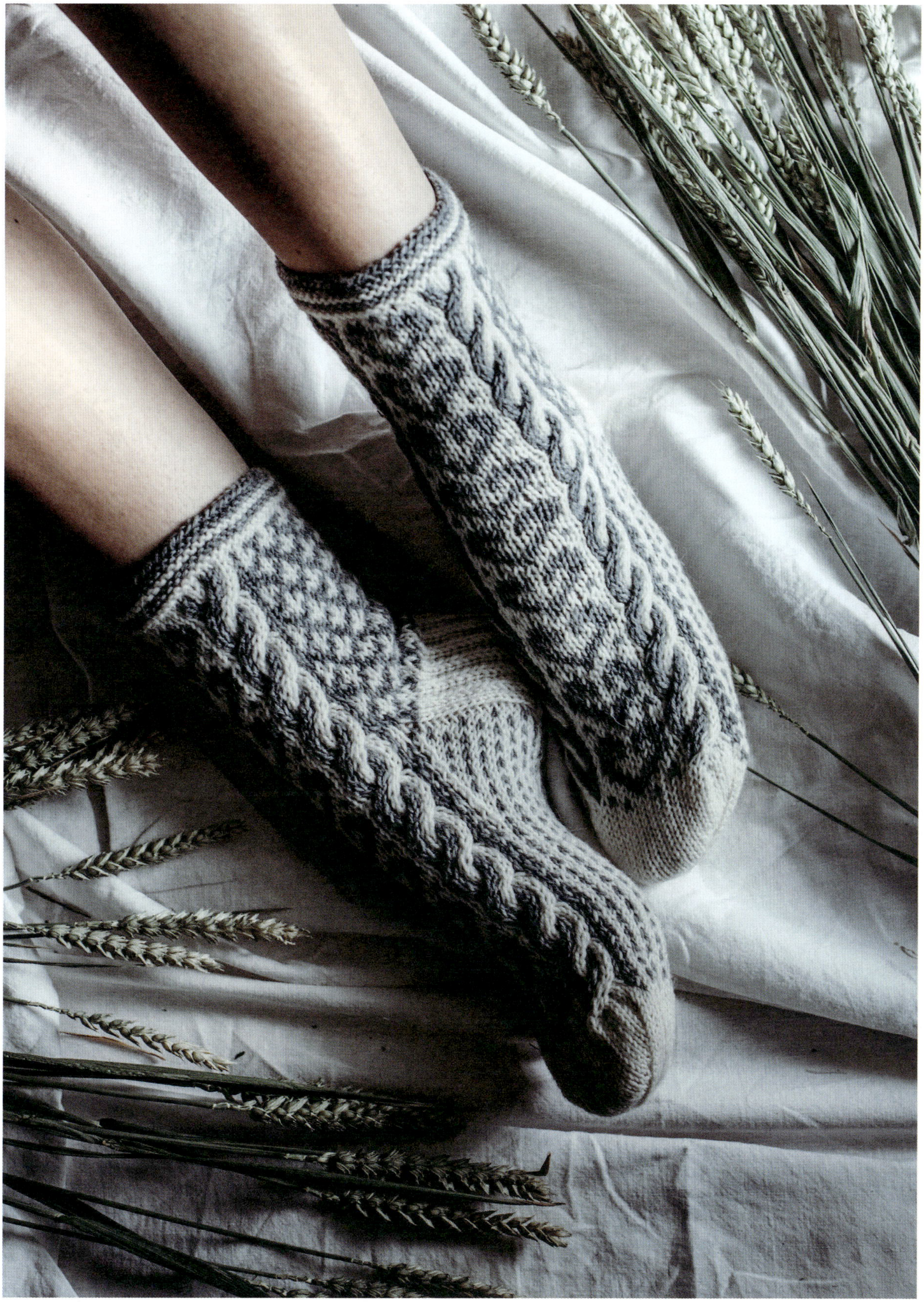

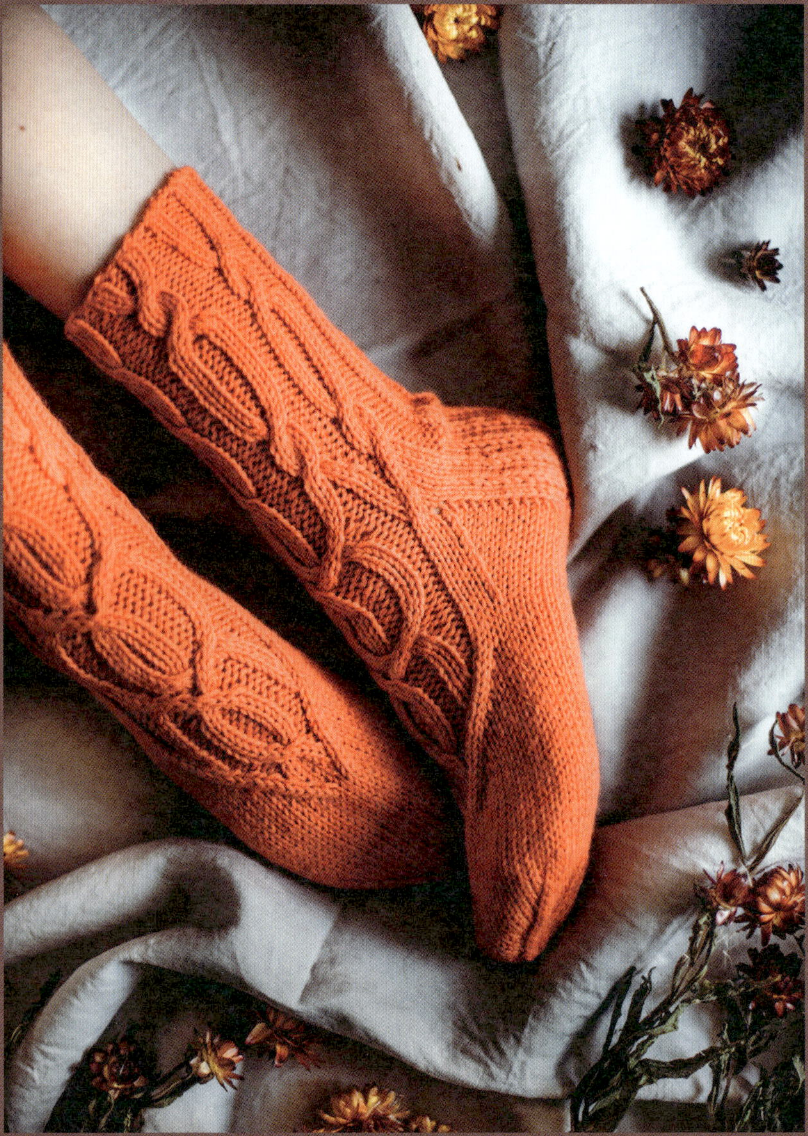

Frühling

SCANDI-SOCKEN STRICKEN

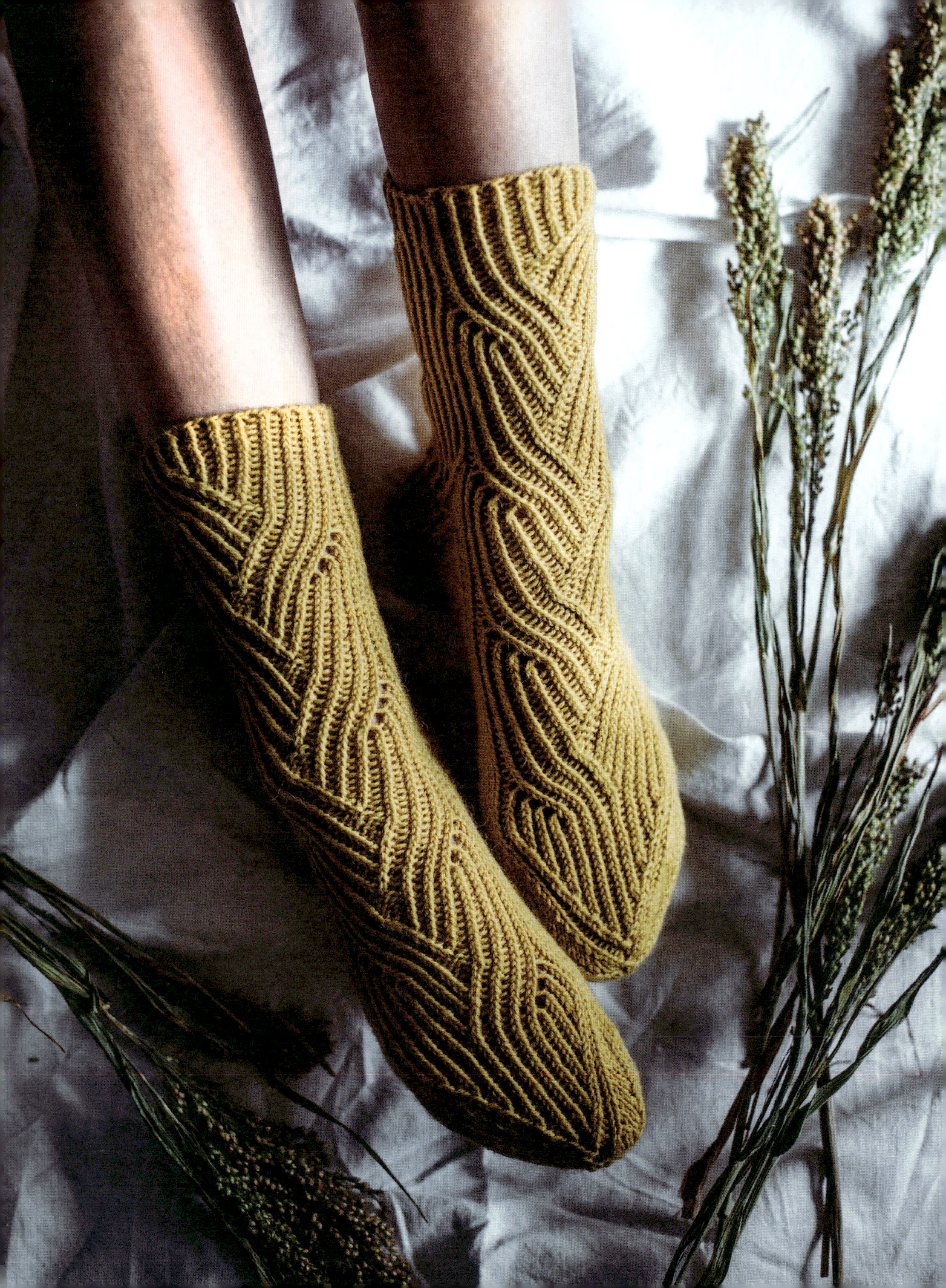

Für einen Moment

Diese ersten Strahlen, die noch etwas vorsichtig herauskommen, lassen jedes Herz dahinschmelzen. Wenn die Sonne Sie anlächelt, können Sie all die Freude und all das Glück spüren, die der Frühling mit sich bringt. In diesen Socken können Sie dem Licht zublinzeln und einen Moment innehalten, um die erwachende Natur zu betrachten.

GRÖSSE: 39

GARN: Novita Nalle, Farbe 285 Saffran

GARNVERBRAUCH: 85 g

NADELSPIEL: 3 mm

MASCHENPROBE:
23 M und 28 Rd = 10 cm x 10 cm

BEVOR SIE BEGINNEN

Die Socken werden gegengleich gestrickt. Verwenden Sie für die rechte Socke die Strickschriften A rechts und B rechts und für die linke Socke die Strickschriften A links und B links. Ansonsten ist die Anleitung für beide Socken gleich.

In der Strickschrift für den Schaft bilden die Nadeln 1 und 2 den vorderen Sockenteil und die Nadeln 3 und 4 den hinteren Sockenteil und die Ferse. Nach der Ferse ändert sich die Nadelverteilung, sodass die Fußsohle mit den Nadeln 1 und 4 und der vordere Sockenteil mit den Nadeln 2 und 3 gestrickt wird.

SCHAFT

60 M anschlagen und auf den Nd verteilen: 1. und 2. Nd insg. 25 M, 3. und 4. Nd insg. 35 M.

Den Schaft laut Strickschrift A stricken (50 Rd). In der letzten Rd der Strickschrift die Nadelverteilung ändern und die ersten 2 M der 3. Nd auf die 2. Nd heben und die letzten 2 M der 4. Nd auf die 1. Nd heben.

Für die Fersenwand bleiben somit 31 M (die M der 3. und 4. Nd). Die Fersenmaschen auf eine Nd heben.

FERSE

Die Arbeit wenden, die 1. M li abheben, ohne sie zu stricken, 1 M li, 2 M li zus, die übrigen M li stricken (für die Ferse bleiben insg. 30 M).

1. R (Hin-R): Die Arbeit wenden, *1 M abheben, ohne sie zu stricken, 1 M re, ab * bis R-Ende wiederholen.
2. R (Rück-R): Die Arbeit wenden, 1 M li abheben, ohne sie zu stricken, die übrigen M li stricken.

Diese 2 R wiederholen, bis für die Fersenwand 28 R gestrickt sind und zuletzt eine Rück-R gestrickt wurde.

Die Käppchenabnahmen in der nächsten Hin-R beginnen und weiterhin verstärkt stricken, bis noch 11 M auf der Nd sind. 1 ssk oder Übz stricken und die Arbeit wenden. Auf der anderen Nd sind 9 M. 1 M li abheben, ohne sie zu stricken, und verstärkt stricken, bis 11 M übrig sind. 2 M li zus und die Arbeit wenden.

1 M abheben, ohne sie zu stricken, und verstärkt stricken, bis 10 M übrig sind. 1 ssk oder Übz stricken und die Arbeit wenden. 1 M li abheben, ohne sie zu stricken, und verstärkt stricken, bis 10 M übrig sind. 2 M li zus und die Arbeit wenden. So fortfahren, dabei werden die äußeren M in jeder R reduziert, die mittleren M bleiben gleich (10 M).

Wenn die äußeren M aufgebraucht sind, die M der Fersenwand auf 2 Nd verteilen (5-5). 5 M re stricken, sodass der Faden in der Fersenmitte zwischen der 1. und 4. Nd liegt.

FUSSTEIL

Aus dem linken Fersenrand mit der freien Nd 16 M auffassen, die 5 M der 1. Nd re stricken, danach die 16 aufgefassten M re verschränkt stricken. Mit der 2. und 3. Nd das Muster laut Strickschrift B arbeiten, dabei mit der 1. Rd beginnen. Aus dem rechten Fersenrand 16 M auffassen und re verschränkt stricken, dabei noch die 5 M der 4. Nd auf dieselbe Nd stricken. Die Arbeit hat jetzt 71 M.

Mit den Zwickelabnahmen beginnen: Am Ende der 1. Nd 2 M re zus, am Anfang der 4. Nd 1 ssk oder Übz stricken. Mit der 2. und 3. Nd weiter im Muster laut Strickschrift B stricken. Mit den Zwickelabnahmen in jeder 2. Rd fortfahren, bis 57 M (14-15-14-14) übrig sind. Mit der 1. und 4. Nd weiter re, mit der 2. und 3. Nd im Muster stricken. Bis zur Rd 49 der Strickschrift stricken, danach mit den Abnahmen für die Spitze beginnen.

Mit der 1. und 4. Nd eine breite Bandspitze und mit der 2. und 3. Nd laut Strickschrift arbeiten:
1. Nd: Re M stricken, bis noch 3 M übrig sind, 2 M re zus, 1 M re.
4. Nd: 1 M re, ssk, die übrigen M re stricken.

Die Abnahmen in jeder 2. Rd stricken, bis 8 M pro Nd übrig sind. Danach in jeder Rd abnehmen.
2. und 3. Nd: Die Spitzenabnahmen laut Strickschrift B arbeiten (Rd 50-66).

Es sind 9 M übrig. Den Faden abschneiden und durch die M ziehen.

Die Fadenenden vernähen und die Socken leicht dämpfen.

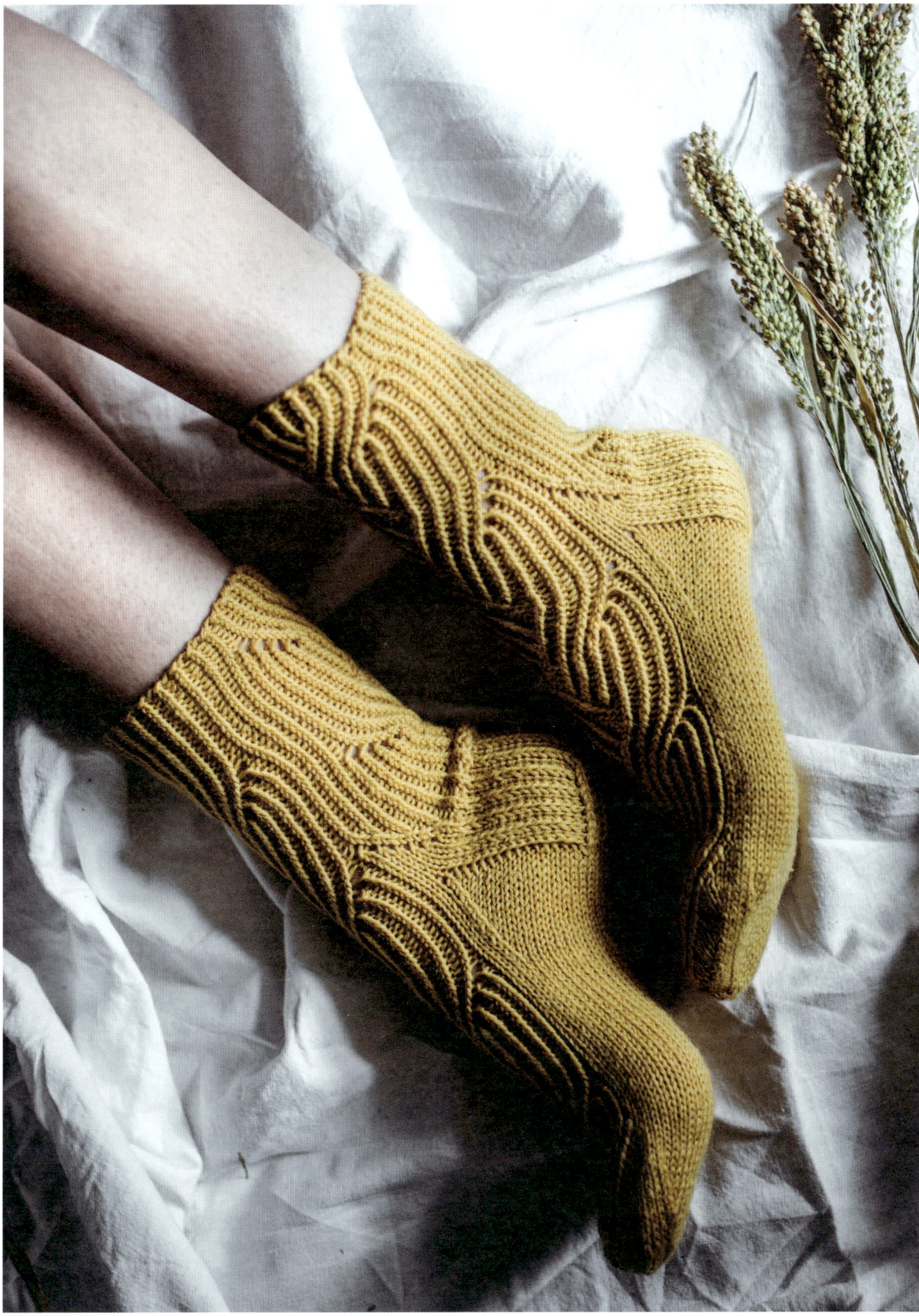

STRICKSCHRIFT A, SCHAFT, LINKS

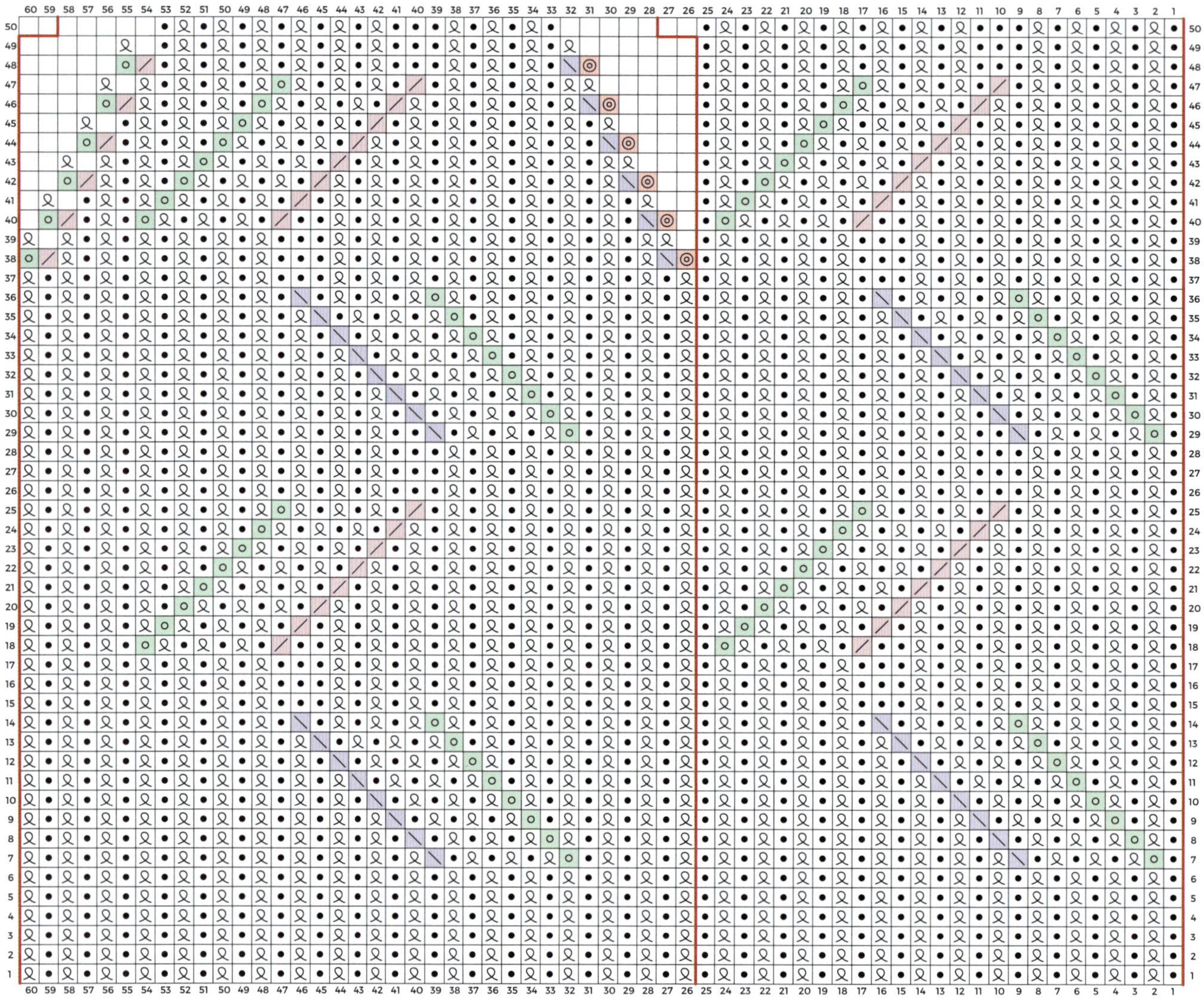

- rechts
- rechts verschränkt
- links
- Umschlag
- keine Masche
- ssk: 2 M einzeln wie zum Rechtsstricken abheben, zurück auf die linke Nd legen und von hinten 2 M re zus
- 2 M re zus
- Umschlag von hinten nach vorne
- 1 M re abheben, 2 M re zus, die abgehobene M über die gestrickten M ziehen

STRICKSCHRIFT A, SCHAFT, RECHTS

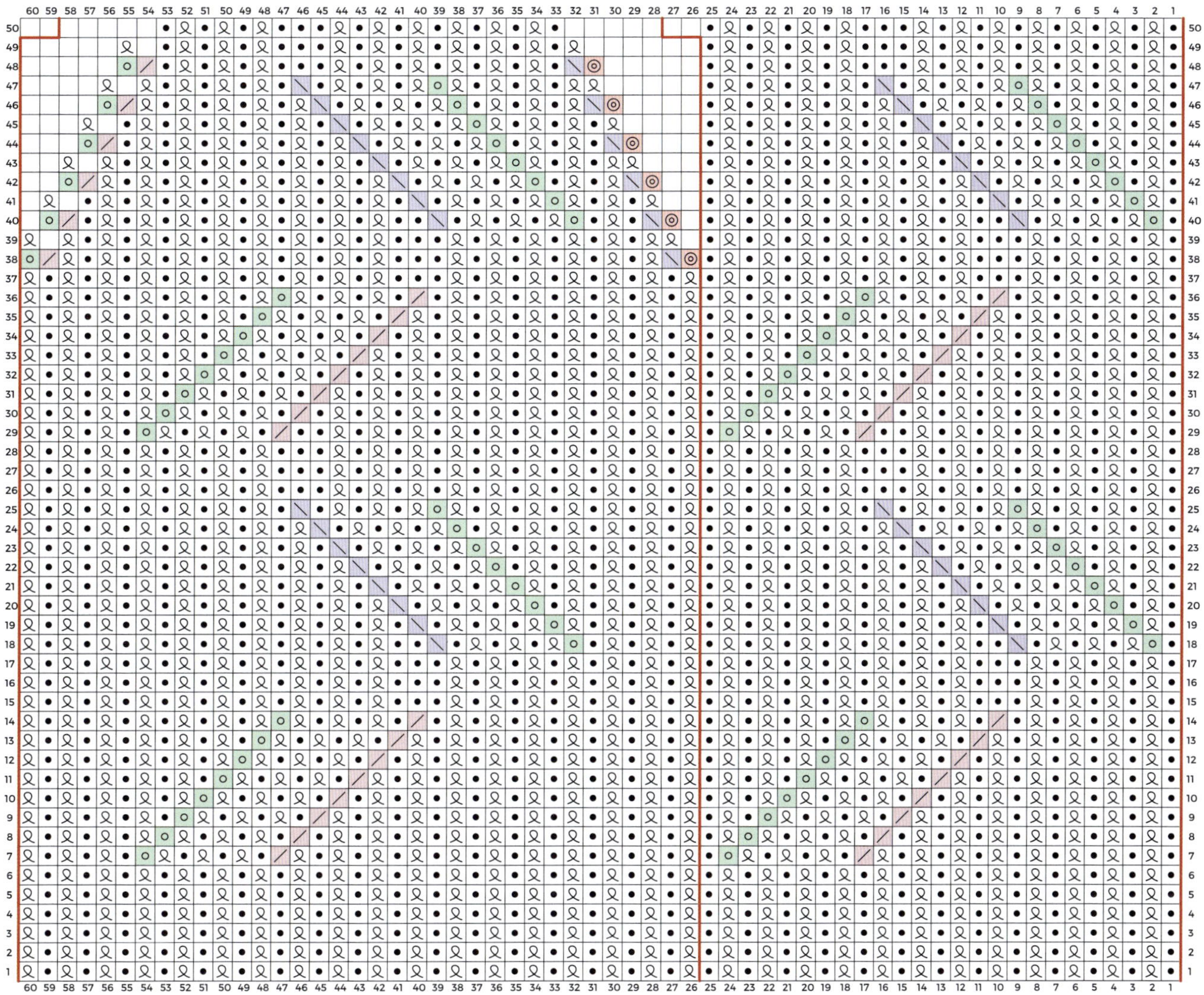

STRICKSCHRIFT B, FUSSTEIL, LINKS

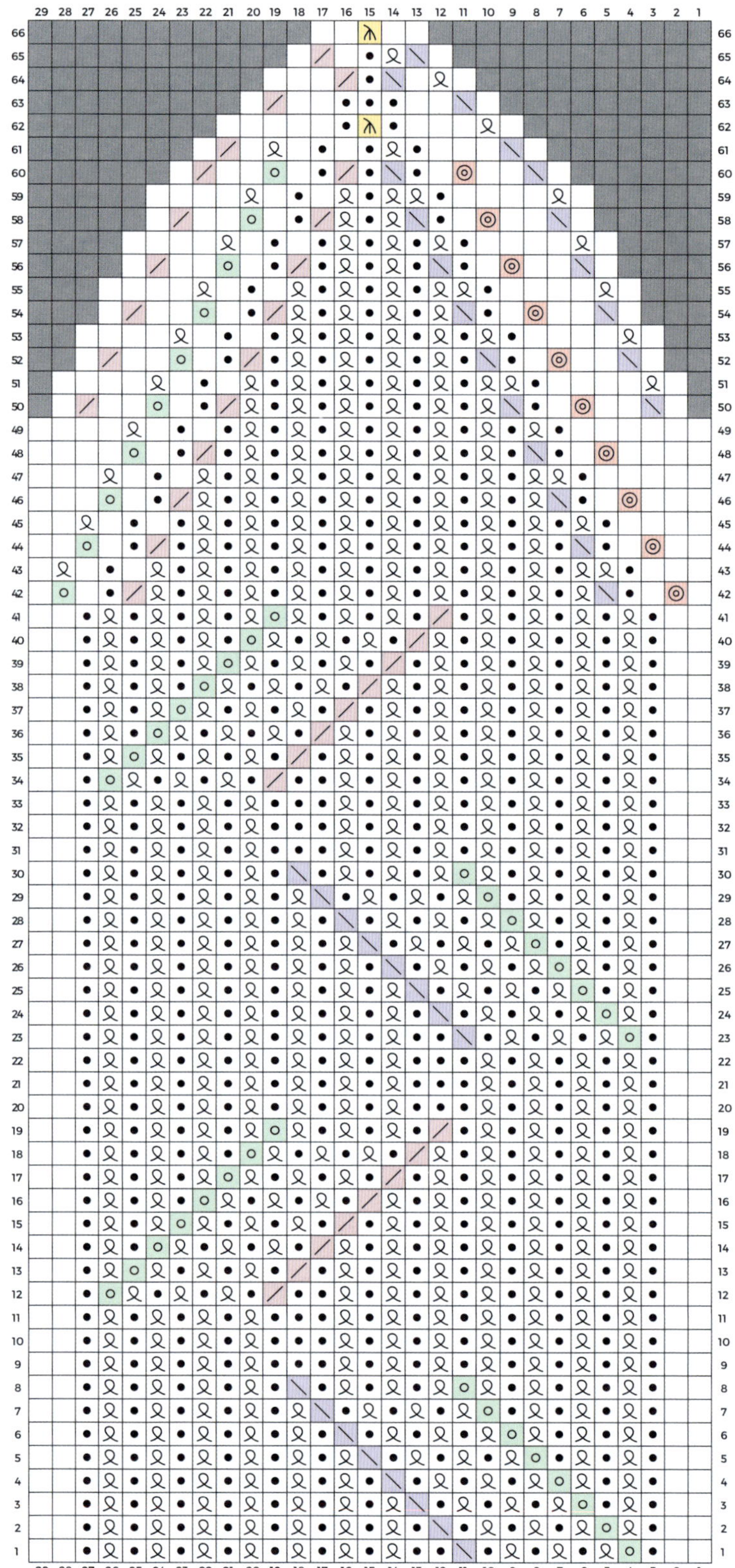

- rechts
- rechts verschränkt
- links
- Umschlag
- ssk: 2 M einzeln wie zum Rechtsstricken abheben, zurück auf die linke Nd legen und von hinten 2 M re zus
- 2 M re zus
- Umschlag von hinten nach vorne
- 1 M re abheben, 2 M re zus, die abgehobene M über die gestrickten M ziehen
- keine Masche

STRICKSCHRIFT B, FUSSTEIL, RECHTS

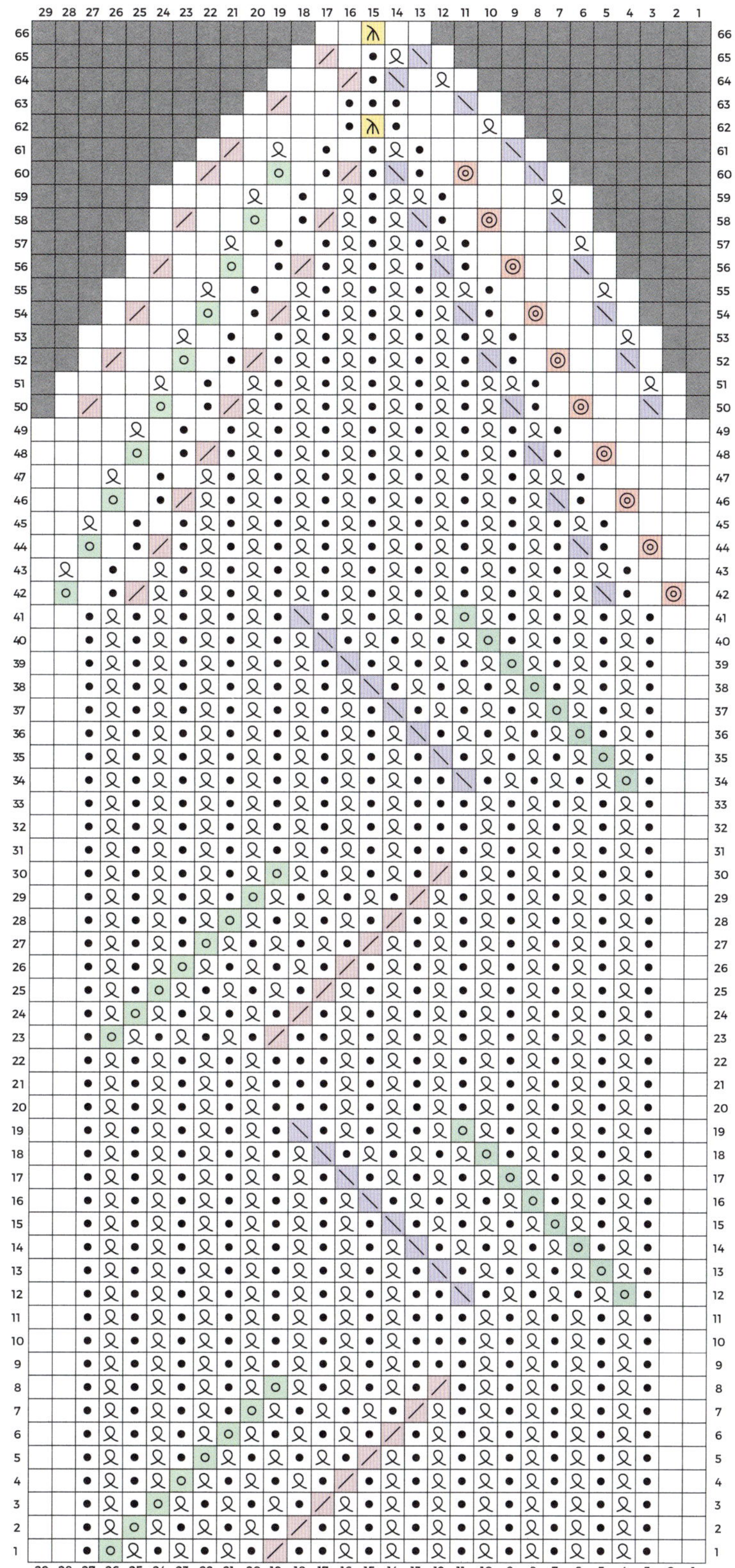

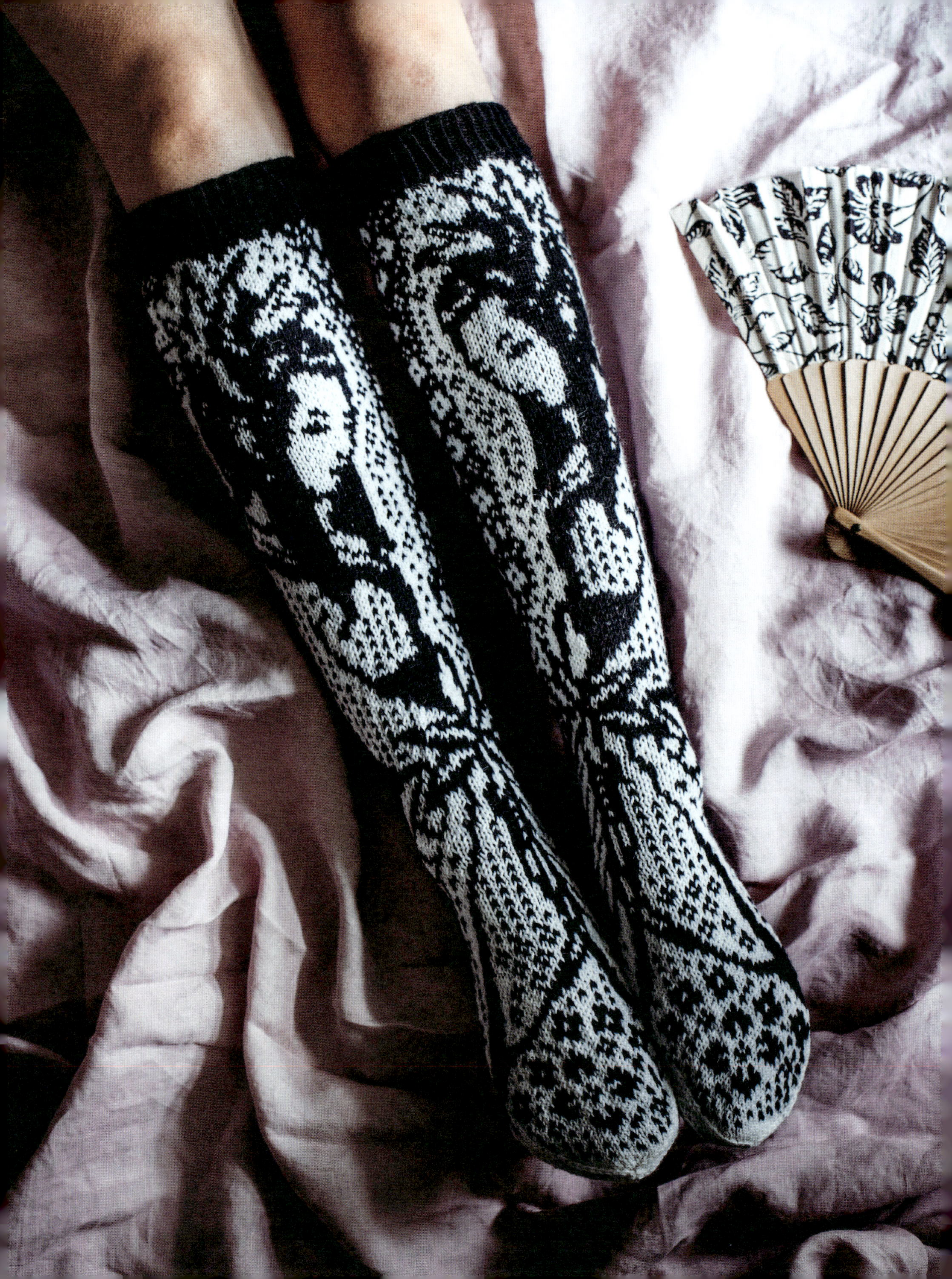

Zur Zeit der Kirschblüten

Zur Zeit der Kirschblüten, unter den rosa Bäumen, mit Liebe im Herzen und Rot auf den Wangen. In diese Strümpfe wollte ich Weisheit, Anspruch und Freude am Erfolg hineinstricken. Der Kimono der schönen Geisha geht bis unter die Zehen, der Hintergrund ist übersät mit Kirschblüten und dem Tanz der Blütenblätter.

GRÖSSE: 39

GARN UND GARNVERBRAUCH:

Opal 4-fach
Grundfarbe 2619 Schwarz, 100 g
Musterfarbe 2620 Weiß, 50 g

NADELSPIEL: 2,5 mm

MASCHENPROBE:
31 M und 33 Rd = 10 cm x 10 cm

BEVOR SIE BEGINNEN

Die Strickschrift wird von unten nach oben und von rechts nach links gelesen.

Die Strümpfe werden gegengleich gestrickt. Verwenden Sie die Strickschriften A1, B1 und C1 für den rechten Strumpf, und die Strickschriften A2, B2 und C2 für den linken Strumpf.

SCHAFT

84 M in der Grundfarbe anschlagen und auf den Nd verteilen: 21-21-21-21. Laut Strickschrift A im Bündchenmuster beginnen und 14 Rd stricken.

Nach dem Bündchenmuster ab Rd 15 mit dem Einstrickmuster beginnen. Gleichzeitig 5 M zunehmen und die M auf den Nd verteilen: 22-23-22-22 (die Arbeit hat jetzt 89 M). Den Schaft laut Strickschrift arbeiten, in den unten genannten Rd im Anfangsbereich der 1. Nd und im Endbereich der 4. Nd an einer passenden Stelle abnehmen.

Abnahmerunden: 38, 46, 53, 58, 66, 73, 79, 89, 97, 101, 104 und 107. Es sind 65 M übrig.
Bitte beachten! Die M in der 80. Rd verteilen: 21-17-16-21.

Wenn alle 120 Rd für den Schaft gestrickt sind, die M auf den Nd verteilen: 16-17-16-16.

FERSE

Die Fersenwand in der Grundfarbe beginnen, dazu die M der 1. Nd auf die 4. Nd stricken (insg. 32 M). Die restlichen M bleiben ungestrickt. Die Arbeit wenden, die 1. M li abheben, ohne sie zu stricken, die übrigen M li stricken.

1. R (Hin-R): Die Arbeit wenden, *1 M abheben, ohne sie zu stricken, 1 M re, ab * bis R-Ende wiederholen.
2. R (Rück-R): Die Arbeit wenden, 1 M li abheben, ohne sie zu stricken, die übrigen M li stricken.

Diese 2 R wiederholen, bis für die Fersenwand 32 R gestrickt sind und zuletzt eine Rück-R gestrickt wurde.

Die Käppchenabnahmen in der nächsten Hin-R beginnen und weiterhin verstärkt stricken, bis noch 11 M auf der Nd sind.1 ssk oder Übz stricken und die Arbeit wenden. Auf der anderen Nd sind 9 M. 1 M li abheben, ohne sie zu stricken, und li stricken, bis 11 M übrig sind. 2 M li zus und die Arbeit wenden. 1 M abheben, ohne sie zu stricken, und verstärkt stricken, bis 10 M übrig sind. 1 ssk oder Übz stricken und die Arbeit wenden. 1 M li abheben, ohne sie zu stricken, und li stricken, bis 10 M übrig sind. 2 M li zus und die Arbeit wenden. So fortfahren, dabei werden die äußeren M in jeder R reduziert, die mittleren M bleiben gleich (12 M).

Wenn die äußeren M aufgebraucht sind, die M der Fersenwand auf 2 Nd verteilen (6-6). 6 M re stricken, sodass der Faden in der Fersenmitte zwischen der 1. und 4. Nd liegt.

FUSSTEIL

Aus dem linken Fersenrand mit der freien Nd 18 M auffassen, die 6 M der 1. Nd re stricken, danach die 18 aufgefassten M re verschränkt stricken. Mit der 2. und 3. Nd das Muster laut Strickschrift B arbeiten, dabei mit der 1. Rd beginnen. Aus dem rechten Fersenrand 18 M auffassen und re verschränkt stricken, dabei noch die 6 M der 4. Nd auf dieselbe Nd stricken. Die Arbeit hat jetzt 81 M.

Für die Zwickelabnahmen in den in Strickschrift B angegebenen Rd am Ende der 1. Nd 2 M re zus, am Anfang der 4. Nd 1 ssk oder Übz stricken (Rd 2, 4, 6, 8, 10, 12, 14 und 16). Die grau getönten Karos stellen keine Maschen dar. Am Ende der Zwickelabnahmen sind 65 M übrig (16-17-16-16).

Weiter laut Strickschrift stricken. In der 19. Rd am Ende der 4. Nd (rechter Strumpf) bzw. am Anfang der 1. Nd (linker Strumpf) je 1 M abnehmen. Wenn alle 45 Rd der Strickschrift gestrickt sind, die M auf den Nd verteilen: 16-16-16-16. Die Spitzenabnahmen laut Strickschrift C stricken. Wenn nach den Spitzenabnahmen noch 8 M übrig sind, den Faden abschneiden und durch die restlichen M ziehen.

Die Fadenenden vernähen und die Strümpfe leicht dämpfen.

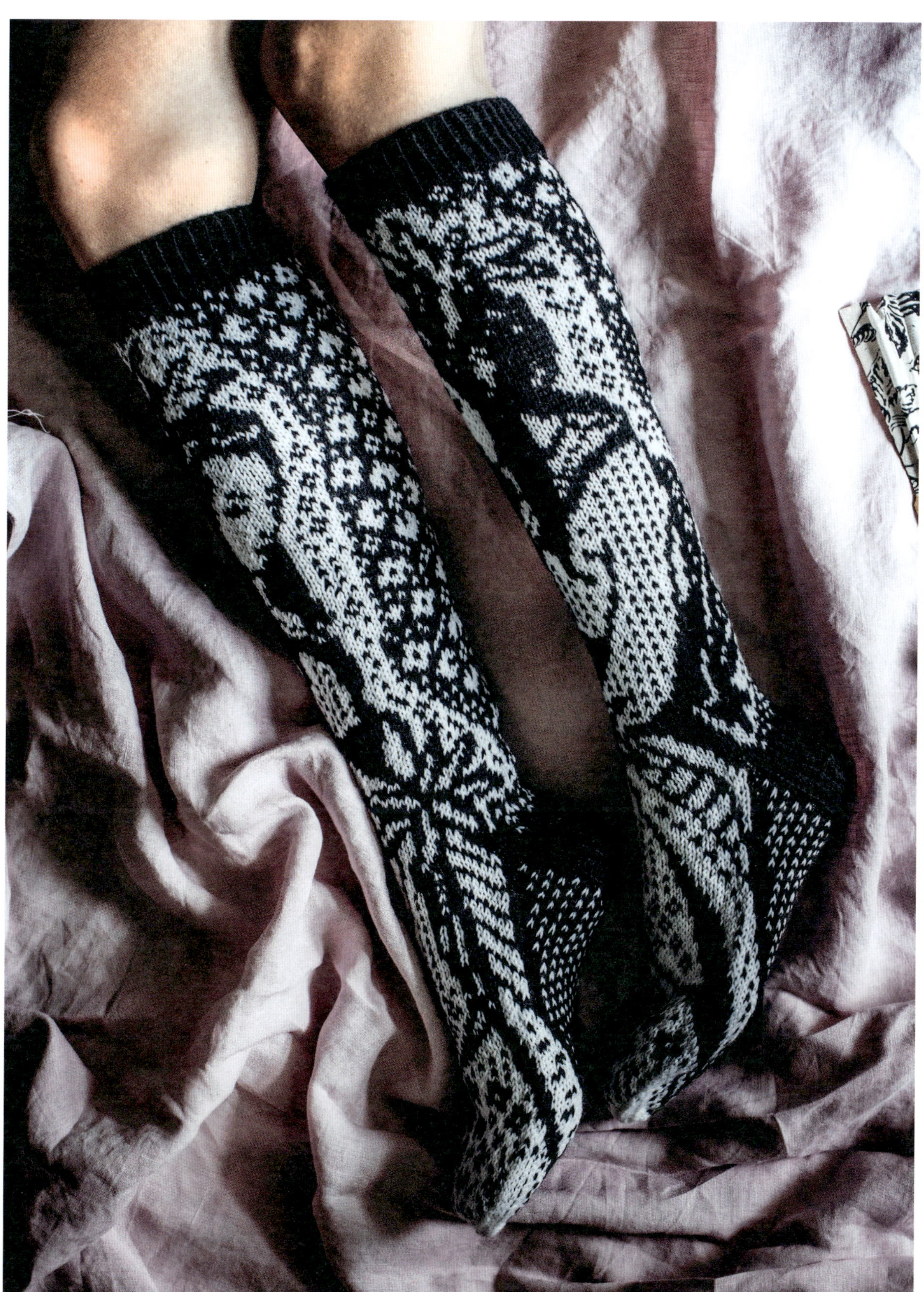

STRICKSCHRIFT A1, SCHAFT, RECHTS

- rechts (Weiß)
- rechts (Schwarz)
- rechts verschränkt (Schwarz)
- links (Schwarz)
- 2 M re zus (Schwarz)
- ssk: 2 M einzeln wie zum Rechtsstricken abheben, zurück auf die linke Nd legen und von hinten 2 M re zus (Schwarz)
- 2 M re zus (Weiß)
- ssk: 2 M einzeln wie zum Rechtsstricken abheben, zurück auf die linke Nd legen und von hinten 2 M re zus (Weiß)
- keine Masche
- Nadelverteilung

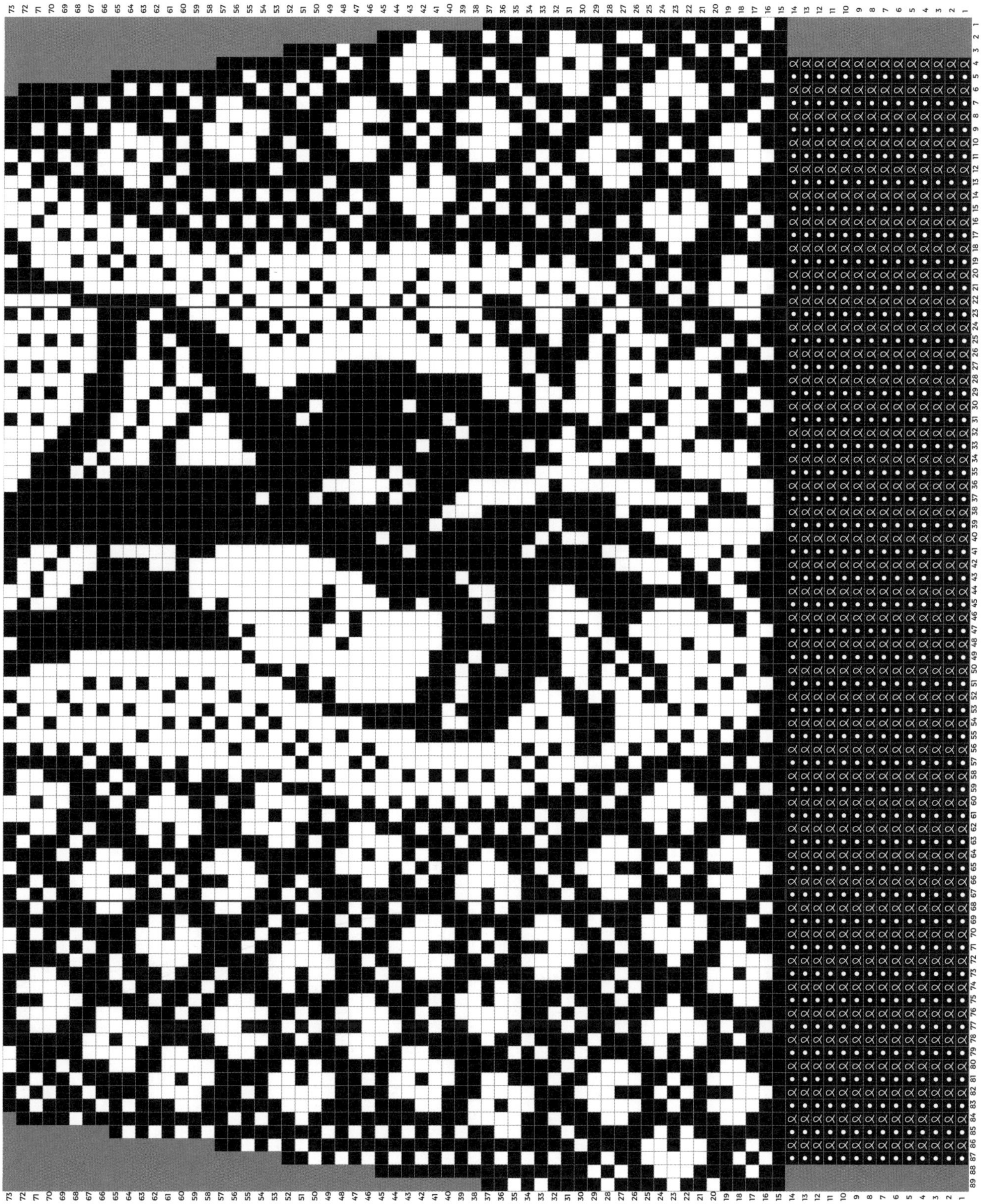

STRICKSCHRIFT A2, SCHAFT, LINKS

- rechts (Weiß)
- rechts (Schwarz)
- rechts verschränkt (Schwarz)
- links (Schwarz)
- 2 M re zus (Schwarz)
- ssk: 2 M einzeln wie zum Rechtsstricken abheben, zurück auf die linke Nd legen und von hinten 2 M re zus (Schwarz)
- 2 M re zus (Weiß)
- ssk: 2 M einzeln wie zum Rechtsstricken abheben, zurück auf die linke Nd legen und von hinten 2 M re zus (Weiß)
- keine Masche
- Nadelverteilung

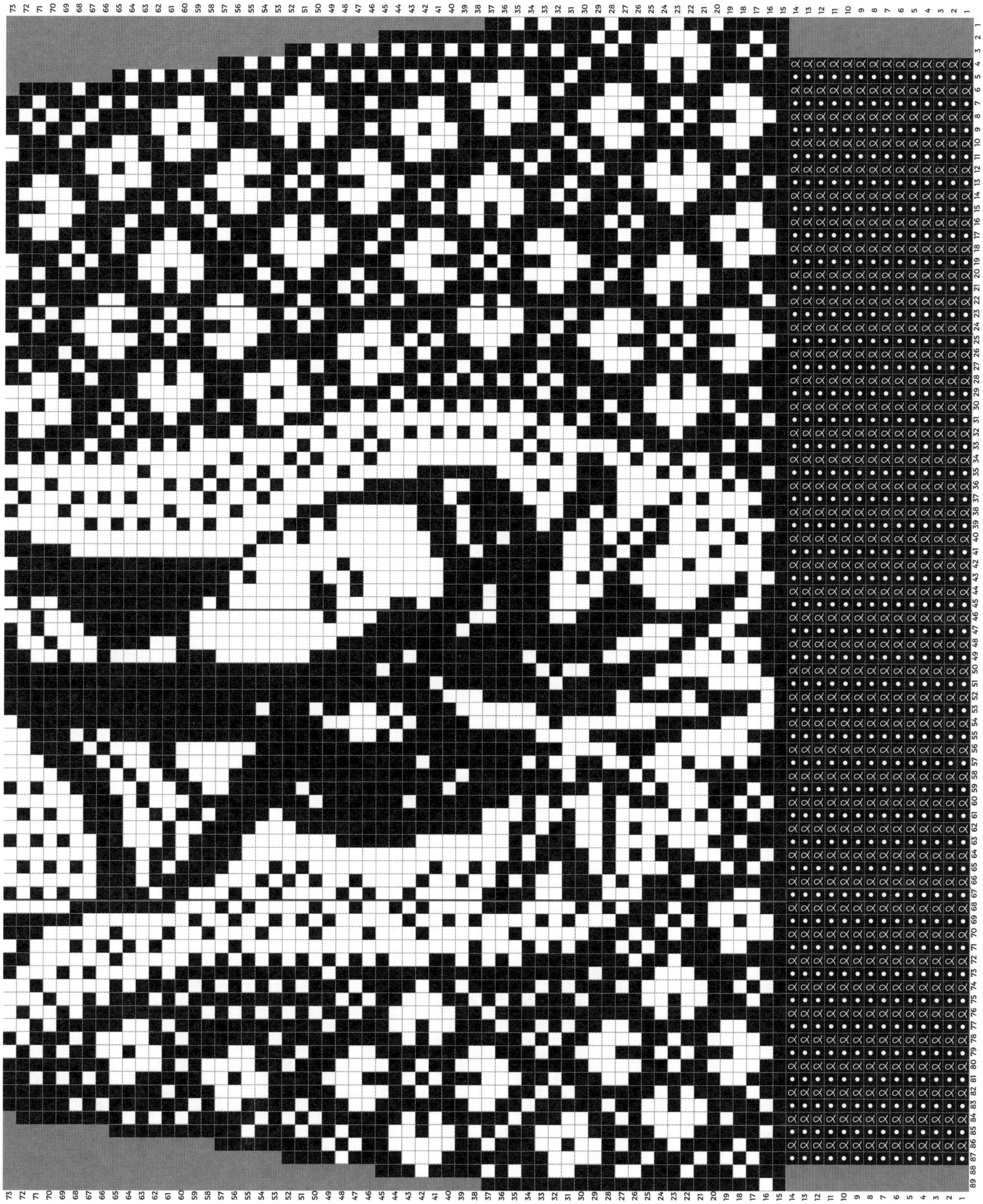

STRICKSCHRIFT B1, FUSSTEIL, RECHTS

- rechts (Weiß)
- rechts (Schwarz)
- rechts verschränkt (Schwarz)
- links (Schwarz)
- 2 M re zus (Schwarz)
- ssk: 2 M einzeln wie zum Rechtsstricken abheben, zurück auf die linke Nd legen und von hinten 2 M re zus (Schwarz)
- 2 M re zus (Weiß)
- ssk: 2 M einzeln wie zum Rechtsstricken abheben, zurück auf die linke Nd legen und von hinten 2 M re zus (Weiß)
- keine Masche
- Nadelverteilung

STRICKSCHRIFT B2, FUSSTEIL, LINKS

STRICKSCHRIFT C1, SPITZENABNAHMEN, RECHTS

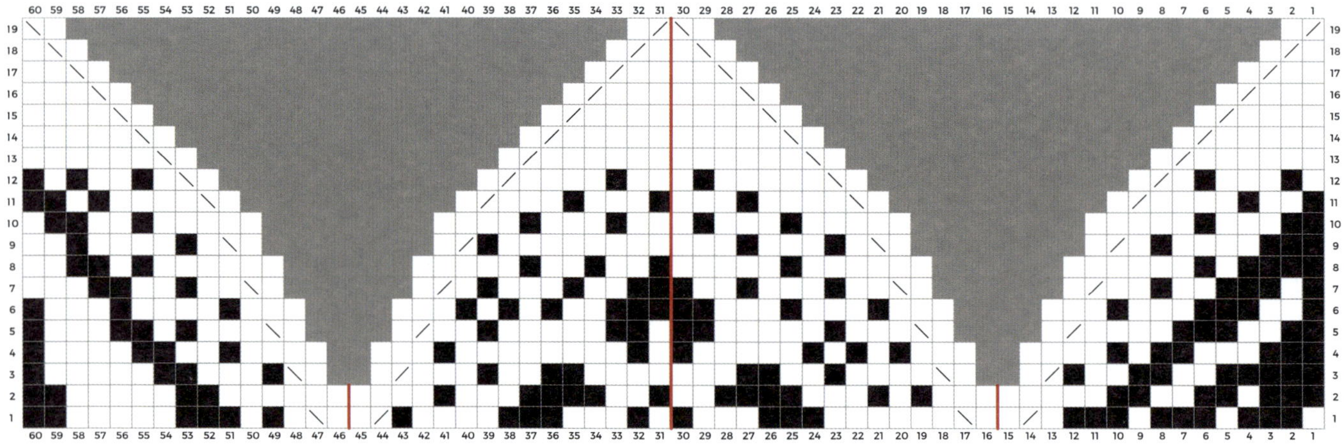

STRICKSCHRIFT C2, SPITZENABNAHMEN, LINKS

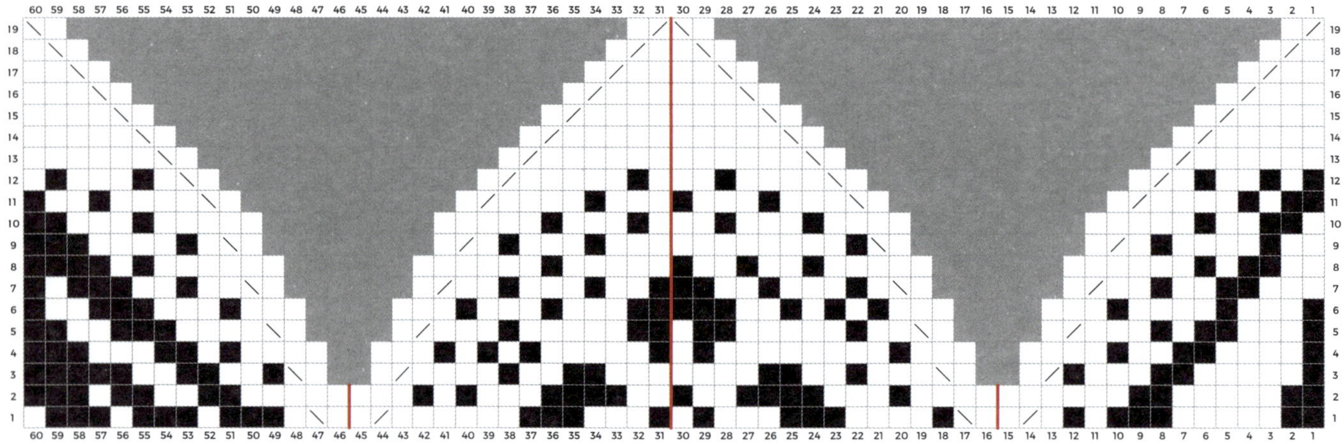

- rechts (Weiß)
- rechts (Schwarz)
- rechts verschränkt (Schwarz)
- links (Schwarz)
- 2 M re zus (Schwarz)
- ssk: 2 M einzeln wie zum Rechtsstricken abheben, zurück auf die linke Nd legen und von hinten 2 M re zus (Schwarz)
- 2 M re zus (Weiß)
- ssk: 2 M einzeln wie zum Rechtsstricken abheben, zurück auf die linke Nd legen und von hinten 2 M re zus (Weiß)
- keine Masche
- Nadelverteilung

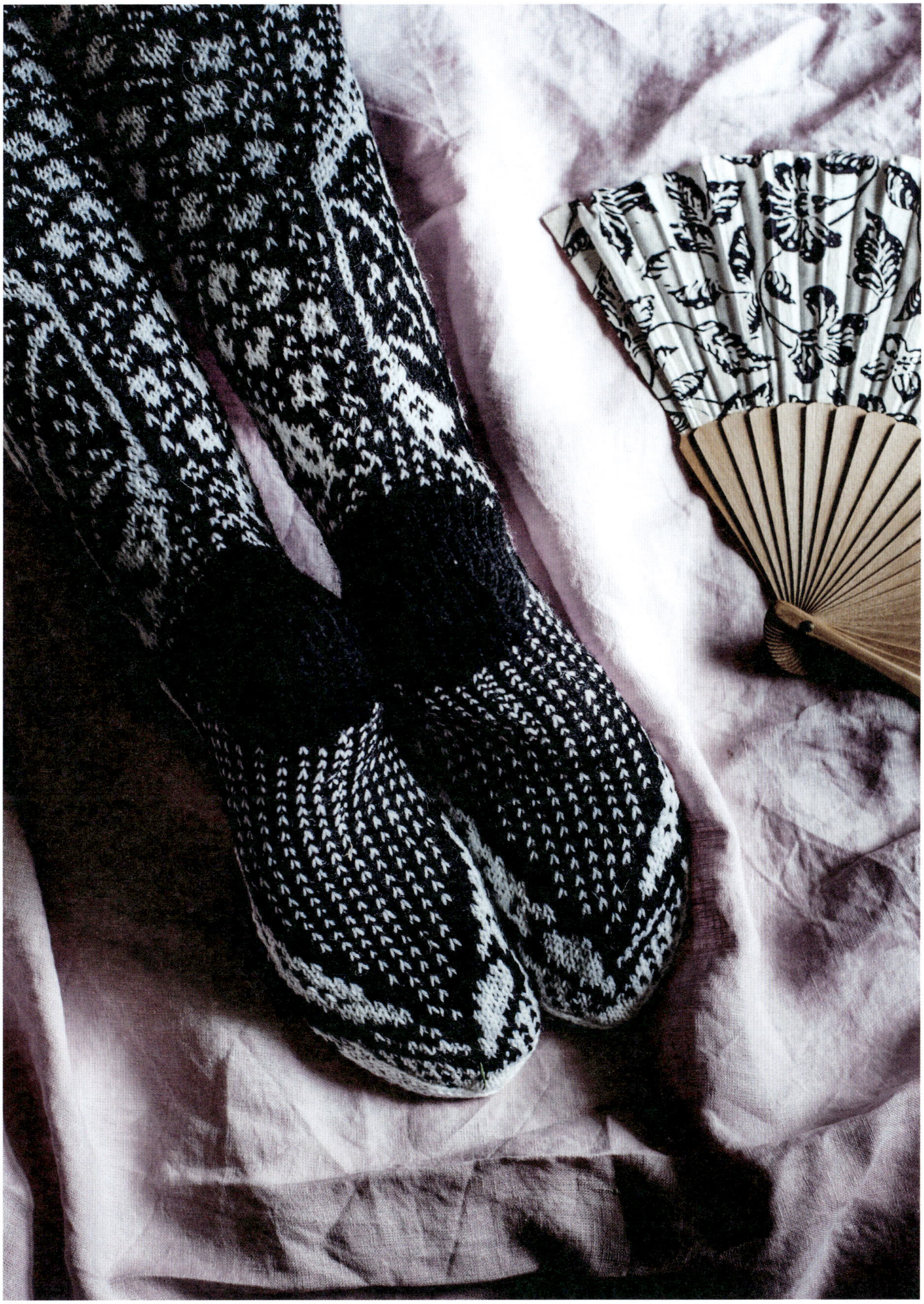

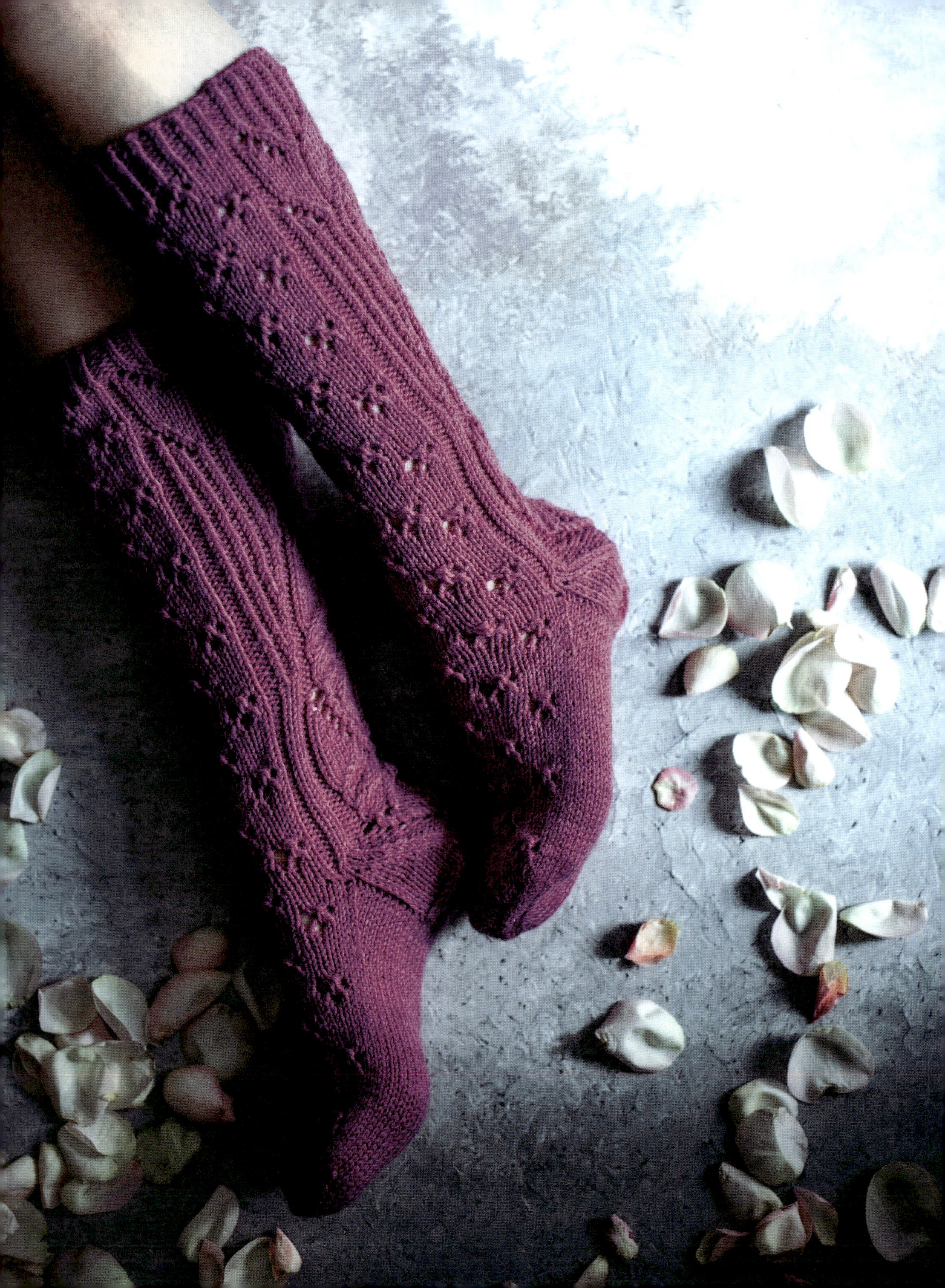

Die Zauberhaften

Die Raffinesse bei diesen Socken liegt im rückwärtigen Spitzenmuster. Das zarte und schlichte Lochmuster auf der Vorderseite und das von Tulpenblüten inspirierte Spitzenmuster auf der Rückseite bilden ein bezauberndes Ganzes.

GRÖSSE: 37 (39)

WADENUMFANG: 33–38 cm

GARN: Novita 7 Veljestä,
Farbe 550 Pfingstrose

GARNVERBRAUCH: 150–160 g

NADELSPIEL: 3,5 mm

MASCHENPROBE:
21 M und 26 Rd = 10 cm x 10 cm

BEVOR SIE BEGINNEN

Sie können beide Größen nach derselben schriftlichen Anleitung bis zum Ende der Zwickelabnahmen stricken. Danach sind die Abweichungen für Größe 39 blau markiert.

In der Strickschrift für den Schaft bilden die Nadeln 1 und 2 den hinteren Sockenteil und die Nadeln 3 und 4 den vorderen Sockenteil. Nach der Ferse ändert sich die Nadelverteilung, sodass die Fußsohle mit den Nadeln 1 und 4 und der vordere Sockenteil mit den Nadeln 2 und 3 gestrickt wird.

SCHAFT

66 M anschlagen und die M auf den Nd verteilen: 14-17-18-17. Den Schaft laut Strickschrift A am rechten unteren Rand mit der 1. Rd beginnen. In Rd 30 die Maschenverteilung ändern: 22-21-12-11. Für die Waden in den in der Strickschrift markierten Rd abnehmen (31, 39, 43, 47, 51, 55, 59, 63 und 67). Die Abnahmen sind in der Strickschrift für die 1. und 2. Nd eingezeichnet.

Wenn alle 98 Rd für den Schaft gestrickt sind, die M auf den Nd verteilen: 13-12-12-11. Die Ferse mit der 1. und 2. Nd beginnen (25 M) und die restlichen M ungestrickt lassen.

FERSE

Die Ferse laut Strickschrift B stricken. Auf der rechten Seite der Arbeit immer die 1. M re abheben, ohne sie zu stricken, und auf der linken Seite der Arbeit immer die 1. M li abheben, ohne sie zu stricken. Alle 20 R der Strickschrift stricken.

Die Käppchenabnahmen in der nächsten Hin-R beginnen und glatt rechts stricken, bis noch 8 M auf der Nd sind. 1 ssk oder Übz stricken, wenden. Auf der anderen Nd sind 6 M. 1 M li abheben, ohne sie zu stricken, linke M stricken, bis 8 M übrig sind. 2 M li zus, wenden. 1 M abheben, ohne sie zu stricken, glatt re stricken, bis noch 7 M auf der Nd sind. 1 ssk oder Übz stricken, wenden. 1 M li abheben, ohne sie zu stricken, linke M stricken, bis 7 M übrig sind. 2 M li zus, wenden. So fortfahren, dabei werden die äußeren M in jeder R reduziert, die mittleren M bleiben gleich (9 M).

Wenn die äußeren M aufgebraucht sind, die M der Fersenwand auf 2 Nd verteilen (5-4). 3 M re, 2 M re zus, sodass der Faden zwischen der 1. und der 4. Nd liegt.

FUSSTEIL

Aus dem linken Fersenrand mit der freien Nd 11 M auffassen. 4 M der 1. Nd re stricken, dann die 11 aufgefassten M re verschränkt stricken. Mit der 2. und 3. Nd das Muster laut Strickschrift C stricken, mit der 1. R beginnen und die R 1–12 wiederholen. Aus dem rechten Fersenrand 12 M auffassen und re verschränkt stricken. Auf dieselbe Nd noch die 4 M der 4. Nd stricken. Die Arbeit hat jetzt 53 M.

Mit den Zwickelabnahmen beginnen: Am Ende der 1. Nd 2 M re zus, am Anfang der 4. Nd 1 ssk oder Übz stricken. Mit der 1. und 4. Nd rechte M, mit der 2. und 3. Nd im Muster stricken.

Mit den Zwickelabnahmen in jeder 3. Rd fortfahren, bis noch 45 M (11-12-11-11) – 47 M (12-12-11-12) übrig sind.

Mit der 1. und 4. Nd weiter rechte M und mit der 2. und 3. Nd im Muster stricken. Wenn ab dem Fersenrand 41 (44) Rd und zuletzt die 5. (8) Rd der Strickschrift gestrickt wurden, mit den Spitzenabnahmen beginnen.

Für Größe 37 eine breite Bandspitze arbeiten:
1. und 3. Nd: Re stricken, bis noch 3 M übrig sind, 2 M re zus, 1 M re.
2. und 4. Nd: 1 M re, ssk, die restlichen M re stricken.

Die Abnahmen zunächst in jeder 2. Rd stricken. Wenn noch 33 M übrig sind (8-9-8-8), die Abnahmen in jeder Rd stricken.

In Größe 39 mit der 1. und 4. Nd eine breite Bandspitze arbeiten. Die Spitzenabnahmen mit der 2. und 3. Nd laut Strickschrift D (Rd 1-4) stricken. Nach den 4 Rd der Strickschrift mit allen Nd eine breite Bandspitze in jeder Rd arbeiten. In der letzten Rd mit der 3. Nd nicht abnehmen.

Wenn 9 (8) M übrig sind, den Faden abschneiden und durch die M ziehen.

Die Fadenenden vernähen und die Strümpfe leicht dämpfen.

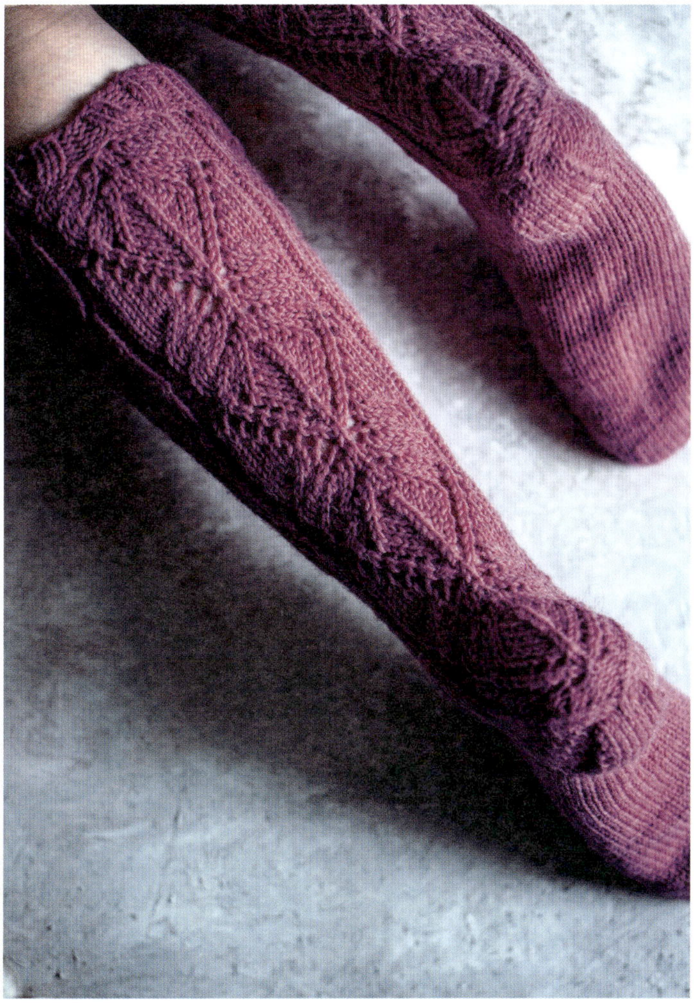

STRICKSCHRIFTEN A, C UND D, ZEICHENERKLÄRUNG

- rechts
- rechts verschränkt
- links
- 2 M re zus
- ssk: 2 M einzeln wie zum Rechtsstricken abheben, zurück auf die linke Nd legen und von hinten 2 M re zus
- Umschlag
- 2 M wie zum re Zusammenstricken abheben, 1 M re, die abgehobenen M über die gestrickte M ziehen
- 1 M re abheben, 2 M re zus, die abgehobene M über die gestrickten M ziehen
- 1 M auf eine Hilfsnadel vor die Arbeit legen, 1 M re, die M von der Hilfsnadel re stricken
- 1 M auf eine Hilfsnadel hinter die Arbeit legen, 1 M re, die M von der Hilfsnadel re stricken
- keine Masche
- Nadelverteilung

STRICKSCHRIFT A, SCHAFT

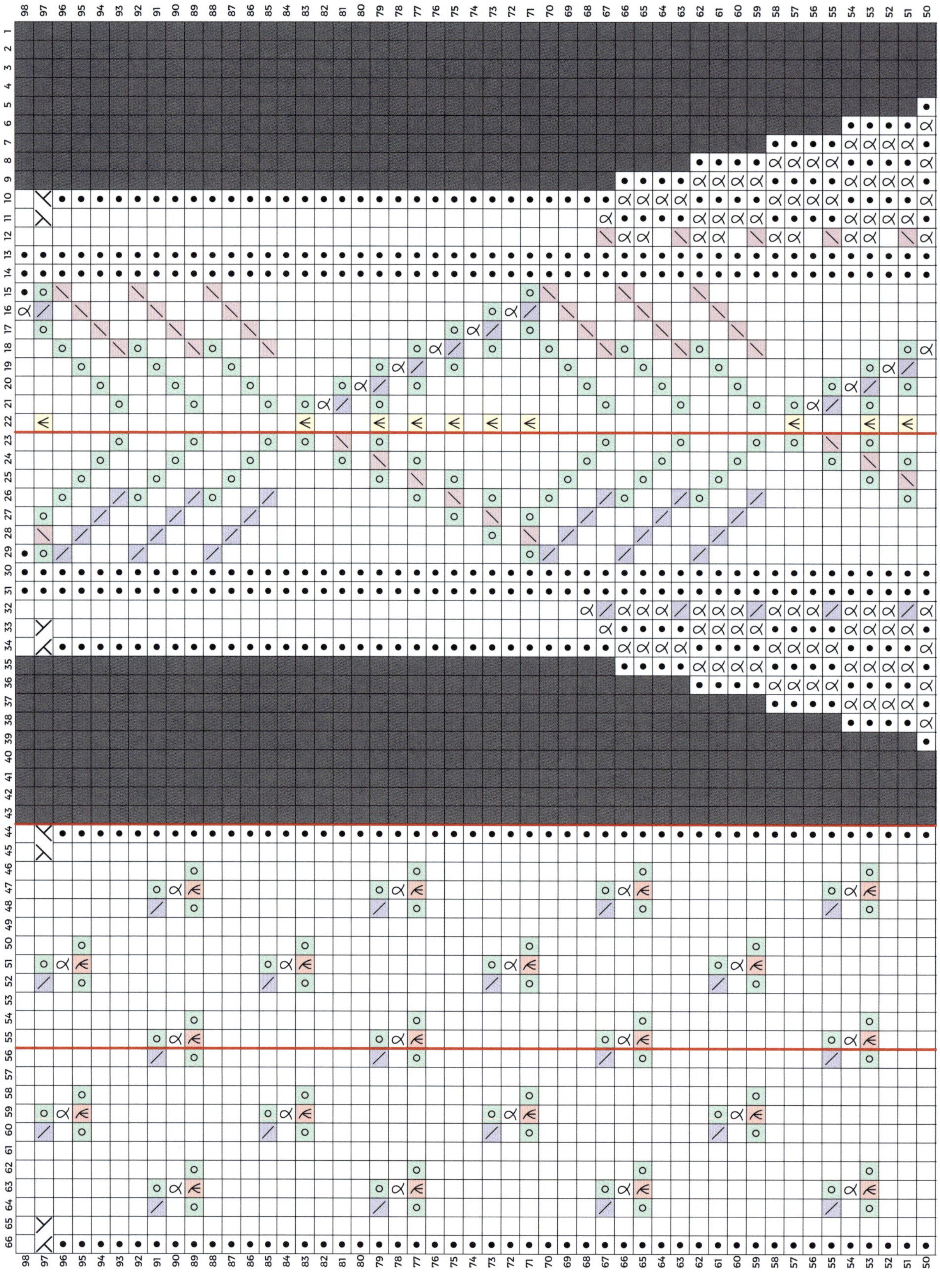

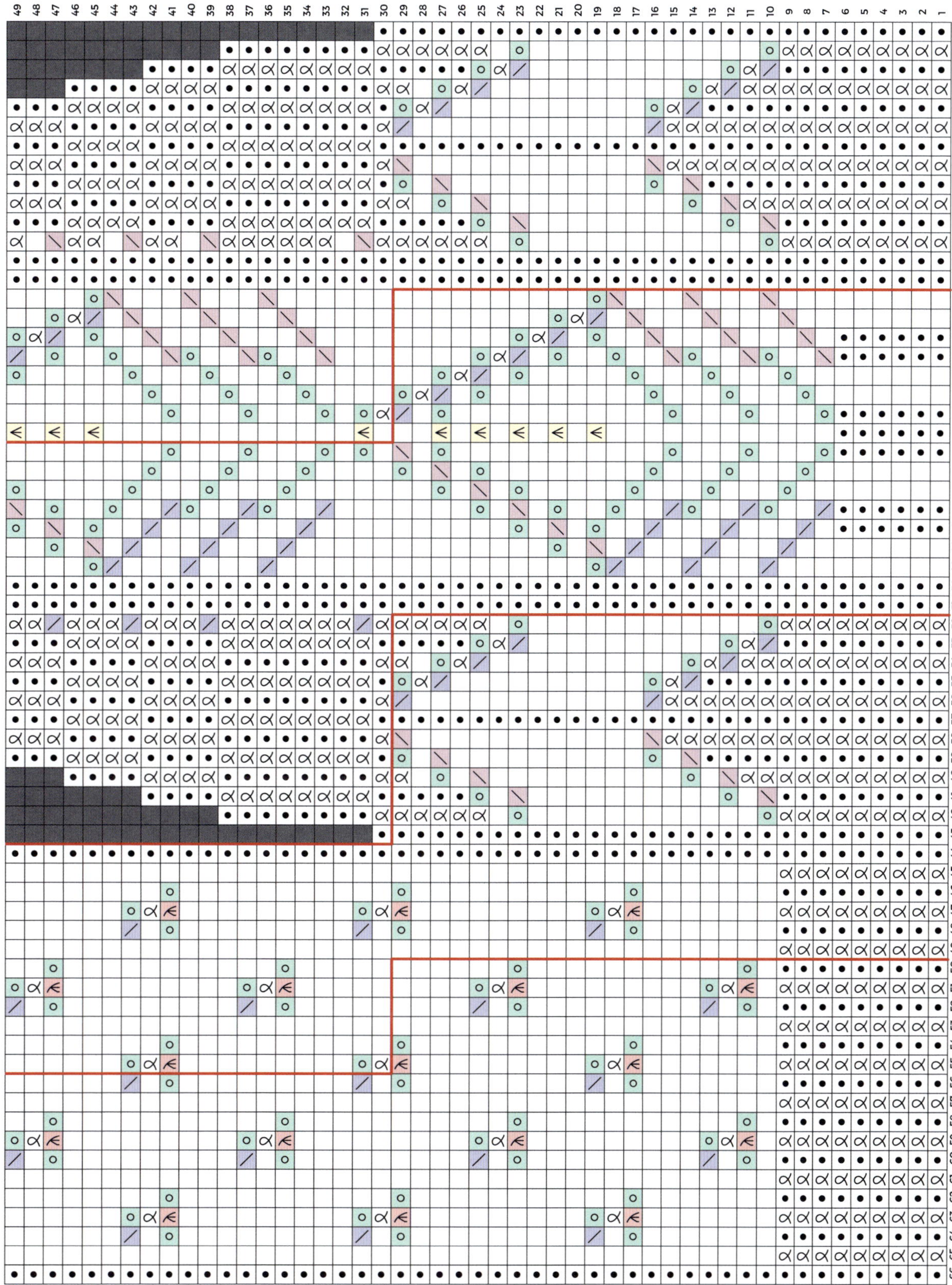

STRICKSCHRIFT B, ZEICHENERKLÄRUNG

- rechts (Hin-R)
  links (Rück-R)
- rechts verschränkt (Hin-R)
  links verschränkt (Rück-R)
- links (Hin-R), rechts (Rück-R)
- ssk: 2 M einzeln wie zum Rechtsstricken abheben, zurück auf die linke Nd legen und von hinten 2 M re zus
- 2 M re zus
- Umschlag
- 2 M wie zum re Zusammenstricken abheben, 1 M re, die abgehobenen M über die gestrickte M ziehen
- 1 M re abheben, 2 M re zus, die abgehobene M über die gestrickten M ziehen
- 1 M zunehmen: Den Querfaden zwischen 2 M der Vorreihe aufnehmen und re verschränkt abstricken
- 1 M zunehmen: Den Querfaden zwischen 2 M der Vorreihe aufnehmen und re abstricken

STRICKSCHRIFT B, FERSE

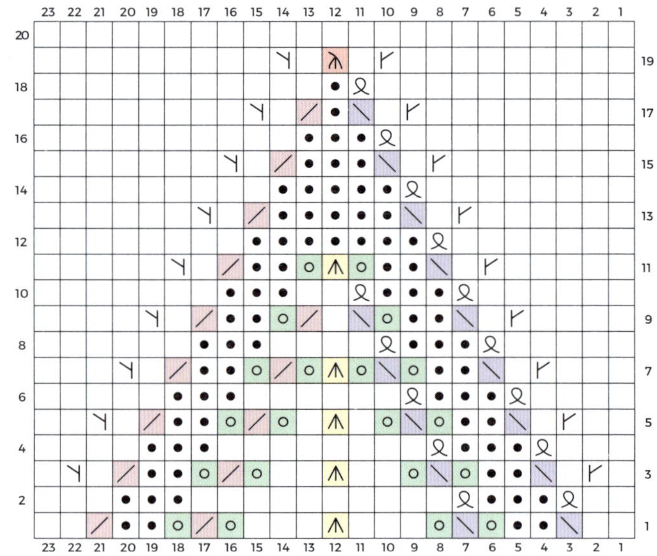

STRICKSCHRIFT C, FUSSTEIL

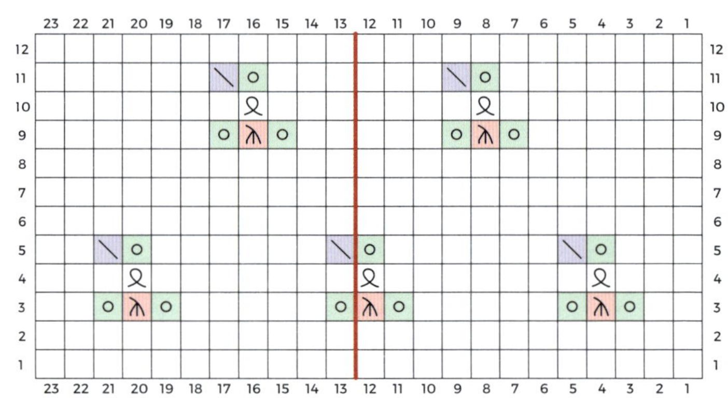

STRICKSCHRIFT D, SPITZENABNAHMEN (GRÖSSE 39)

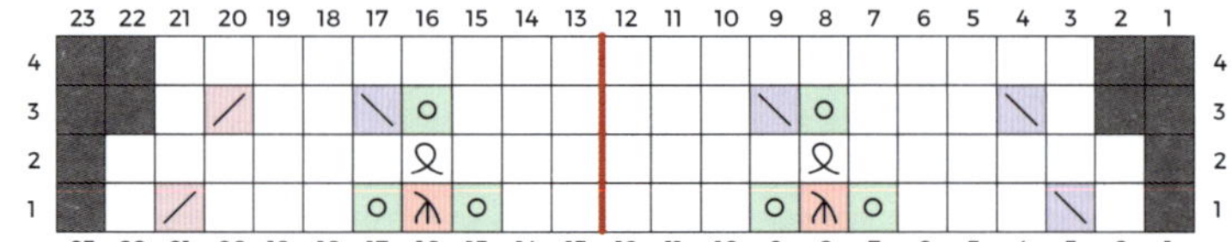

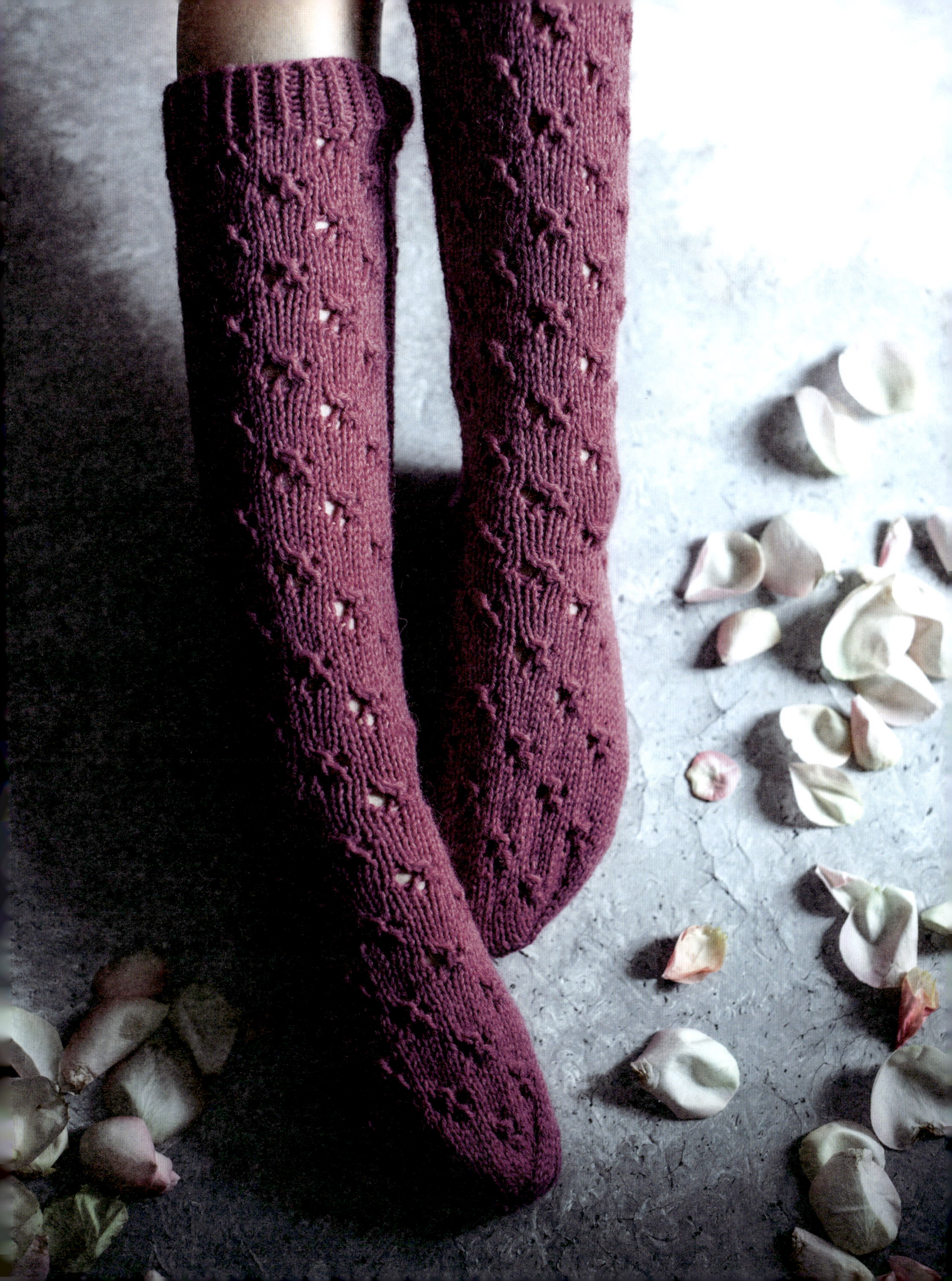

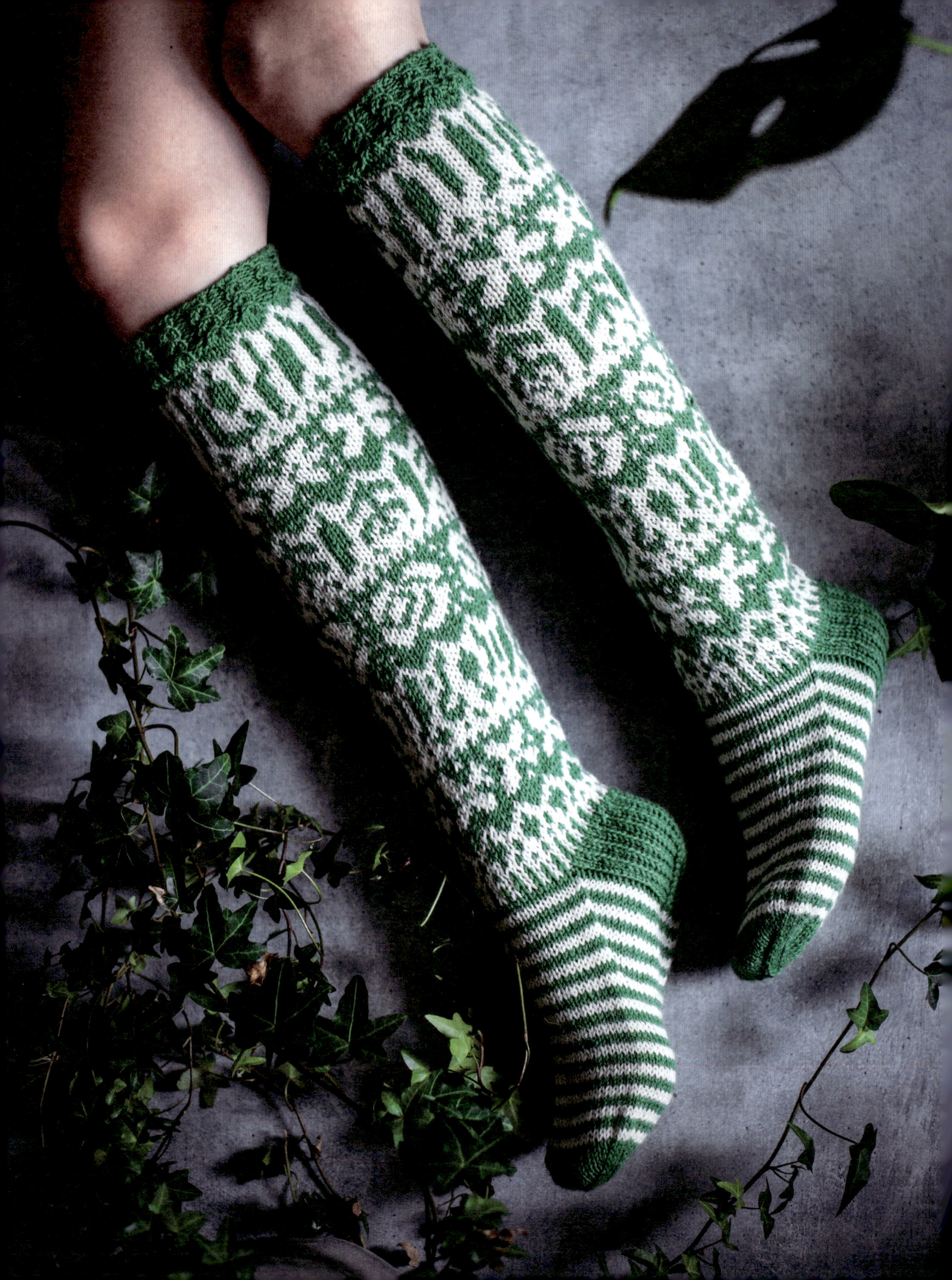

Mai

Das Staunen über die neuen Triebe, das Bewundern der vielerlei Knospen, das Rätseln darüber, was wohl aus jedem Pflänzchen wachsen wird. Der Mai ist voller Vorfreude, natürlich frischem Grün und Prickeln in der Magengrube.

GRÖSSE: 39

GARN UND GARNVERBRAUCH:
Novita Nalle
Grundfarbe 366 Nessel, 110 g
Musterfarbe 010 Naturweiß, 60 g

NADELSPIEL: 3 mm

MASCHENPROBE:
24 M und 32 Rd = 10 cm x 10 cm

BEVOR SIE BEGINNEN

Die Strickschrift wird von unten nach oben und von rechts nach links gelesen. Für das Bündchen können Sie eine halbe Nummer kleinere Nadeln verwenden, damit es fester wird.

Wenn die Socken für dickere Waden passen sollen, können Sie für das Einstrickmuster ein Nadelspiel 3,5 mm nehmen. So passt der Schaft für Waden mit einem Umfang von über 40 cm.

SCHAFT

75 M in der Grundfarbe anschlagen und auf den Nd verteilen: 20-18-20-17. Im Bündchenmuster laut Strickschrift beginnen und 13 Rd stricken.

Nach dem Bündchenmuster ab Rd 14 mit dem Einstrickmuster beginnen. Gleichzeitig auf der letzten Nd 1 M zunehmen und die M auf den Nd verteilen: 19-19-19-19. Den Schaft laut Strickschrift arbeiten, in den unten genannten Rd im Anfangsbereich der 1. Nd und im Endbereich der 4. Nd an einer passenden Stelle abnehmen.

Abnahmerunden: 45, 59, 76, 88, 95, 100, 105 und 110. Es sind 60 M übrig.
Bitte beachten! Die M in der 82. Rd verteilen: 20-15-15-20.
Wenn alle 114 Rd für den Schaft gestrickt sind, die M auf den Nd verteilen: 15-15-15-15.

FERSE

Die Fersenwand in der Grundfarbe beginnen, dazu die M der 1. Nd auf die 4. Nd re abstricken (insg. 30 M). Die restlichen M bleiben ungestrickt. Die Arbeit wenden, die 1. M li abheben, ohne sie zu stricken, die übrigen M li stricken.

1. R (Hin-R): Die Arbeit wenden, *1 M abheben, ohne sie zu stricken, 1 M re, ab * bis R-Ende wiederholen.
2. R (Rück-R): Die Arbeit wenden, die 1. M li abheben, ohne sie zu stricken, die übrigen M li stricken. Diese 2 R wiederholen, bis für die Fersenwand 30 R gestrickt sind und zuletzt eine Rück-R gestrickt wurde.

Die Käppchenabnahmen in der nächsten Hin-R beginnen und weiterhin verstärkt stricken, bis noch 11 M auf der Nd sind. 1 Übz stricken und die Arbeit wenden. Auf der anderen Nd sind 9 M. 1 M li abheben, ohne sie zu stricken, und li stricken, bis 11 M übrig sind. 2 M li zus und die Arbeit wenden. 1 M re abheben, ohne sie zu stricken, und verstärkt stricken, bis 10 M übrig sind. 1 Übz stricken und die Arbeit wenden. 1 M li abheben, ohne sie zu stricken, und li stricken, bis 10 M übrig sind. 2 M li zus und die Arbeit wenden. So fortfahren, dabei werden die äußeren M in jeder R reduziert, die mittleren M bleiben gleich (10 M).

Wenn die äußeren M aufgebraucht sind, die M der Fersenwand auf 2 Nd verteilen (5-5). 5 M re stricken, sodass der Faden in der Fersenmitte zwischen der 1. und 4. Nd liegt.

FUSSTEIL

Aus dem linken Fersenrand mit der freien Nd 16 M auffassen. In Naturweiß mit der 1. Nd 5 M re und danach die aufgefassten 16 M re verschränkt stricken. Mit der 2. und 3. Nd rechte M stricken. Aus dem rechten Fersenrand 16 M auffassen und re verschränkt stricken, auf dieselbe Nd noch die 5 M der 4. Nd stricken. Die Arbeit hat jetzt 71 M. Den Fußteil gestreift stricken: 2 Rd Naturweiß, 2 Rd Nessel im Wechsel.

Mit den Zwickelabnahmen beginnen: Am Ende der 1. Nd 2 M re zus, am Anfang der 4. Nd 1 ssk oder Übz stricken. Mit den Zwickelabnahmen in jeder 2. Rd fortfahren, bis noch 56 M (14-14-14-14) übrig sind. Weiter Streifen glatt rechts stricken.

Wenn ab dem Fersenrand 46 Rd gestrickt sind, die Socken in Nessel zu Ende stricken und eine breite Bandspitze arbeiten:
1. und 3. Nd: Re stricken, bis noch 3 M übrig sind, 2 M re zus, 1 M re.
2. und 4. Nd: 1 M re, ssk, die restlichen M re stricken.

Die Abnahmen zunächst in jeder 2. Rd stricken, bis 10 M pro Nd übrig sind. Danach in jeder Rd abnehmen.Wenn 8 M übrig sind, den Faden abschneiden und durch die M ziehen.

Die Fadenenden vernähen und die Socken leicht dämpfen.

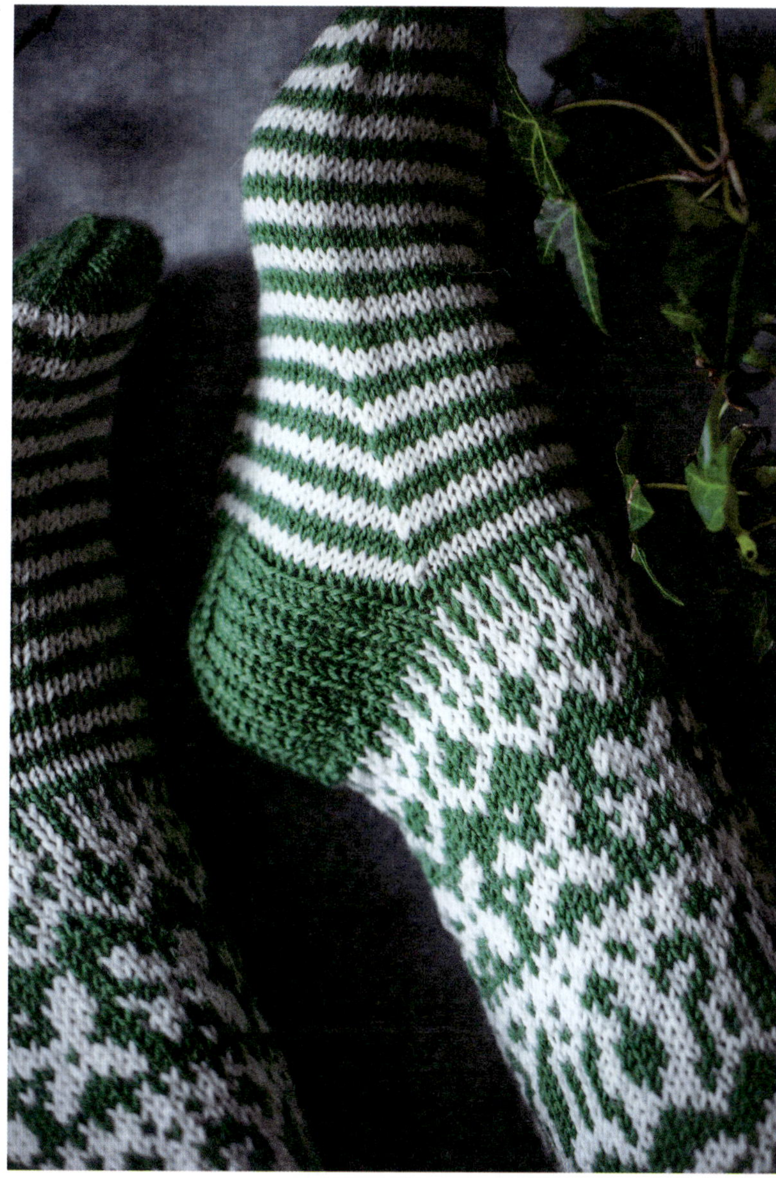

- rechts (Grün)
- rechts (Naturweiß)
- links (Grün)
- 3 M auf die re Nd legen, ohne sie zu stricken, die ganz rechts liegende M über die nächsten 2 M ziehen, die restlichen 2 M zurück auf die linke Nd legen, 1 M re, Umschlag, 1 M re
- keine Masche
- Nadelverteilung

STRICKSCHRIFT, SCHAFT

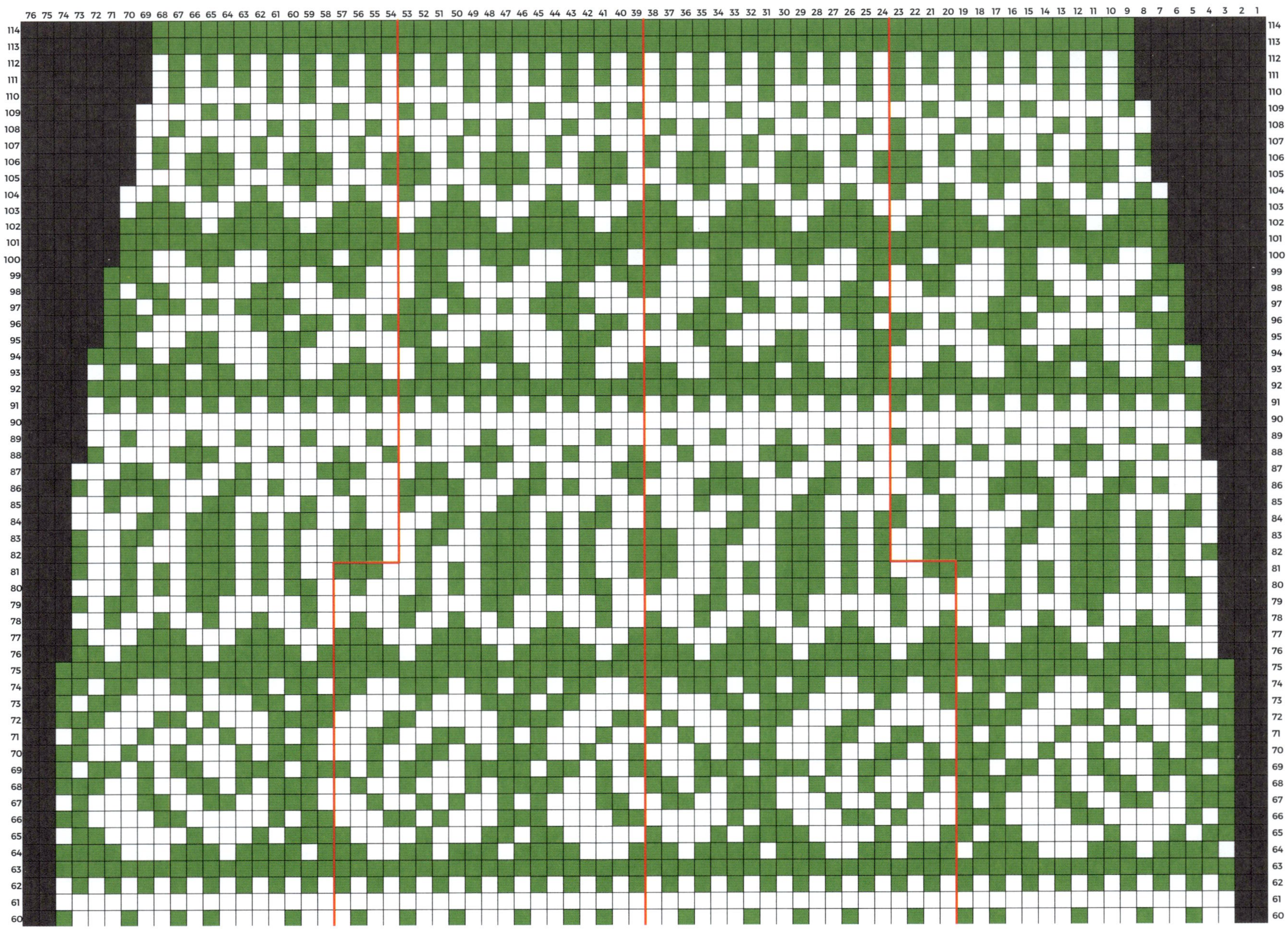

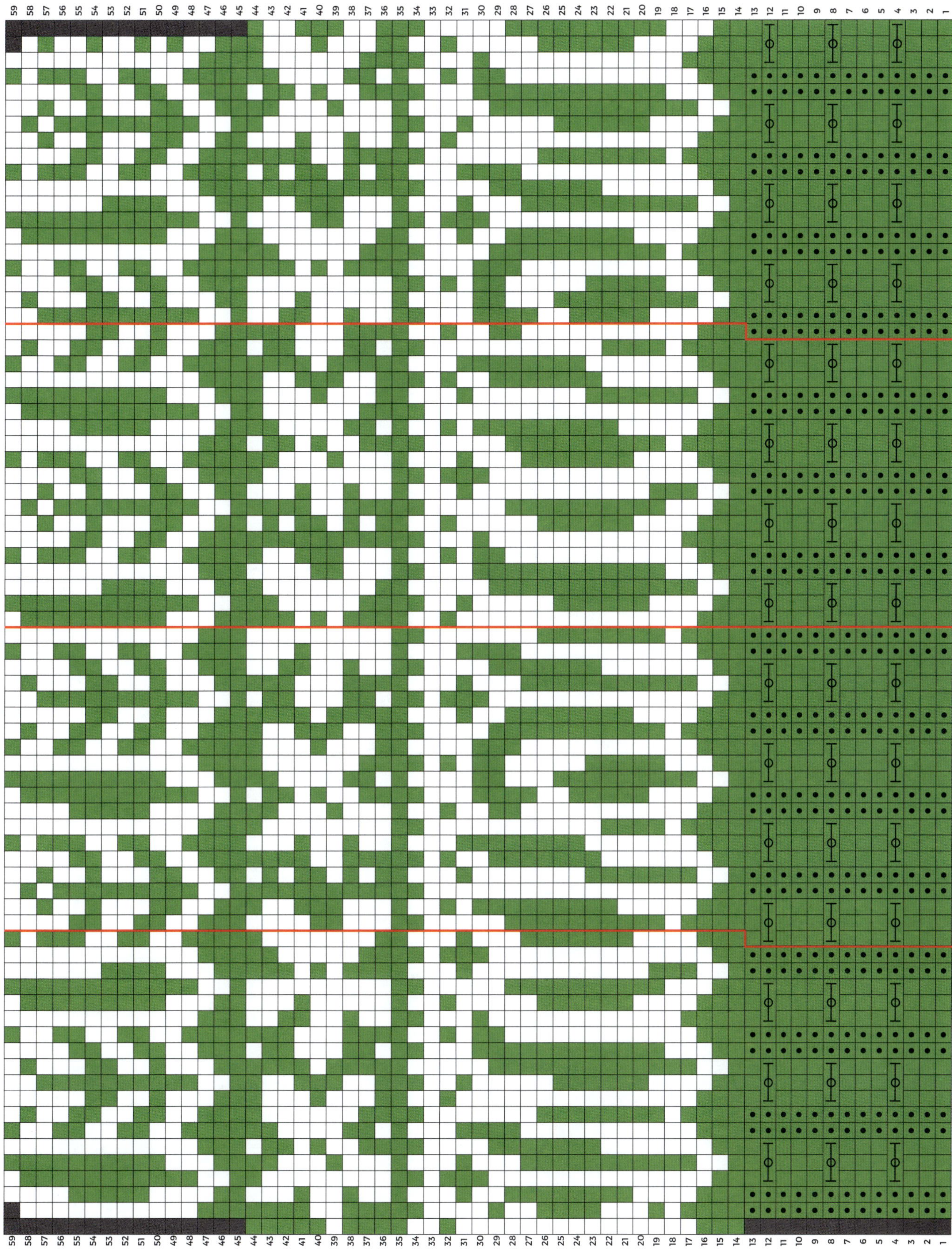

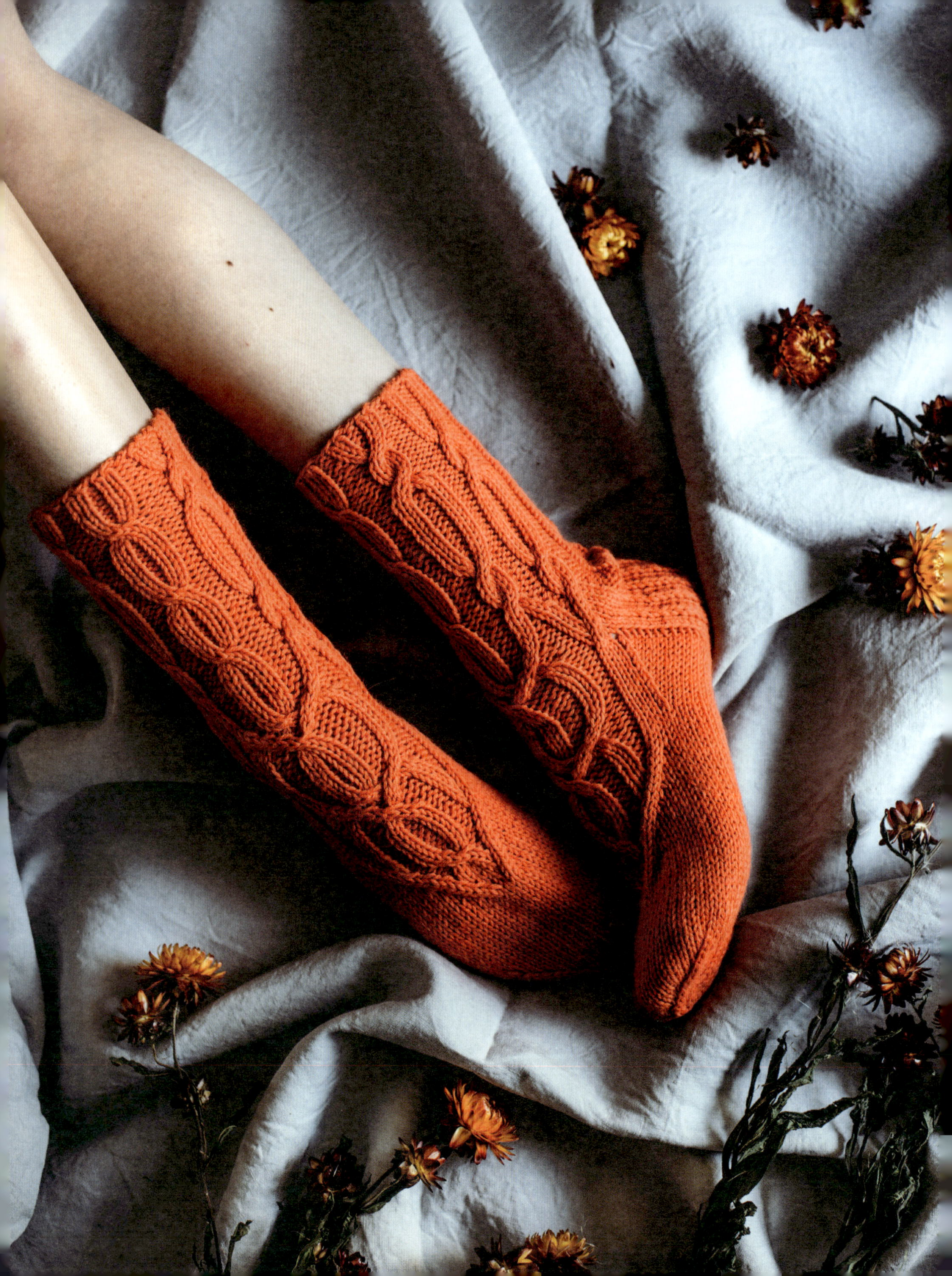

Lachender Wanderer

Auf diesen Socken finden sich Pfade aus Zöpfen, Ströme der Freude und übersprudelnde Geschichten, die sich miteinander verflechten wie Blumengirlanden im Frühling. Ein vorsichtiger Blick und ein unbändiges Grinsen führen den lachenden Wanderer in Richtung Sommer und dessen Abenteuer.

GRÖSSE: 37/38 (39/40)

GARN: Kaupunkilanka Kivijalka, Farbe 71 Orange

GARNVERBRAUCH: 105 (110) g

NADELSPIEL: 3,5 mm und 2 Hilfsnadeln

MASCHENPROBE:
21 M und 24 Rd = 10 cm x 10 cm

BEVOR SIE BEGINNEN

Das Muster für den Schaft ist für beide Größen in Strickschrift A gezeichnet; für Größe 37/38 stricken Sie den Bereich zwischen den blauen Linien und für Größe 39/40 die gesamte Strickschrift. Beide Größen können Sie nach derselben schriftlichen Anleitung arbeiten.

Die Abweichungen für Größe 39/40 sind blau markiert.

Falls eine Anprobe möglich ist, beginnen Sie mit den Spitzenabnahmen, wenn der kleine Zeh von der Socke bedeckt ist.

SCHAFT

47 M (51 M) anschlagen und auf den Nd verteilen: 11-13-12-11 (13-13-12-13). Das Muster laut Strickschrift A, Rd 1-52, stricken.

FERSE

Die Fersenwand verstärkt stricken, dazu die M der 1. Nd auf die 4. Nd re abstricken, insg. 22 M (26 M). Die restlichen M bleiben ungestrickt. Die Arbeit wenden, die 1. M li abheben, ohne sie zu stricken, die übrigen M li stricken. Für Größe 37/38 gleichzeitig 2 M zunehmen, die Fersenwand hat jetzt insg. 24 M. Für Größe 39/40 gleichzeitig 2 M abnehmen, die Fersenwand hat jetzt insg. 24 M.

1. R (Hin-R): Die Arbeit wenden, *1 M abheben, ohne sie zu stricken, 1 M re, ab * bis R-Ende wiederholen.
2. R (Rück-R): Die Arbeit wenden, 1 M li abheben, ohne sie zu stricken, die übrigen M li stricken.

Diese 2 R wiederholen, bis für die Fersenwand 24 R gestrickt sind und zuletzt eine Rück-R gestrickt wurde.

Die Käppchenabnahmen in der nächsten Hin-R beginnen und weiterhin verstärkt stricken, bis noch 9 M auf der Nd sind. 1 ssk oder Übz stricken und die Arbeit wenden. Auf der anderen Nd sind 7 M. 1 M li abheben, ohne sie zu stricken, und li stricken, bis 9 M übrig sind. 2 M li zus und die Arbeit wenden. 1 M re abheben, ohne sie zu stricken, und verstärkt stricken, bis 8 M übrig sind. 1 ssk oder Übz stricken und die Arbeit wenden. 1 M li abheben, ohne sie zu stricken, und li stricken, bis 8 M übrig sind. 2 M li zus und die Arbeit wenden. So fortfahren, dabei werden die äußeren M in jeder R reduziert, die mittleren M bleiben gleich (8 M).

Wenn die äußeren M aufgebraucht sind, die M der Fersenwand auf 2 Nd verteilen (4-4). 4 M re stricken, sodass der Faden in der Fersenmitte zwischen der 1. und 4. Nd liegt.

FUSSTEIL

Aus dem linken Fersenrand mit der freien Nd 14 M auffassen. Die 4 M der 1. Nd re stricken, danach die 14 aufgefassten M re verschränkt stricken. Mit der 2. und 3. Nd das Muster laut Strickschrift B arbeiten, dabei mit der 1. Rd beginnen. Aus dem rechten Fersenrand 14 M auffassen und re verschränkt stricken, dabei noch die 4 M der 4. Nd auf dieselbe Nd stricken. Die Arbeit hat jetzt 61 M.

Für die Zwickelabnahmen am Ende der 1. Nd 2 M re zus, am Anfang der 4. Nd in jeder 2. Rd 1 ssk oder Übz stricken. Mit der 1. und 4. Nd rechts und mit der 2. und 3. Nd im Muster stricken. Mit den Zwickelabnahmen fortfahren, bis 47 M (11-13-12-11) – 49 M (12-13-12-12) übrig sind.

Mit der 1. und 4. Nd weiter re und mit der 2. und 3. Nd im Muster bis zum Ende von Strickschrift B stricken, danach mit allen Nd re stricken.

Wenn nach der Fersenwand 42 (46) Rd gestrickt wurden, die M auf den Nd verteilen: 12-12-11-12 (12-13-12-12), und eine breite Bandspitze arbeiten:
1. und 3. Nd: Re stricken, bis noch 3 M übrig sind, 2 M re zus, 1 M re.
2. und 4. Nd: 1 M re, ssk, die restlichen M re stricken.

Die Abnahmen zunächst in jeder 2. Rd stricken. Wenn noch 31 M (8-8-7-8) – 33 M (8-9-8-8) übrig sind, die Abnahmen in jeder Rd stricken. Für Größe 37/38 in der letzten Rd mit der 3. Nd nicht abnehmen.

Wenn 8 M (9 M) übrig sind, den Faden abschneiden und durch die M ziehen.

Die Fadenenden vernähen und die Socken leicht dämpfen.

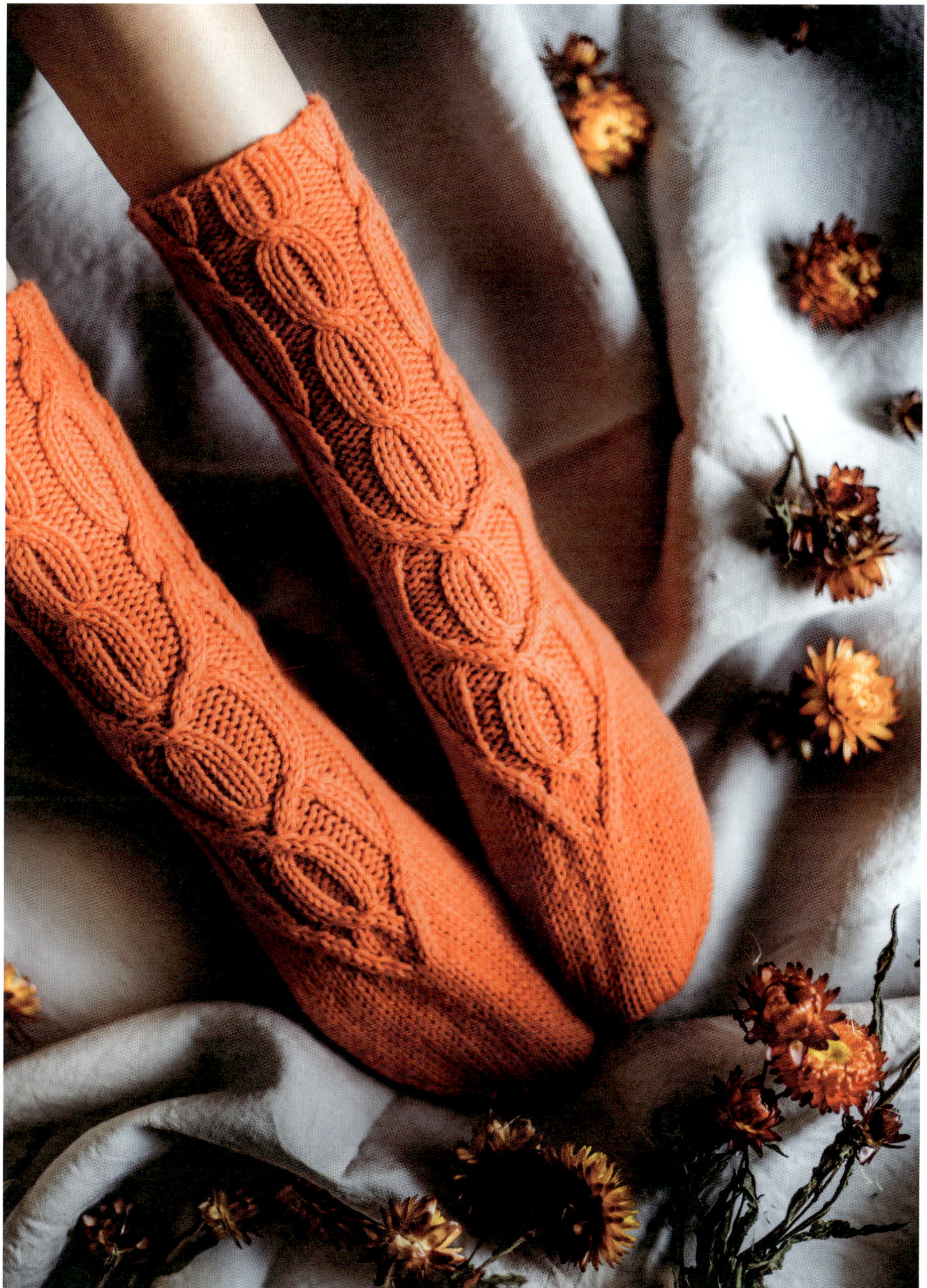

STRICKSCHRIFT A, SCHAFT

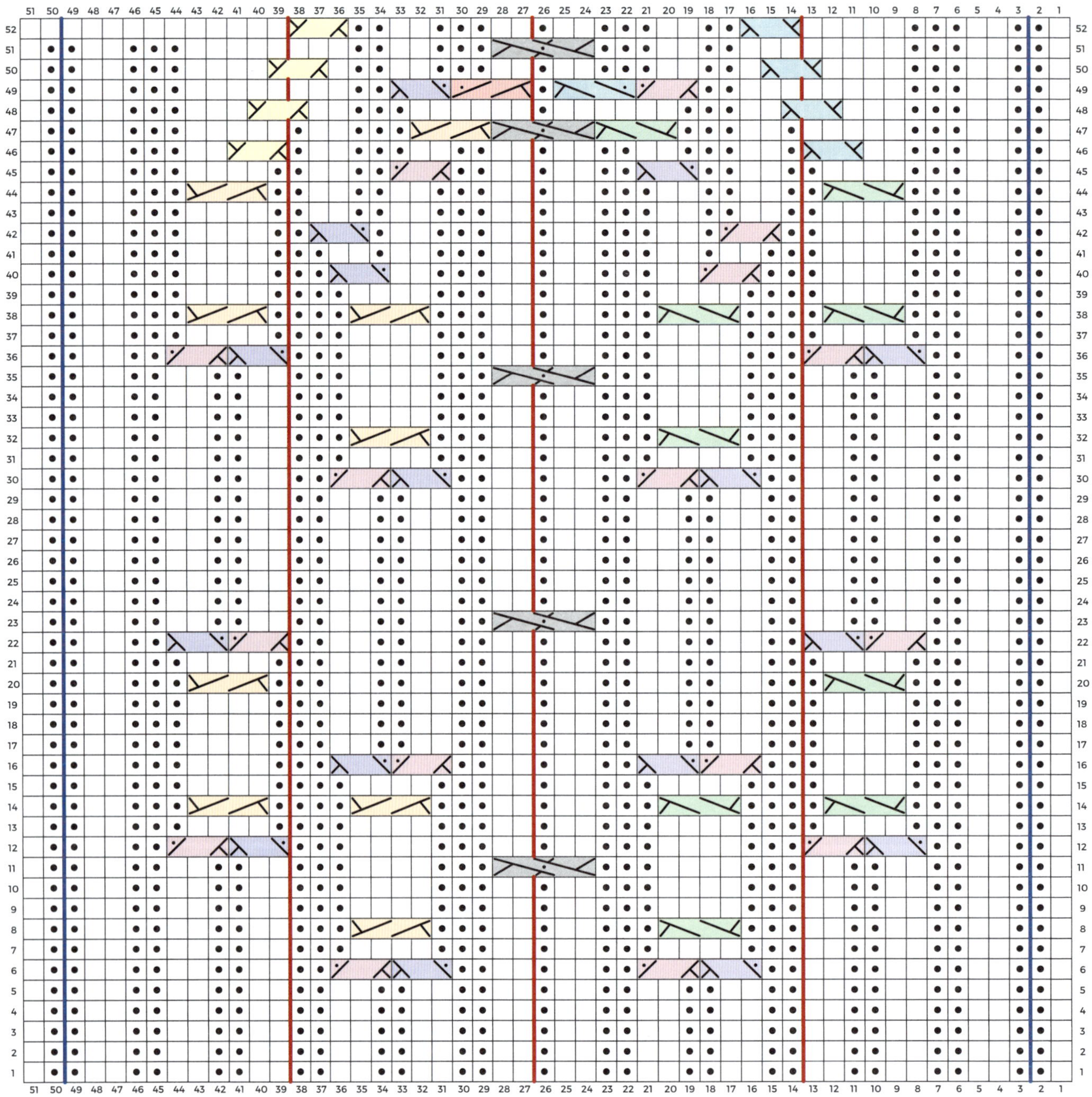

STRICKSCHRIFT B, FUSSTEIL

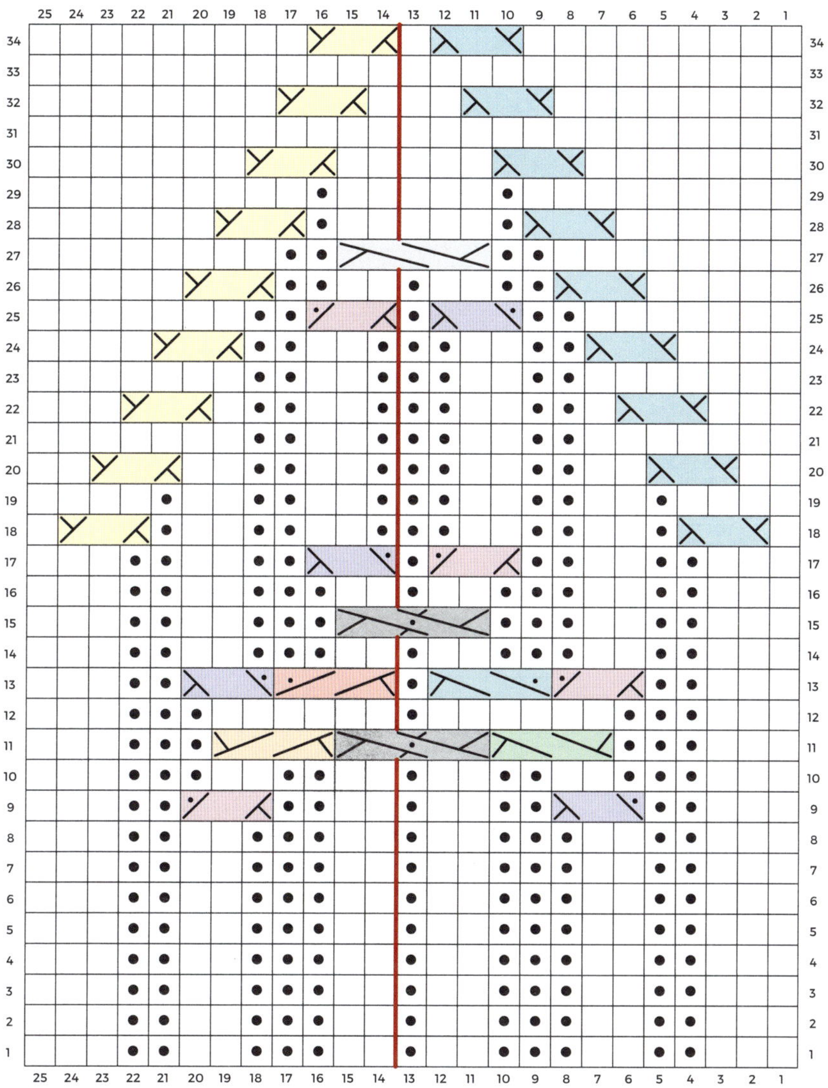

- rechts
- links
- 2 M auf eine Hilfsnadel vor die Arbeit legen, 1 M li, die 2 M von Hilfsnadel re
- 1 M auf eine Hilfsnadel hinter die Arbeit legen, 2 M re, die M von der Hilfsnadel li
- 2 M auf eine Hilfsnadel vor die Arbeit legen, 1 M re, die 2 M von der Hilfsnadel re
- 1 M auf eine Hilfsnadel hinter die Arbeit legen, 2 M re, die M von der Hilfsnadel re
- 2 M auf eine Hilfsnadel vor die Arbeit legen, 2 M re, die 2 M von der Hilfsnadel re
- 2 M auf eine Hilfsnadel hinter die Arbeit legen, 2 M re, die 2 M von der Hilfsnadel re
- 2 M auf eine Hilfsnadel vor die Arbeit legen, 2 M li, die 2 M von der Hilfsnadel re
- 2 M auf eine Hilfsnadel hinter die Arbeit legen, 2 M re, die 2 M von der Hilfsnadel li
- 2 M auf eine Hilfsnadel I VOR die Arbeit legen, 1 M auf eine Hilfsnadel II HINTER die Arbeit legen, 2 M re, die M von der Hilfsnadel II hinter der Arbeit li, die 2 M von der Hilfsnadel I vor der Arbeit re
- 2 M auf eine Hilfsnadel I VOR die Arbeit legen, 1 M auf eine Hilfsnadel II HINTER die Arbeit legen, 2 M re, die M von der Hilfsnadel II hinter der Arbeit re, die 2 M von der Hilfsnadel I vor der Arbeit re
- Nadelverteilung
- Für Größe 37/38 den Bereich zwischen den blauen Linien stricken (M 3-49)

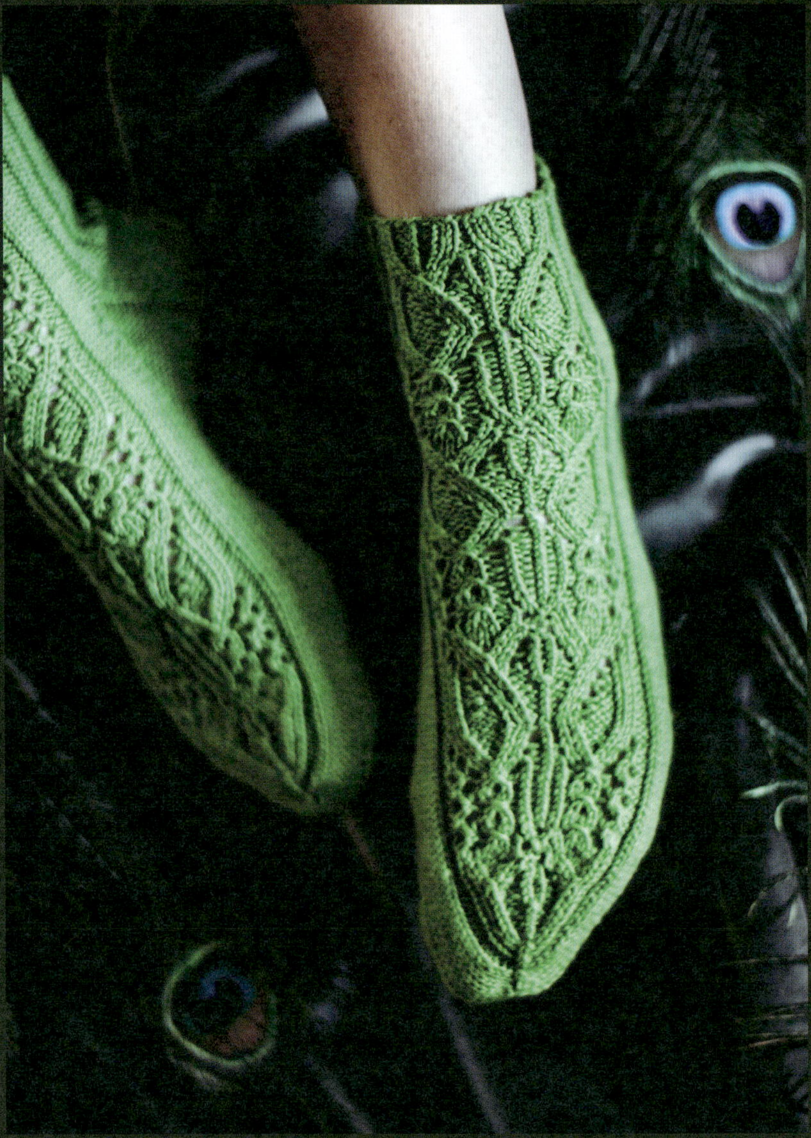

Sommer

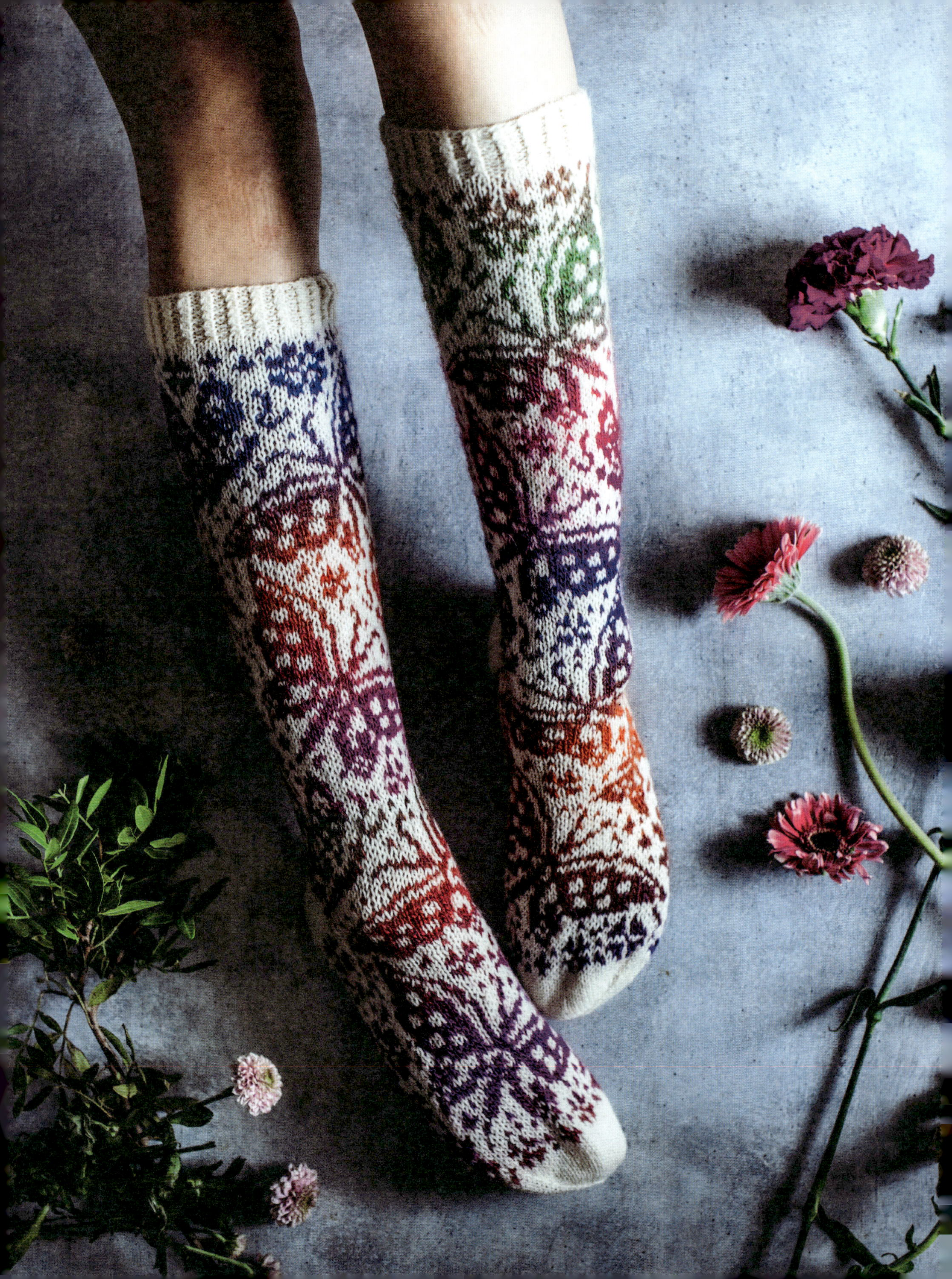

Meine Schwestern

Diese Socken sind für meine Schwestern, die mit mir stets Freud und Leid teilen. In der Leichtigkeit der Schmetterlinge und in der bunten Farbpalette kann man Momente der Freude, gemeinsame Begegnungen, zusammen verbrachte Abende und endloses Lachen in einer nachtlosen Nacht entdecken. Das Modell ist anspruchsvoller als andere, die Mühe lohnt sich jedoch.

GRÖSSE: 39

GARN UND GARNVERBRAUCH:
Grundfarbe Drops Fabel,
100 Naturweiß, 100 g
Musterfarbe Scheepjes Invicta Colour, 963,
ODER Nordlys Viking, 956, 50 g

NADELSPIEL: 2,5 mm

MASCHENPROBE:
31 M und 33 Rd = 10 cm x 10 cm

SCHAFT

84 M in der Grundfarbe anschlagen und auf den Nd verteilen: 21-21-21-21.

13 Rd Spiralbündchen laut Strickschrift A stricken.

Nach dem Bündchenmuster ab Rd 14 mit dem Einstrickmuster beginnen. Dabei die M auf den Nd verteilen: 21-22-20-21. Den Schaft laut Strickschrift arbeiten, dabei in den auf der nächsten Seite genannten Rd im Anfangsbereich der 1. Nd und im Endbereich der 4. Nd an einer passenden Stelle abnehmen.

Abnahmerunden: 34, 43, 49, 57, 63, 68, 72, 76, 80 und 84. Es sind 64 M übrig.

Bitte beachten! Die M in der 61. Rd auf den Nd verteilen: 22-17-16-21.

Falls sich der Schaft zu eng anfühlen sollte, können Sie die letzten Abnahmen weglassen und die überzähligen M in der 1. Rd der Fersenwand abnehmen.

Wenn alle 104 Rd für den Schaft gestrickt sind, die M auf den Nd verteilen: 16-17-16-15.

FERSE

Die Fersenwand in der Grundfarbe stricken, dazu die M der 1. Nd auf die 4. Nd stricken (insg. 31 M). Die restlichen M bleiben ungestrickt. Die Arbeit wenden. Die 1. M li abheben, ohne sie zu stricken, die übrigen M li stricken, dabei 1 M zunehmen. Die Fersenwand hat jetzt 32 M.

1. R (Hin-R): Die Arbeit wenden, *1 M abheben, ohne sie zu stricken, 1 M re, ab * bis R-Ende wiederholen.
2. R (Rück-R): Die Arbeit wenden, 1 M li abheben, ohne sie zu stricken, die übrigen M li stricken.

Diese 2 R wiederholen, bis für die Fersenwand 32 R gestrickt sind und zuletzt eine Rück-R gestrickt wurde.

Die Käppchenabnahmen in der nächsten Hin-R beginnen und weiterhin verstärkt stricken, bis noch 11 M auf der Nd sind. 1 ssk oder Übz stricken und die Arbeit wenden. Auf der anderen Nd sind 9 M. 1 M li abheben, ohne sie zu stricken, und li stricken, bis 11 M übrig sind. 2 M li zus und die Arbeit wenden. 1 M abheben, ohne sie zu stricken, und verstärkt stricken, bis 10 M übrig sind. 1 ssk oder Übz stricken und die Arbeit wenden. 1 M li abheben, ohne sie zu stricken, und li stricken, bis 10 M übrig sind. 2 M li zus und die Arbeit wenden. So fortfahren, dabei werden die äußeren M in jeder R reduziert, die mittleren M bleiben gleich (12 M).

Wenn die äußeren M aufgebraucht sind, die M der Fersenwand auf 2 Nd verteilen (6-6). 6 M re stricken, sodass der Faden in der Fersenmitte zwischen der 1. und 4. Nd liegt.

FUSSTEIL

Aus dem Fersenrand mit der 1. Nd 18 M auffassen, mit der 4. Nd aus dem anderen Fersenrand ebenfalls 18 M auffassen.

Die Arbeit hat jetzt 81 M. Mit dem Einstrickmuster laut Strickschrift B mit der 1. Rd beginnen. Die aus dem Fersenrand aufgefassten M re verschränkt stricken.

Für die Zwickelabnahmen in den in der Strickschrift B angegebenen Rd (2, 3, 5, 6, 8, 9, 11 und 12) am Ende der 1. Nd 2 M re zus, am Anfang der 4. Nd 1 ssk oder Übz stricken. Die grau markierten Karos stellen keine Maschen dar. Nach den Zwickelabnahmen sind 65 M übrig (16-17-16-16).

Mit dem Einstrickmuster laut Strickschrift B fortfahren (46 Rd). In der letzten Rd 1 M auf der 4. Nd abnehmen und die M auf den Nd verteilen: 16-16-16-16.

Zur Grundfarbe wechseln und eine breite Bandspitze arbeiten:
1. und 3. Nd: Re stricken, bis noch 3 M übrig sind, 2 M re zus, 1 M re.
2. und 4. Nd: 1 M re, ssk oder Übz, die restlichen M re stricken.

Die Abnahmen zunächst in jeder 2. Rd stricken. Wenn 11 M pro Nd übrig sind, die Abnahmen in jeder Rd stricken.

Wenn insg. noch 8 M übrig sind, den Faden abschneiden und durch die M ziehen.

Die Fadenenden vernähen und die Socken leicht dämpfen.

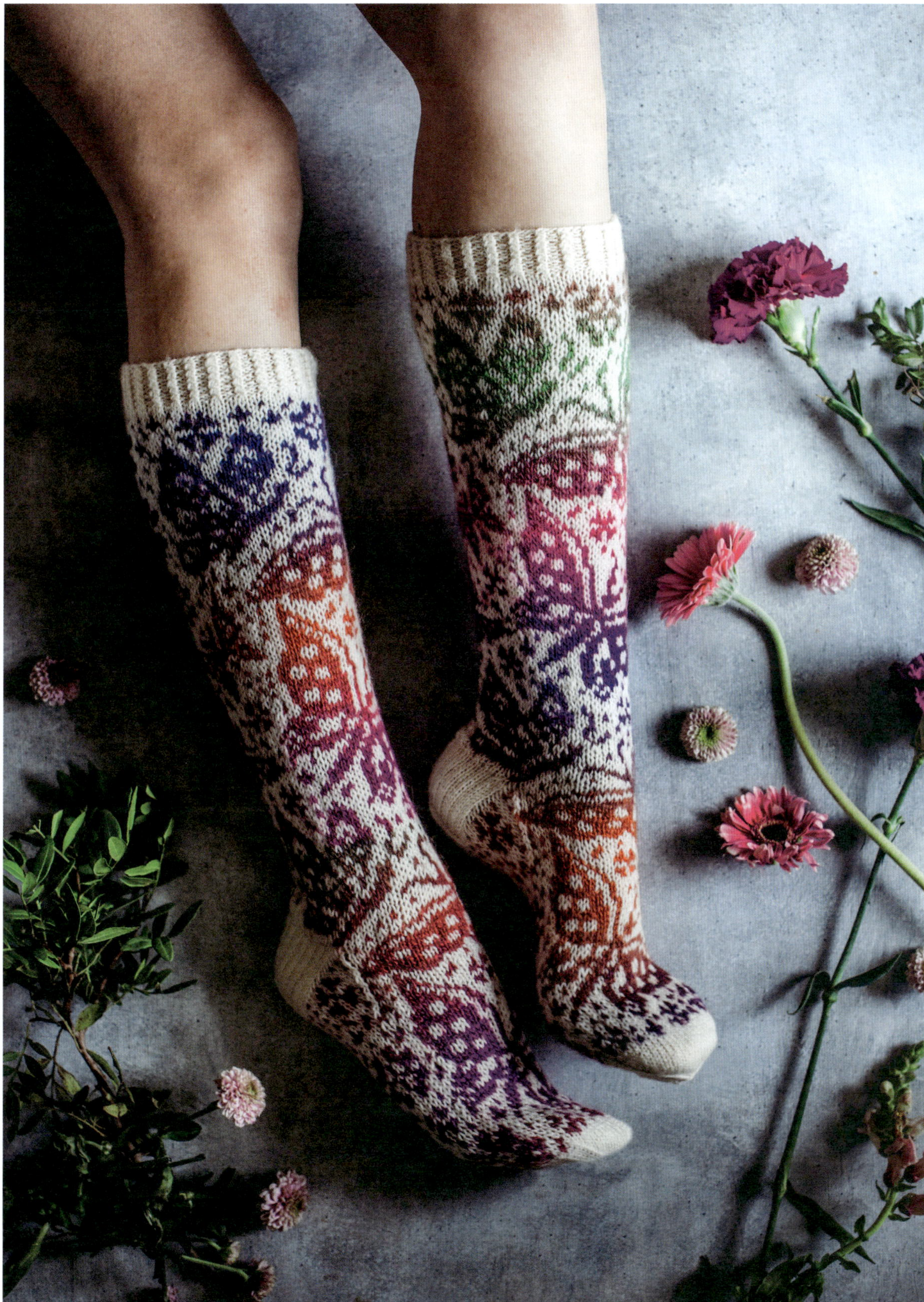

STRICKSCHRIFT A, SCHAFT

□	rechts (Grundfarbe)
■	rechts (Musterfarbe)
•	links
⊢⊣	Spiralbündchen = 1 M abheben, ohne sie zu stricken, die folgende M einmal von vorn und einmal von hinten re stricken, die abgehobene M über die gestrickten M ziehen
/	2 M re zus (Grundfarbe)
\	ssk: 2 M einzeln wie zum Rechtsstricken abheben, zurück auf die linke Nd legen und von hinten 2 M re zus (Grundfarbe)
/	2 M re zus (Musterfarbe)
\	ssk: 2 M einzeln wie zum Rechtsstricken abheben, zurück auf die linke Nd legen und von hinten 2 M re zus (Musterfarbe)
■	keine M, kann ignoriert werden
□	Nadelverteilung

STRICKSCHRIFT B, FUSSTEIL

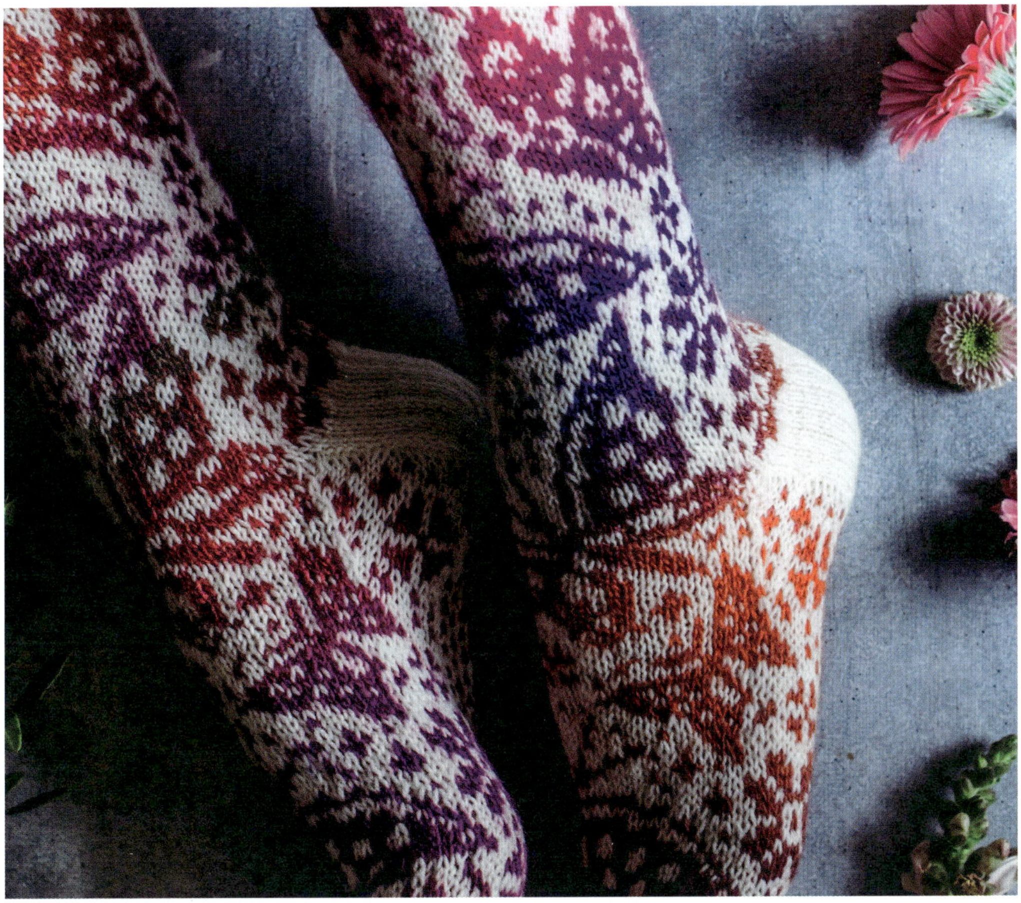

- rechts (Grundfarbe)
- rechts (Musterfarbe)
- links
- Spiralbündchen = 1 M abheben, ohne sie zu stricken, die folgende M einmal von vorn und einmal von hinten re stricken, die abgehobene M über die gestrickten M ziehen
- 2 M re zus (Grundfarbe)
- ssk: 2 M einzeln wie zum Rechtsstricken abheben, zurück auf die linke Nd legen und von hinten 2 M re zus (Grundfarbe)
- 2 M re zus (Musterfarbe)
- ssk: 2 M einzeln wie zum Rechtsstricken abheben, zurück auf die linke Nd legen und von hinten 2 M re zus (Musterfarbe)
- keine M, kann ignoriert werden
- Nadelverteilung

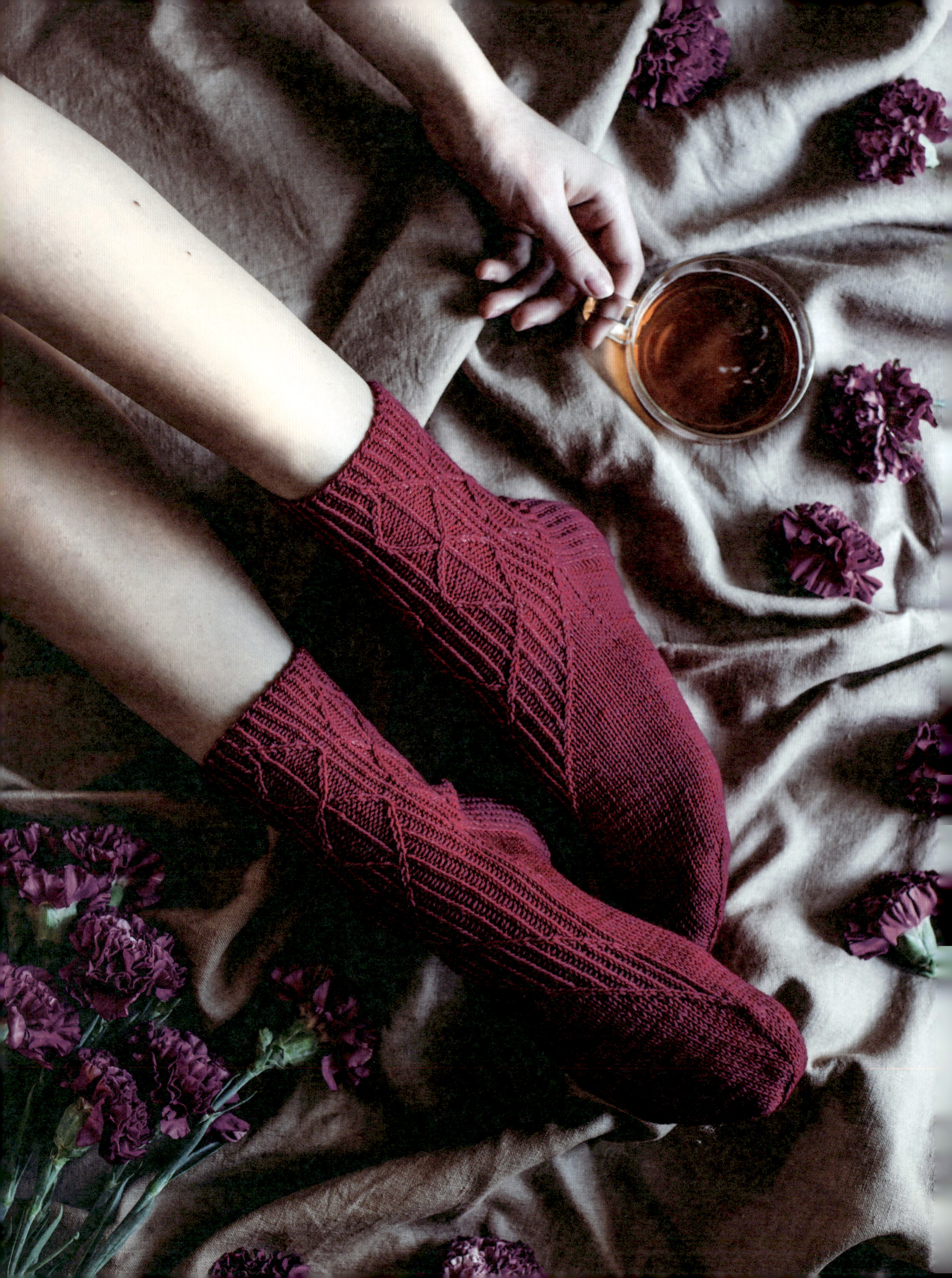

Alberne Liebe

In sorglosen Momenten auf dem Rasen liegen und flüstern im Schatten der Bäume. Eine leichte Brise und Picknicke, Zärtlichkeiten und Scherze in Sommernächten, Küsse hinter dem Zaun. Diese Socken sind voll von dieser perfekten, berauschenden und auch albernen Liebe. Erinnerungen, die niemals vergessen werden wollen.

GRÖSSE: 38/39

GARN: Malabrigo Sock, Farbe 093 Fuchsia, ODER Louhittaren luola Väinämöinen, Farbe Fuchsia

GARNVERBRAUCH: 60 g

NADELSPIEL: 2,5 mm, zwei Hilfsnadeln

MASCHENPROBE:
28 M und 36 Rd = 10 cm x 10 cm

BEVOR SIE BEGINNEN

Die Socken werden gegengleich gestrickt. Der Schaft wird für beide Socken laut derselben Strickschrift gestrickt, für den Fußteil verwenden Sie für die rechte Socke die Strickschrift B rechts und für die linke Socke die Strickschrift B links. Ansonsten ist die Anleitung für beide Socken gleich.

SCHAFT

64 M anschlagen und auf den Nd verteilen: 15-15-16-18. Den Schaft laut Strickschrift A stricken (52 Rd).

FERSE

Die Fersenwand verstärkt stricken, dazu die M der 1. Nd auf die 4. Nd stricken (insg. 33 M). Die restlichen M bleiben ungestrickt. Die Arbeit wenden. Die 1. M li abheben, ohne sie zu stricken, die übrigen M li stricken, dabei 1 M abnehmen. Die Fersenwand hat jetzt 32 M.

1. R (Hin-R): Die Arbeit wenden, *1 M abheben, ohne sie zu stricken, 1 M re, ab * bis R-Ende wiederholen.
2. R (Rück-R): Die Arbeit wenden, 1 M li abheben, ohne sie zu stricken, die übrigen M li stricken.

Diese 2 R wiederholen, bis für die Fersenwand 32 R gestrickt sind und zuletzt eine Rück-R gestrickt wurde.

Die Käppchenabnahmen in der nächsten Hin-R beginnen und weiterhin verstärkt stricken, bis noch 11 M auf der Nd sind. 1 ssk oder Übz stricken und die Arbeit wenden. Auf der anderen Nd sind 9 M. 1 M li abheben, ohne sie zu stricken, und li stricken, bis 11 M übrig sind. 2 M li zus und die Arbeit wenden. 1 M abheben, ohne sie zu stricken, und verstärkt stricken, bis 10 M übrig sind. 1 ssk oder Übz stricken und die Arbeit wenden. 1 M li abheben, ohne sie zu stricken, und li stricken, bis 10 M übrig sind. 2 M li zus und die Arbeit wenden. So fortfahren, dabei werden die äußeren M in jeder R reduziert, die mittleren M bleiben gleich (12 M).

Wenn die äußeren M aufgebraucht sind, die M der Fersenwand auf 2 Nd verteilen (6-6). 6 M re stricken, sodass der Faden in der Fersenmitte zwischen der 1. und 4. Nd liegt.

FUSSTEIL

Aus dem linken Fersenrand mit der freien Nd 18 M auffassen. Die 6 M der 1. Nd re stricken, danach die 18 aufgefassten M re verschränkt stricken. Mit der 2. und 3. Nd das Muster laut Strickschrift B arbeiten, dabei mit der 1. Rd beginnen. Aus dem rechten Fersenrand 18 M auffassen und re verschränkt stricken, dabei noch die 6 M der 4. Nd auf dieselbe Nd stricken. Die Arbeit hat jetzt 79 M.

Mit den Zwickelabnahmen beginnen: Am Ende der 1. Nd 2 M re zus, am Anfang der 4. Nd 1 ssk oder Übz stricken. Mit der 2. und 3. Nd weiter im Muster laut Strickschrift B stricken. Mit den Zwickelabnahmen in jeder 2. Rd fortfahren, bis 63 M (16-15-16-16) übrig sind. Mit der 1. und 4. Nd weiter re und mit der 2. und 3. Nd im Muster bis zum Ende von Strickschrift B stricken. Danach über alle Nd re stricken.

Wenn nach der Fersenwand 60 Rd gestrickt wurden, eine breite Bandspitze arbeiten:
1. und 3. Nd: Re stricken, bis noch 3 M übrig sind, 2 M re zus, 1 M re.
2. und 4. Nd: 1 M re, ssk, die restlichen M re stricken.
Die Abnahmen zunächst in jeder 2. Rd stricken. Wenn insg. 39 M (10-9-10-10) übrig sind, die Abnahmen in jeder Rd stricken.

Wenn insg. noch 11 M übrig sind, den Faden abschneiden und durch die M ziehen.

Die Fadenenden vernähen und die Socken leicht dämpfen.

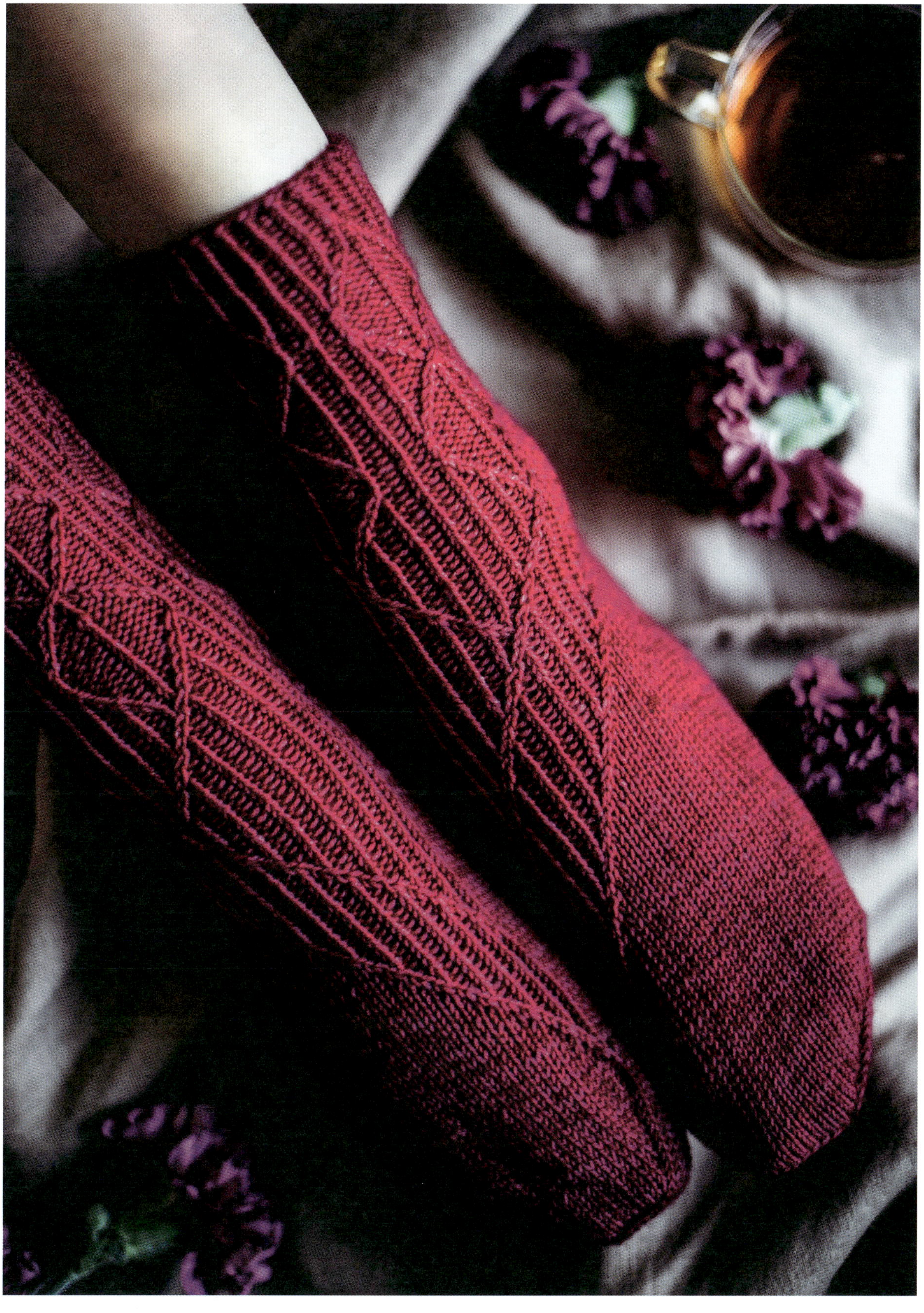

STRICKSCHRIFT A

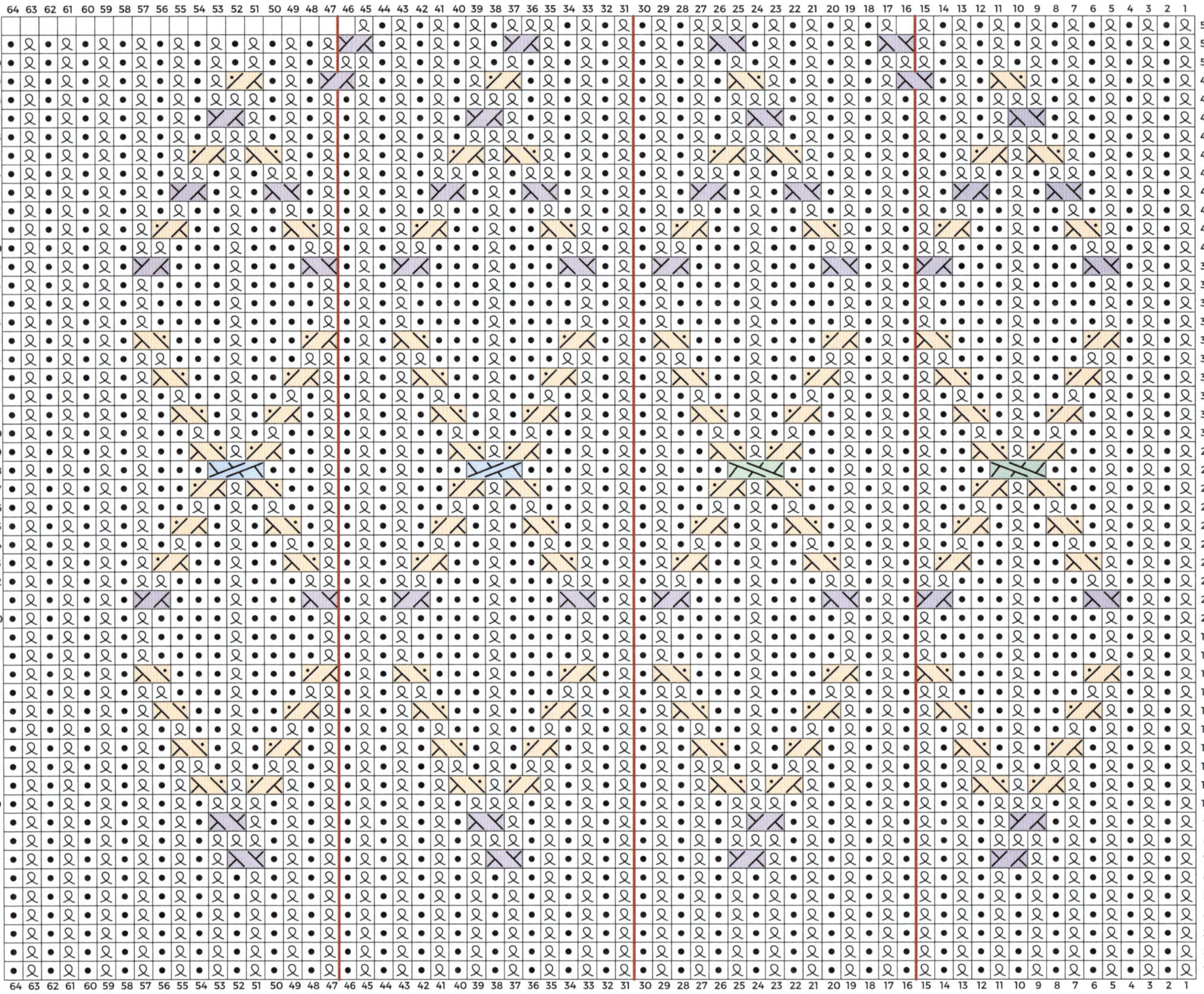

- rechts
- rechts verschränkt
- links
- Nadelverteilung

- 1 M auf eine Hilfsnadel hinter die Arbeit legen, 1 M re, die M von der Hilfsnadel re
- 1 M auf eine Hilfsnadel vor die Arbeit legen, 1 M re, die M von der Hilfsnadel re
- 1 M auf eine Hilfsnadel vor die Arbeit legen, 1 M li, die M von der Hilfsnadel re
- 1 M auf eine Hilfsnadel hinter die Arbeit legen, 1 M re, die M von der Hilfsnadel li
- 1 M auf eine Hilfsnadel vor die Arbeit legen, 1 M auf eine Hilfsnadel hinter die Arbeit legen, 1 M re, die M von der hinteren Hilfsnadel re und die M von der vorderen Hilfsnadel re
- 2 M auf eine Hilfsnadel hinter die Arbeit legen, 1 M re, die linksseitige M von der Hilfsnadel zurück auf die linke Nadel legen und re stricken, die M von der Hilfsnadel re

STRICKSCHRIFT B, LINKS

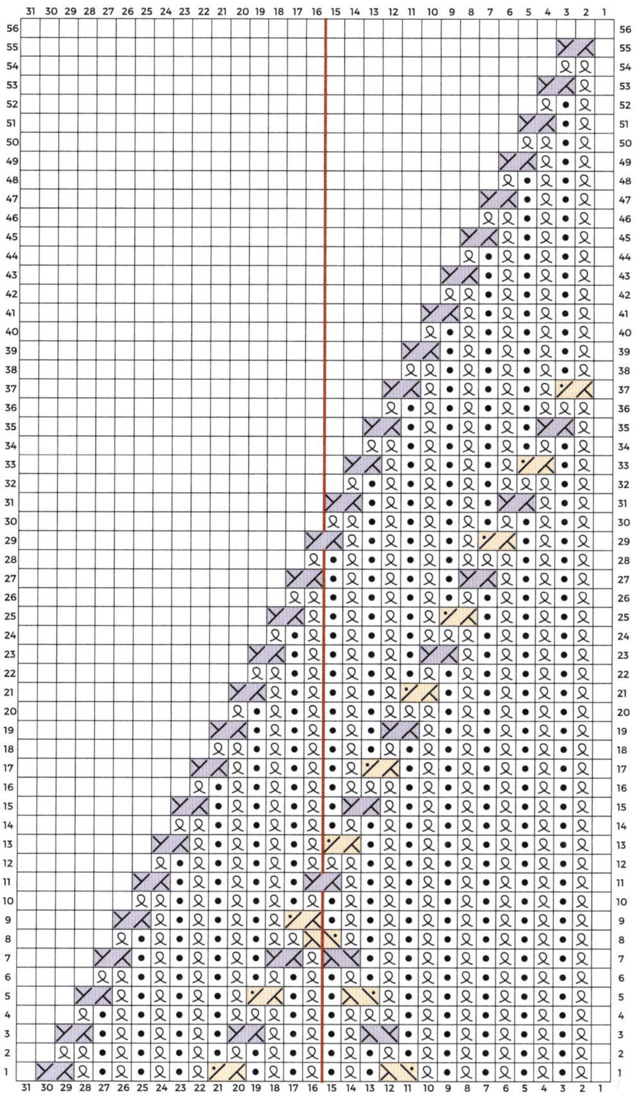

STRICKSCHRIFT B, RECHTS

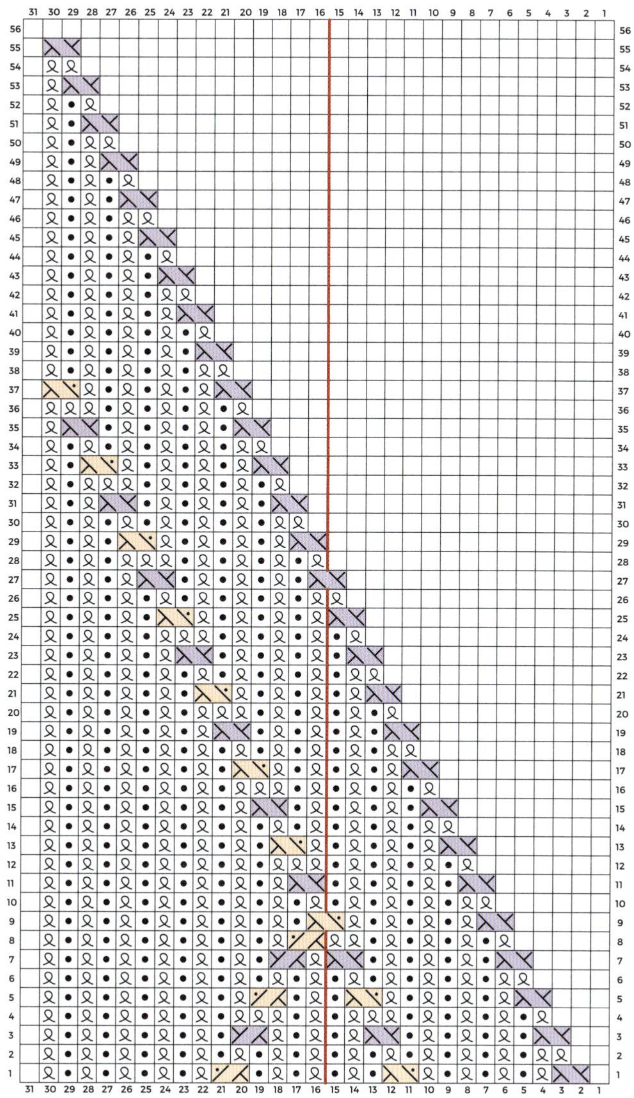

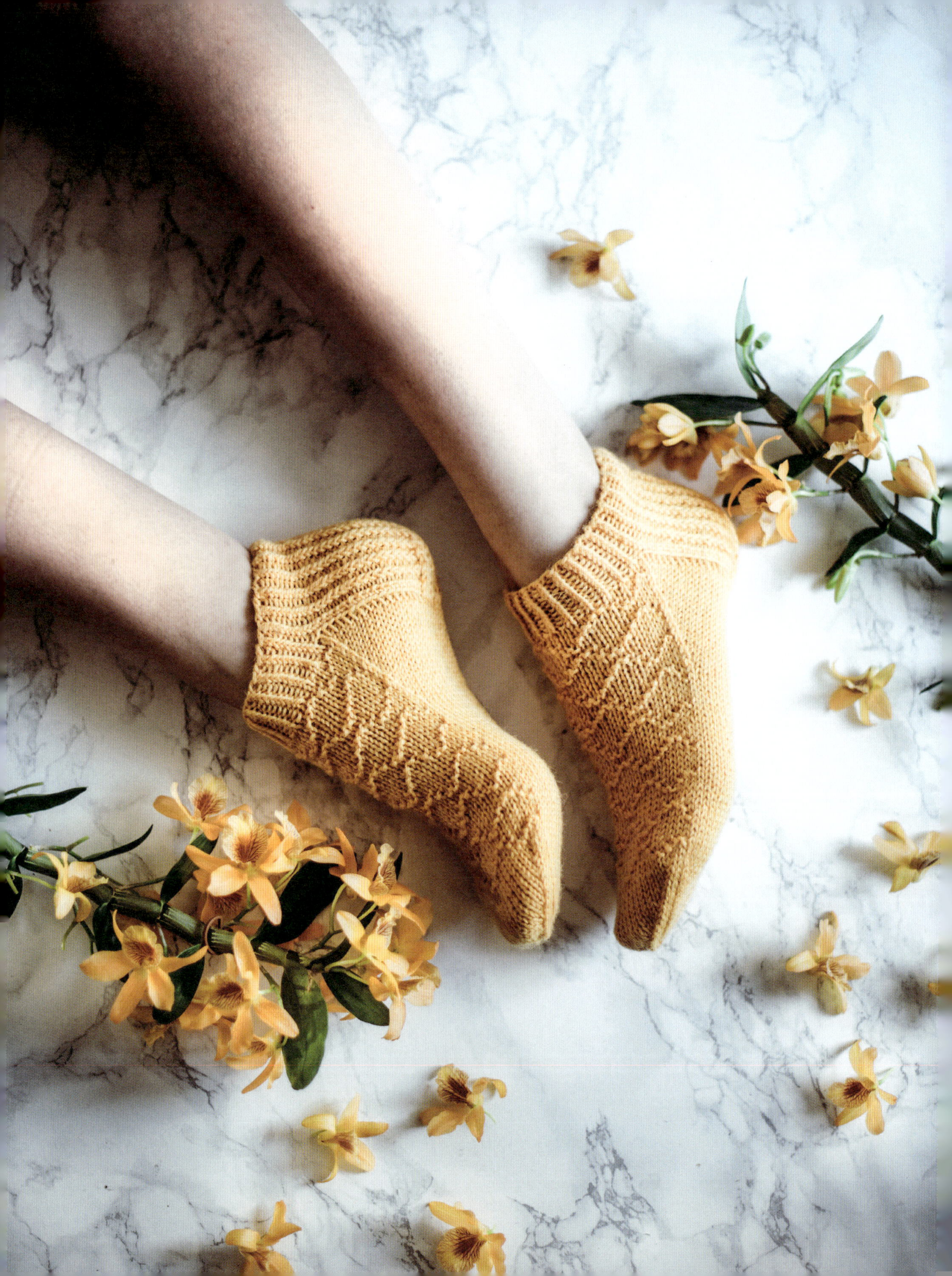

Gold im Haar

Goldenes Sommergelb, Blumenkränze im Haar, sonnige Tage und Eiscreme im Gesicht. Die kurzen Socken sind ideal für warme Sommertage und werden auch in der Julihitze schnell fertig.

GRÖSSE: 37 (39)

GARN: Teetee Pallas, Farbe 26 Gelb

GARNVERBRAUCH: 50 (55) g

NADELSPIEL: 3 mm

MASCHENPROBE:
23 M und 28 Rd = 10 cm x 10 cm

BEVOR SIE BEGINNEN

Beide Größen werden bis zum Ende der Zwickelabnahmen nach derselben Anleitung gestrickt. Danach sind die Abweichungen für Größe 39 blau markiert.

Die in der Anleitung verwendete Abkürzung verschr gibt an, dass die M verschränkt abgestrickt werden sollen.

SCHAFT

54 M anschlagen und auf den Nd verteilen: 14-14-13-13. Im Bündchenmuster 10 Rd 1 M re verschr, 1 M li stricken.

FERSE

Die Fersenwand verstärkt stricken, dazu die M der 1. Nd auf die 4. Nd stricken (insg. 27 M), dabei weiterhin im Bündchenmuster arbeiten. Die restlichen M bleiben ungestrickt. Die Arbeit wenden. Die 1. M li abheben, ohne sie zu stricken, 1 M li, *1 M re, 1 M abheben, ohne sie zu stricken, der Faden liegt vor der Arbeit, ab * wiederholen, bis 2 M übrig sind, 2 M li.

1. R (Hin-R): Die Arbeit wenden, 1 M abheben, ohne sie zu stricken, *1 M re verschr, 1 M li, ab * wiederholen, bis 2 M übrig sind, 1 M re verschr, 1 M re.
2. R (Rück-R): Die Arbeit wenden, 1 M li abheben, ohne sie zu stricken, 1 M li, *1 M re, 1 M abheben, ohne sie zu stricken, der Faden liegt vor der Arbeit, ab * wiederholen, bis 2 M übrig sind, 2 M li.

Diese 2 R wiederholen, bis für die Fersenwand 28 R gestrickt sind und zuletzt eine Rück-R gestrickt wurde.

Die Käppchenabnahmen in der nächsten Hin-R beginnen und weiterhin verstärkt stricken, bis noch 9 M auf der Nd sind. 1 ssk oder Übz stricken und die Arbeit wenden. Auf der anderen Nd sind 7 M. 1 M li abheben, ohne sie zu stricken, und verstärkt stricken, bis 9 M übrig sind. 2 M li zus und die Arbeit wenden. 1 M abheben, ohne sie zu stricken, und verstärkt stricken, bis 8 M übrig sind. 1 ssk oder Übz stricken und die Arbeit wenden. 1 M li abheben, ohne sie zu stricken, und verstärkt stricken, bis 8 M übrig sind. 2 M li zus und die Arbeit wenden. So fortfahren, dabei werden die äußeren M in jeder R reduziert, die mittleren M bleiben gleich (11 M).

Wenn die äußeren M aufgebraucht sind, die M der Fersenwand auf 2 Nd verteilen (6-5). 4 M re, 2 M re zus stricken, sodass der Faden in der Fersenmitte zwischen der 1. und 4. Nd liegt.

FUSSTEIL

Aus dem linken Fersenrand mit der freien Nd 16 M auffassen. Die 5 M der 1. Nd re stricken, danach die 16 aufgefassten M re verschränkt stricken. Mit der 2. und 3. Nd das Muster laut Strickschrift arbeiten, dabei mit der 1. Rd beginnen und die Rd 1-11 wiederholen. Gleichzeitig auf der 3. Nd 1 M zunehmen. Aus dem rechten Fersenrand 16 M auffassen und re verschränkt stricken, dabei noch die 5 M der 4. Nd auf dieselbe Nd stricken. Die Arbeit hat jetzt 70 M.

Mit den Zwickelabnahmen beginnen: Am Ende der 1. Nd 2 M re zus, am Anfang der 4. Nd 1 ssk oder Übz stricken. Mit der 2. und 3. Nd weiter im Muster laut Strickschrift stricken. Mit den Zwickelabnahmen in jeder 2. Rd fortfahren, bis 52 M (12-14-14-12) – 56 s (14-14-14-14) übrig sind.

Mit der 1. und 4. Nd weiter re und mit der 2. und 3. Nd im Muster stricken. Wenn nach der Fersenwand 44 (49) Rd gestrickt und zuletzt Rd 11(5), der Strickschrift gestrickt wurden, noch eine Rd rechts stricken und für Größe 37 die M zu 13 M pro Nd verteilen.

Eine breite Bandspitze arbeiten:
1. Nd: Re stricken, bis 3 M übrig sind, 2 M re zus, 1 M re.
2. Nd: Ssk, die restlichen M re stricken.
3. Nd: Re stricken, bis 2 M übrig sind, 2 M re zus.
4. Nd: 1 M re, ssk, die restlichen M re stricken.

Die Abnahmen zunächst in jeder 2. Rd stricken. Wenn insg. 32 M (8-8-8-8) übrig sind, die Abnahmen in jeder Rd stricken. Wenn insg. noch 8 M übrig sind, den Faden abschneiden und durch die M ziehen.
Die Fadenenden vernähen und die Socken leicht dämpfen.

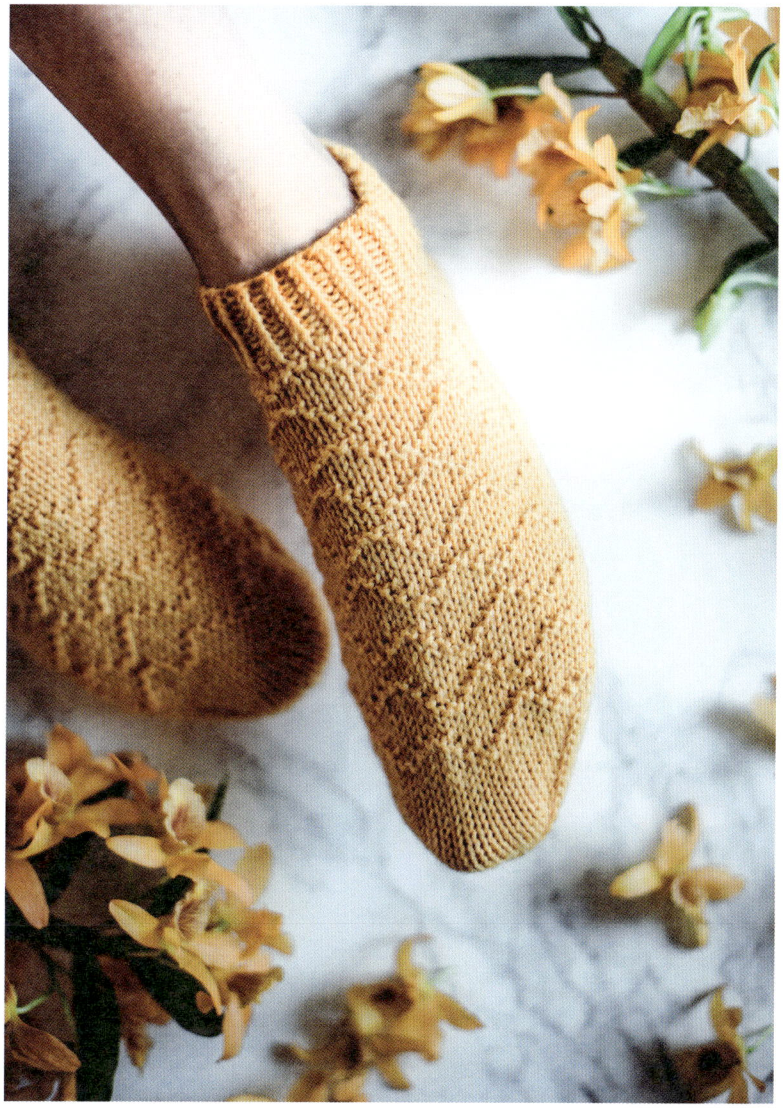

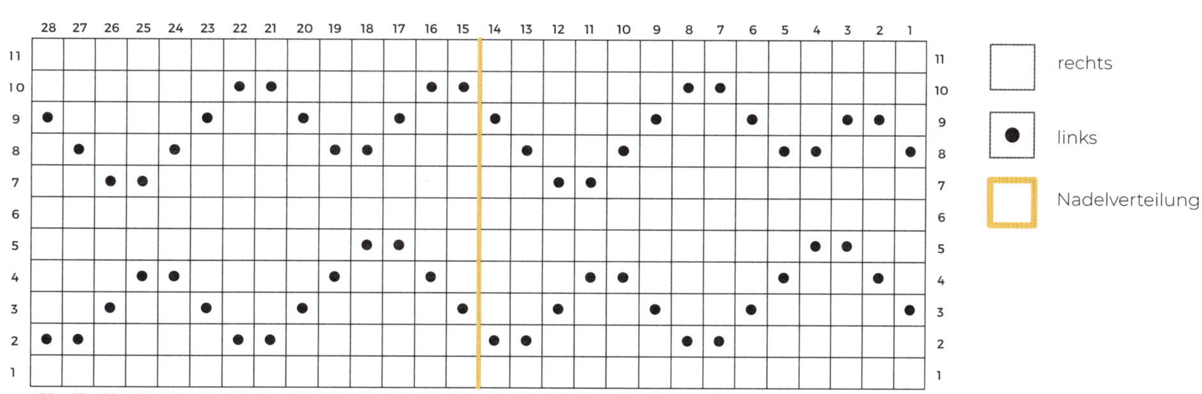
rechts
links
Nadelverteilung

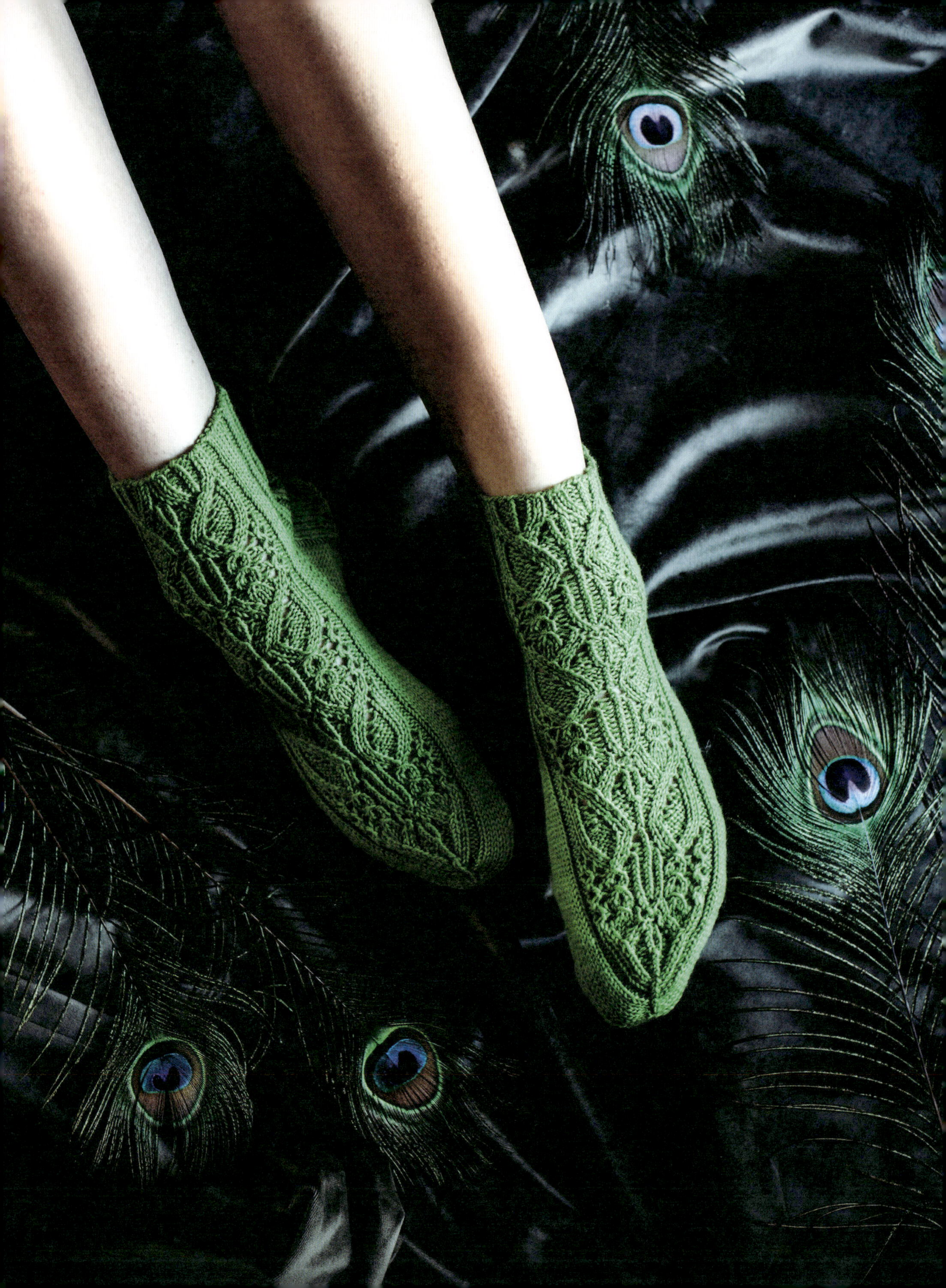

Paradies

Es grünt so grün, der Zauber des Paradieses und die Frische des Grases sind spürbar. In den Labyrinthen dieses Spitzenmusters finden sich verschlungene Waldpfade, zauberhafte Sommerblumen und die besondere Stimmung, wenn die Nächte langsam dunkler werden.

GRÖSSE: 38/39

GARN: Kirjo-Pirkka, Farbe 49 Lime

GARNVERBRAUCH: 52 g

NADELSPIEL: 2,5 mm

MASCHENPROBE:
28 M und 36 Rd = 10 cm x 10 cm

SCHAFT

65 M anschlagen und auf den Nd verteilen: 16-16-15-18.

Die Rd 1-35 für den Schaft wie folgt stricken:
1. Nd: 2 M re, 2 M li, 2 M re, 2 M li, 2 M re, 2 M li, 2 M re, 2 M li.
2. und 3. Nd: Laut Strickschrift A, Rd 1-35.
4. Nd: 2 M li, 2 M re, 2 M li, 2 M re, 2 M li, 2 M re, 2 M li, 2 M re, 2 M li.

In der letzten Rd für den Schaft anstatt des Bündchenmusters alle M der 4. Nd re stricken.

FERSE

Mit der versetzt verstärkten Fersenwand beginnen, dazu die M der 1. Nd rechts auf die 4. Nd stricken (insg. 34 M). Die restlichen M bleiben ungestrickt. Die Arbeit wenden, die 1. M li abheben, ohne sie zu stricken, die übrigen M li stricken. Gleichzeitig 2 M abnehmen, damit die Ferse 32 M hat.

1. R (Hin-R): Die Arbeit wenden, *1 M abheben, ohne sie zu stricken, 1 M re, ab * wiederholen.
2. R (Rück-R): Die Arbeit wenden, 1 M li abheben, ohne sie zu stricken, die übrigen M li stricken.
3. Rd (Hin-R): Die Arbeit wenden, 1 M abheben, ohne sie zu stricken, 1 M re, *1 M re, 1 M abheben, ab * wiederholen, bis noch 2 M übrig sind, 2 M rechts.
4. R (Rück-R): Die Arbeit wenden, 1 M li abheben, ohne sie zu stricken, die übrigen M li stricken.

Diese vier R wiederholen, bis für die Fersenwand 32 R gestrickt sind und zuletzt die 4. R gestrickt wurde.

Die Käppchenabnahmen in der nächsten Hin-R beginnen und weiterhin verstärkt stricken, bis noch 11 M auf der Nd sind. 1 ssk oder Übz stricken und die Arbeit wenden. Auf der anderen Nd sind 9 M. 1 M li abheben, ohne sie zu stricken, li M stricken, bis 11 M übrig sind. 2 M li zus, die Arbeit wenden. 1 M abheben, ohne sie zu stricken, und verstärkt stricken, bis noch 10 M auf der Nd sind. 1 ssk oder Übz stricken und die Arbeit wenden. 1 M li abheben, ohne sie zu stricken, und li M stricken, bis 10 M übrig sind. 2 M li zus und die Arbeit wenden. So fortfahren, dabei werden die äußeren M in jeder R reduziert, die mittleren M bleiben gleich (12 M).

Wenn die äußeren M aufgebraucht sind, die M der Fersenwand auf 2 Nd verteilen (6-6). 6 M rechts stricken, sodass der Faden in der Fersenmitte zwischen der 1. und 4. Nd liegt.

FUSSTEIL

Aus dem linken Fersenrand mit der freien Nd 18 M auffassen. 6 M der 1. Nd rechts stricken, dann die 18 aufgefassten M rechts verschränkt stricken. Mit der 2. und 3. Nd das Muster laut Strickschrift B stricken, mit R 1 beginnen und die R 1-30 wiederholen. Aus dem rechten Fersenrand 18 M auffassen und rechts verschränkt stricken, auf dieselbe Nd noch die 6 M der 4. Nd stricken. Die Arbeit hat jetzt 79 M.

Mit den Zwickelabnahmen beginnen: Am Ende der 1. Nd 2 M re zus, am Anfang der 4. Nd 1 ssk oder Übz stricken. Mit der 2. und 3. Nd weiter im Muster laut Strickschrift B stricken. Mit den Zwickelabnahmen in jeder 2. Rd fortfahren, bis noch 63 M (16-16-15-16) übrig sind. Mit der 1. und 4. Nd weiterhin rechts, mit der 2. und 3. Nd im Muster stricken.

Wenn nach der Fersenwand 60 Rd gestrickt sind, mit den Spitzenabnahmen beginnen.

Mit der 1. und 4. Nd eine breite Bandspitze und mit der 2. und 3. Nd laut Strickschrift arbeiten:
1. Nd: Rechts stricken, bis 3 M übrig sind; 2 M re zus, 1 M re.
4. Nd: 1 M re, ssk, übrige M re stricken. Die Abnahmen in jeder 2. R arbeiten, bis 9 M pro Nd übrig sind. Danach in jeder Rd abnehmen.
2. und 3. Nd: Die Spitzenabnahmen laut Strickschrift C (Rd 1-19) stricken.

Es bleiben 11 M übrig. Den Faden abschneiden und durch die M ziehen. Die Fadenenden vernähen und die Socken leicht dämpfen.

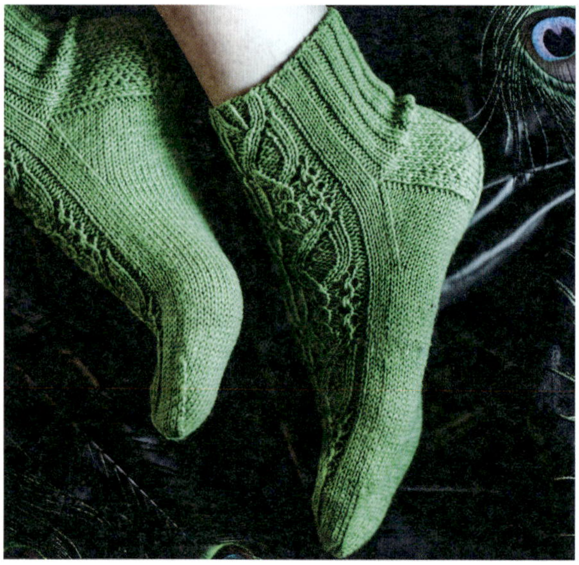

STRICKSCHRIFT C, SPITZENABNAHMEN

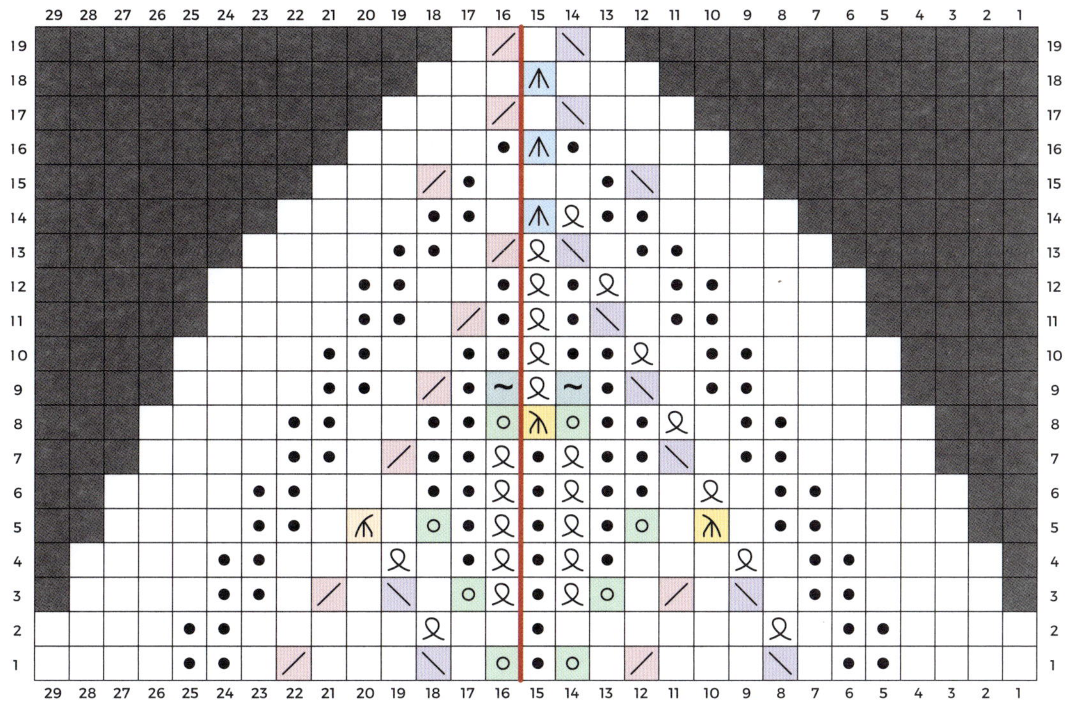

- rechts
- rechts verschränkt
- links
- links verschränkt
- Nadelverteilung
- 3 M auf die rechte Nd heben, ohne sie zu stricken, die M ganz re über die beiden folgenden M ziehen, die 2 übrigen M zurück auf die linke Nd setzen und 1 M re, U, 1 M re
- 2 M re zus
- ssk: 2 M einzeln wie zum Rechtsstricken abheben, zurück auf die linke Nd legen und von hinten 2 M re zus
- Umschlag
- 1 M re abheben, 2 M re zus, die abgehobene M über die gestrickten M ziehen
- 2 M re verschränkt zus, die nächste M auf die rechte Nd heben, ohne sie zu stricken, und von links nach rechts über die gestrickten M ziehen
- keine Masche
- 2 M wie zum rechts Zusammenstricken abheben, 1 M re, die abgehobenen M über die gestrickte M ziehen

STRICKSCHRIFT A, SCHAFT

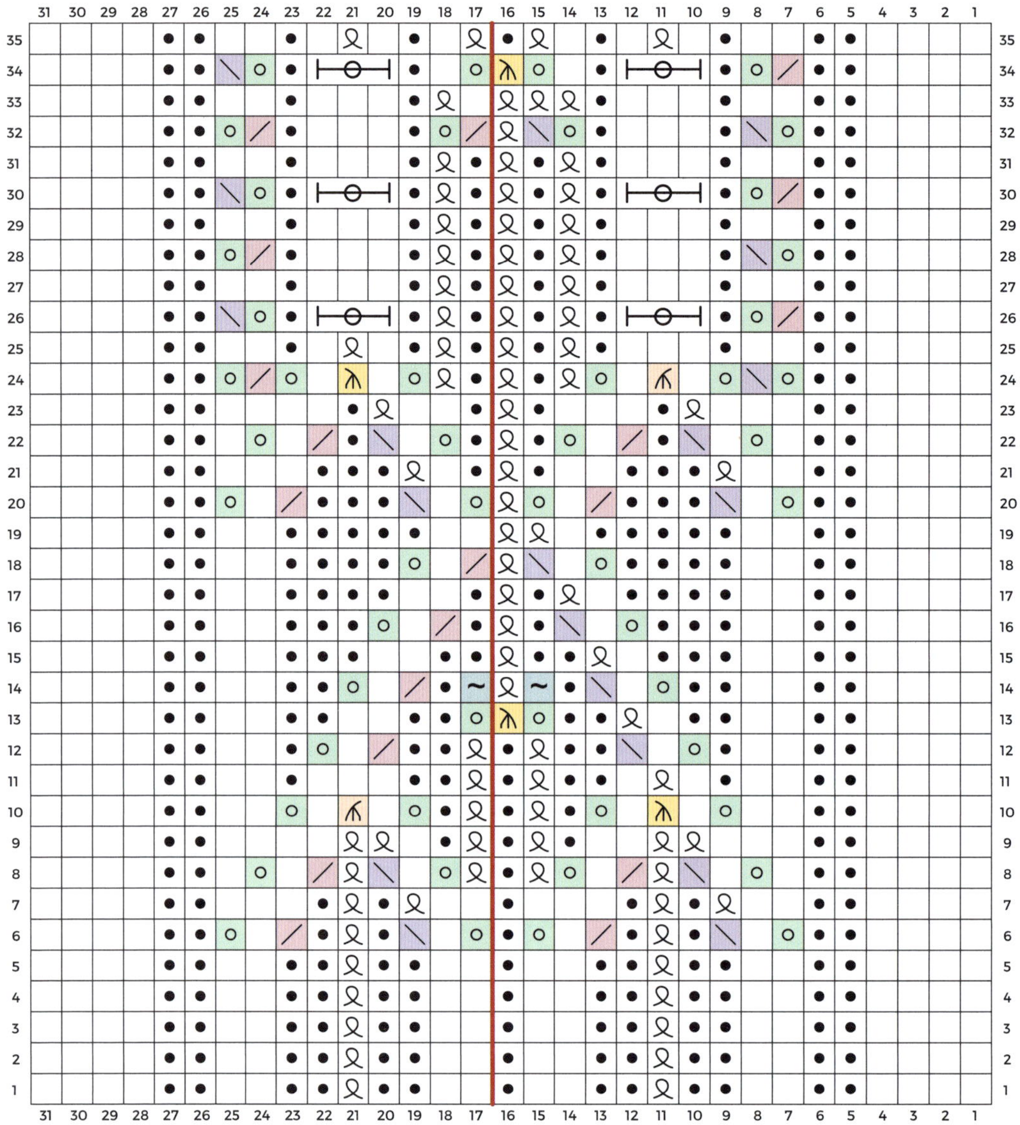

- rechts
- rechts verschränkt
- links
- links verschränkt
- 3 M auf die rechte Nd heben, ohne sie zu stricken, die M ganz re über die beiden folgenden M ziehen, die 2 übrigen M zurück auf die linke Nd setzen und 1 M re, U, 1 M re
- 2 M re zus
- ssk: 2 M einzeln wie zum Rechtsstricken abheben, zurück auf die linke Nd legen und von hinten 2 M re zus
- Umschlag

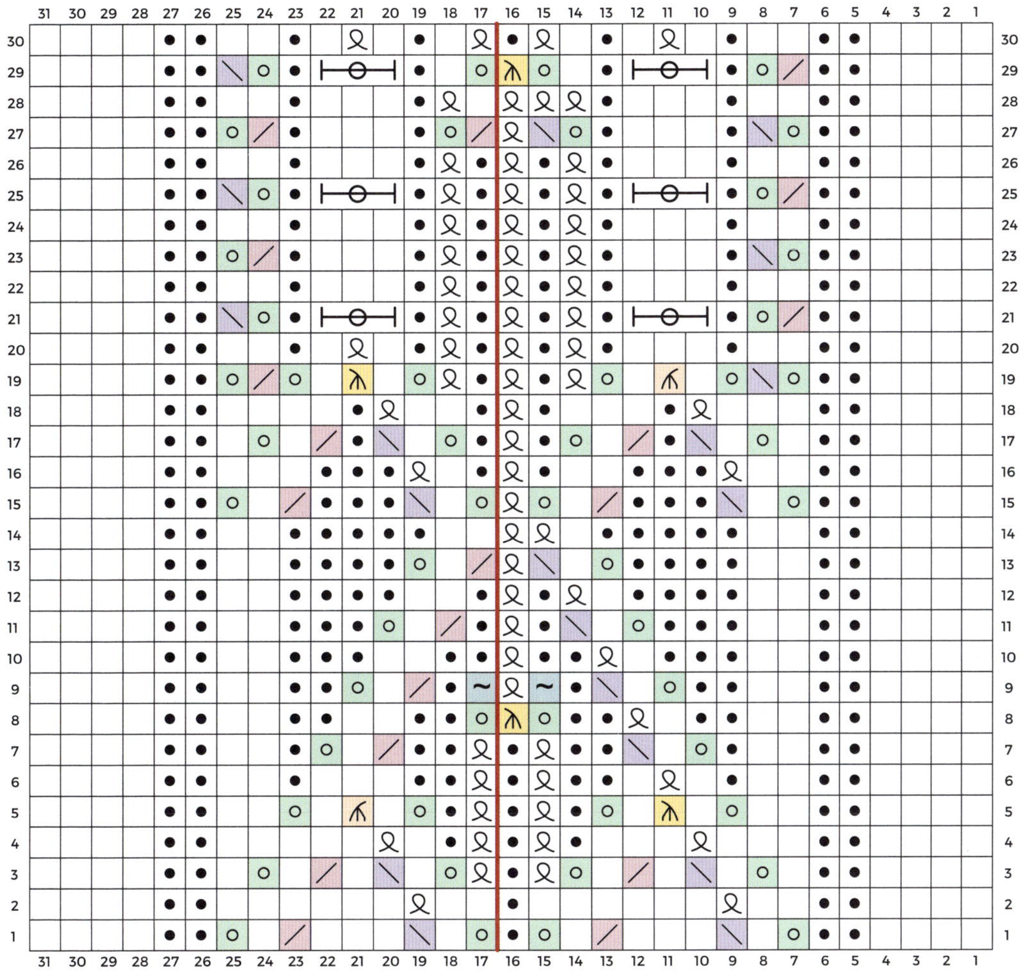

1 M re abheben, 2 M re zus, die abgehobene M über die gestrickten M ziehen

2 M re verschränkt zus, die nächste M auf die rechte Nd heben, ohne sie zu stricken, und von links nach rechts über die gestrickten M ziehen

keine Masche

2 M wie zum rechts Zusammenstricken abheben, 1 M re, die abgehobenen M über die gestrickte M ziehen

Nadelverteilung

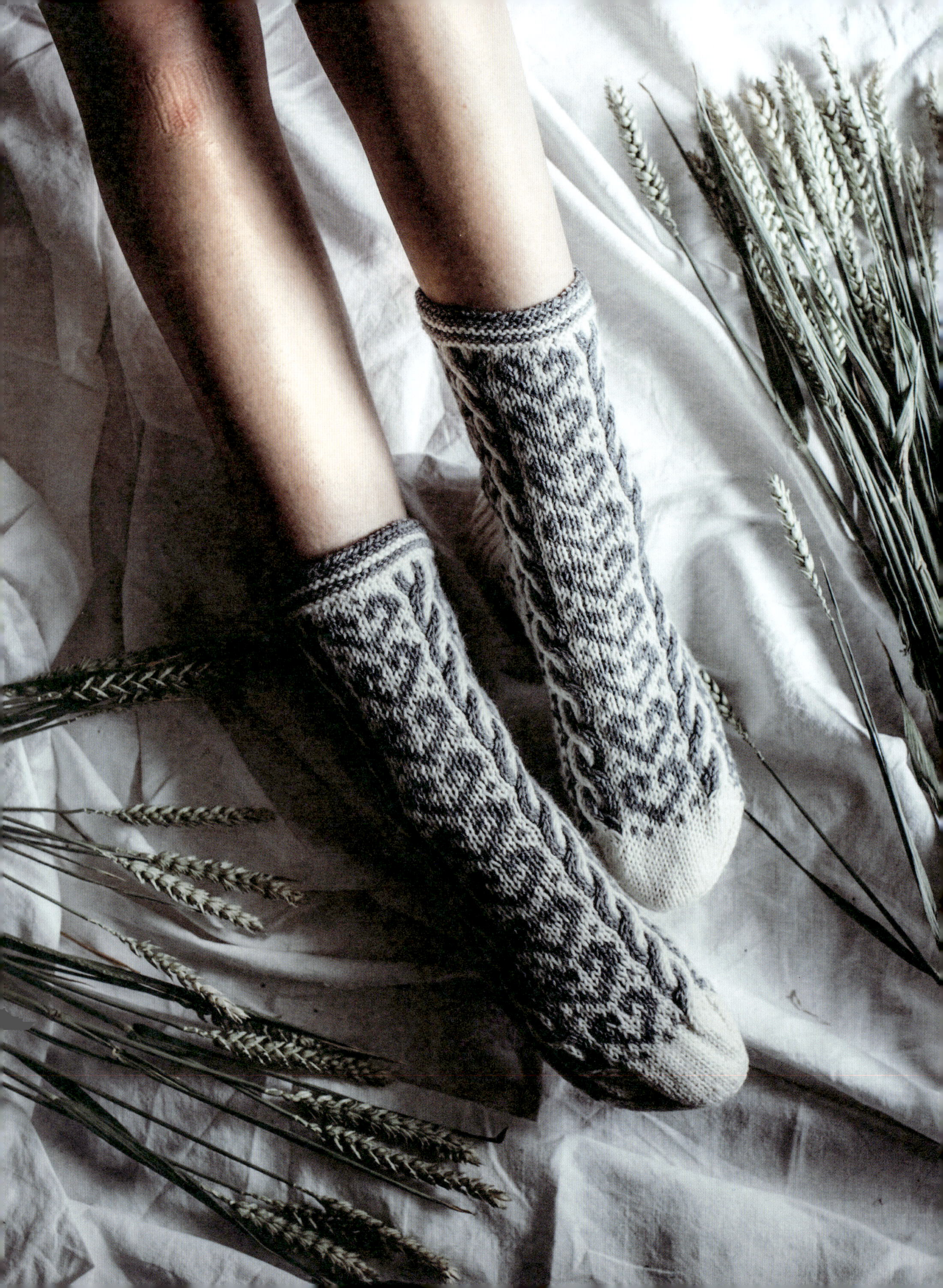

Hochzeitswalzer

Im Strudel der Sommerhochzeiten, im Zauber der Liebe und der Verzückung – in diesen Socken lässt es sich mitten in der Augustnacht einen wunderbaren Walzer tanzen. Wie im Takt der Zöpfe finden die beiden Liebenden zueinander. Jetzt ist ein guter Zeitpunkt, die Feste des Sommers hinter sich zu lassen, die Geschichten in seinem Herzen zu bewahren und einem neuen, wunderbaren Herbst entgegenzugehen.

GRÖSSE: 38/39

GARN UND GARNVERBRAUCH:
Kaupunkilanka Rotvalli
Grundfarbe 01 Weiß, 60 g
Musterfarbe 95 Dunkelgrau, 60 g

NADELSPIEL: 3 mm, Hilfsnadel

MASCHENPROBE:
26 M und 32 Rd = 10 cm x 10 cm

BEVOR SIE BEGINNEN

Die Strickschriften werden von unten nach oben und von rechts nach links gelesen.

Die Kombination aus Zopfmuster und Einstrickmuster ergibt ein ziemlich festes Gestrick. Es lohnt sich daher, die Socke gleich zu Anfang anzuprobieren und gegebenenfalls eine halbe Nummer größere Nadeln zum Stricken zu verwenden.

SCHAFT

59 M in Dunkelgrau anschlagen. Die M auf den Nd verteilen: 14-16-15-14. Den Schaft laut Strickschrift A beginnen und die Rd 1-8 stricken. Rd 9 rechts stricken, gleichzeitig 4 M zunehmen und die M auf den Nd verteilen: 16-16-15-16. Ab Rd 10 mit dem Einstrickmuster beginnen und den Schaft laut Strickschrift A arbeiten.

FERSE

Wenn alle 42 Rd für den Schaft gestrickt sind, mit der verstärkten Fersenwand in Weiß beginnen, dazu die M der 1. Nd auf die 4. Nd stricken (insg. 32 M). Die restlichen M bleiben ungestrickt. Die Arbeit wenden. Die 1. M li abheben, ohne sie zu stricken, die übrigen M li stricken, dabei 2 M abnehmen. Die Fersenwand hat jetzt 30 M.

1. R (Hin-R): Die Arbeit wenden, *1 M abheben, ohne sie zu stricken, 1 M re, ab * bis R-Ende wiederholen.
2. R (Rück-R): Die Arbeit wenden, 1 M li abheben, ohne sie zu stricken, die übrigen M li stricken.

Diese 2 R wiederholen, bis für die Fersenwand 30 R gestrickt sind und zuletzt eine Rück-R gestrickt wurde.

Die Käppchenabnahmen in der nächsten Hin-R beginnen und weiterhin verstärkt stricken, bis noch 11 M auf der Nd sind. 1 Übz stricken und die Arbeit wenden. Auf der anderen Nd sind 9 M. 1 M li abheben, ohne sie zu stricken, und li stricken, bis 11 M übrig sind. 2 M li zus und die Arbeit wenden. 1 M abheben, ohne sie zu stricken, und verstärkt stricken, bis 10 M übrig sind. 1 Übz stricken und die Arbeit wenden. 1 M li abheben, ohne sie zu stricken, und li stricken, bis 10 M übrig sind. 2 M li zus und die Arbeit wenden. So fortfahren, dabei werden die äußeren M in jeder R reduziert, die mittleren M bleiben gleich (10 M).

Wenn die äußeren M aufgebraucht sind, die M der Fersenwand auf 2 Nd verteilen (5-5). 5 M re stricken, sodass der Faden in der Fersenmitte zwischen der 1. und 4. Nd liegt.

FUSSTEIL

Aus dem Fersenrand mit der 1. Nd 17 M auffassen, mit der 4. Nd aus dem anderen Fersenrand ebenfalls 17 M auffassen. Die Arbeit hat jetzt 75 M. Mit dem Einstrickmuster laut Strickschrift B mit der 1. Rd beginnen. Die aus dem Fersenrand aufgefassten M re verschränkt stricken.

Für die Zwickelabnahmen in den in der Strickschrift B angegebenen Rd (2, 4, 6, 8, 10 und 12) am Ende der 1. Nd 2 M re zus, am Anfang der 4. Nd 1 ssk oder Übz stricken. Die grau markierten Karos stellen keine Maschen dar. Nach den Zwickelabnahmen sind 61 M übrig (15-16-15-15).

Wenn alle 42 Rd laut Strickschrift B gestrickt sind, mit dem weißem Garn eine breite Bandspitze arbeiten:
1. und 3. Nd: Re stricken, bis noch 3 M übrig sind, 2 M re zus, 1 M re.
2. und 4. Nd: 1 M re, 1 ssk oder Übz, die restlichen M re stricken.

Die Abnahmen zunächst in jeder 2. Rd stricken. Wenn noch 10-11-10-10 M (insg. 41 M) übrig sind, die Abnahmen in jeder Rd stricken.

Wenn insg. noch 9 M übrig sind, den Faden abschneiden und durch die M ziehen.

Die Fadenenden vernähen und die Socken leicht dämpfen.

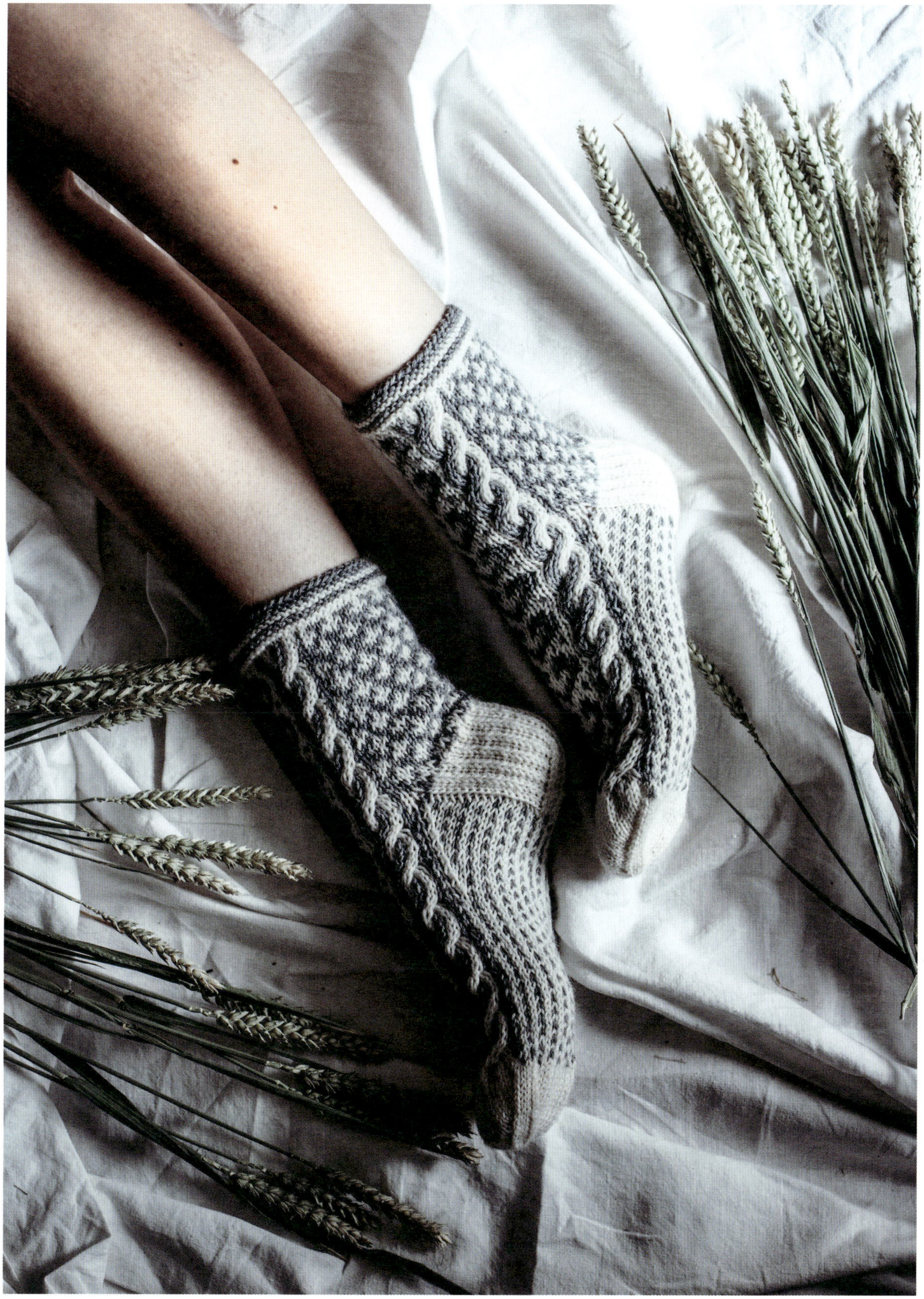

STRICKSCHRIFT A, SCHAFT

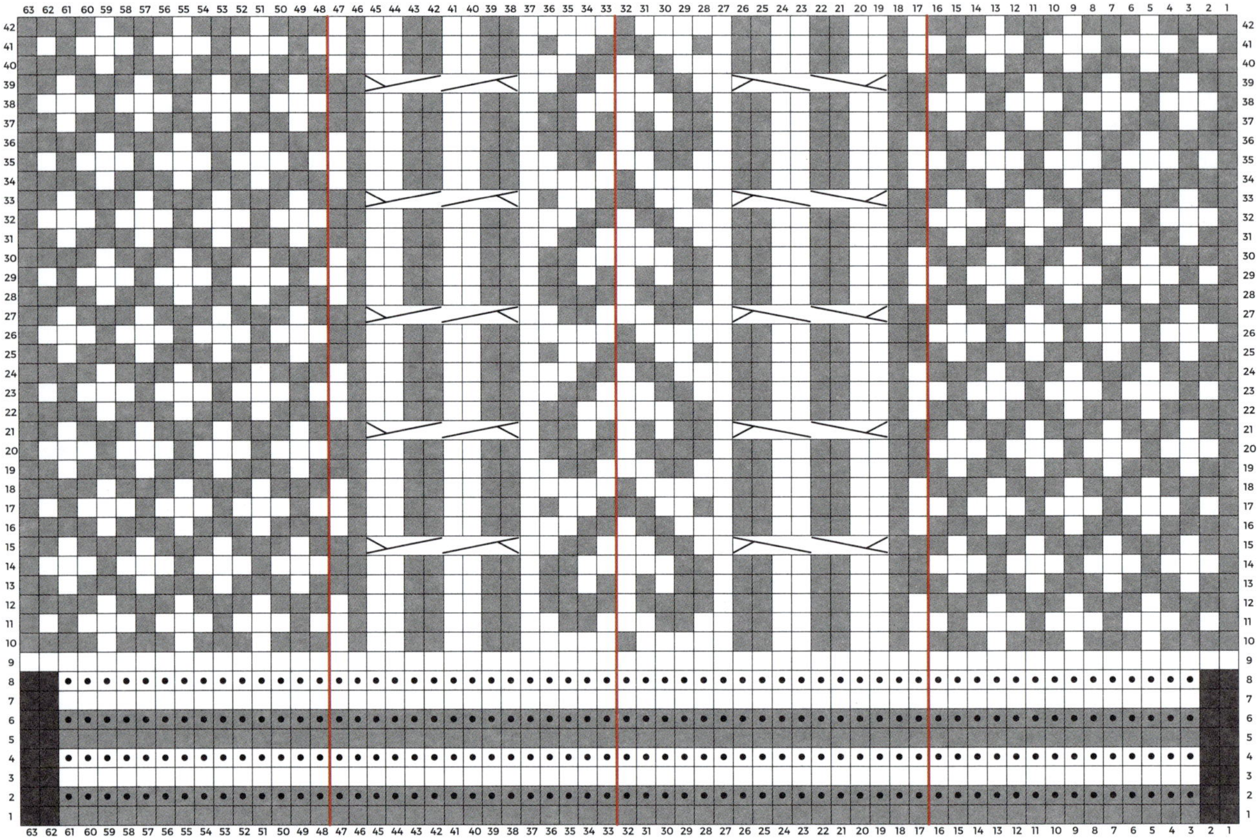

- rechts (Weiß)
- rechts (Grau)
- links (Weiß)
- links (Grau)
- 2 M re zus (Weiß)
- ssk: 2 M einzeln wie zum Rechtsstricken abheben, zurück auf die linke Nd legen und von hinten 2 M re zus
- 4 M auf eine Hilfsnadel vor die Arbeit legen, 4 M re (2 M re in Weiß und 2 M re in Grau), die 4 M der Hilfsnadel re (2 M re in Weiß und 2 M re in Grau)
- 4 M auf eine Hilfsnadel hinter die Arbeit legen, 4 M re (2 M re in Grau und 2 M re in Weiß), die 4 M der Hilfsnadel re (2 M re in Grau und 2 M re in Weiß)
- 4 M auf eine Hilfsnadel vor die Arbeit legen, 4 M re (in Weiß), die 4 M der Hilfsnadel re (2 M re in Weiß und 2 M re in Grau)
- 4 M auf eine Hilfsnadel hinter die Arbeit legen, 4 M re (2 M re in Grau und 2 M re in Weiß), die 4 M der Hilfsnadel re (in Weiß)
- 2 M auf eine Hilfsnadel vor die Arbeit legen, 2 M re, die 2 M der Hilfsnadel re (in Weiß)
- 2 M auf eine Hilfsnadel hinter die Arbeit legen, 2 M re, die 2 M der Hilfsnadel re (in Weiß)
- keine Masche
- Nadelverteilung

STRICKSCHRIFT B, FUSSTEIL

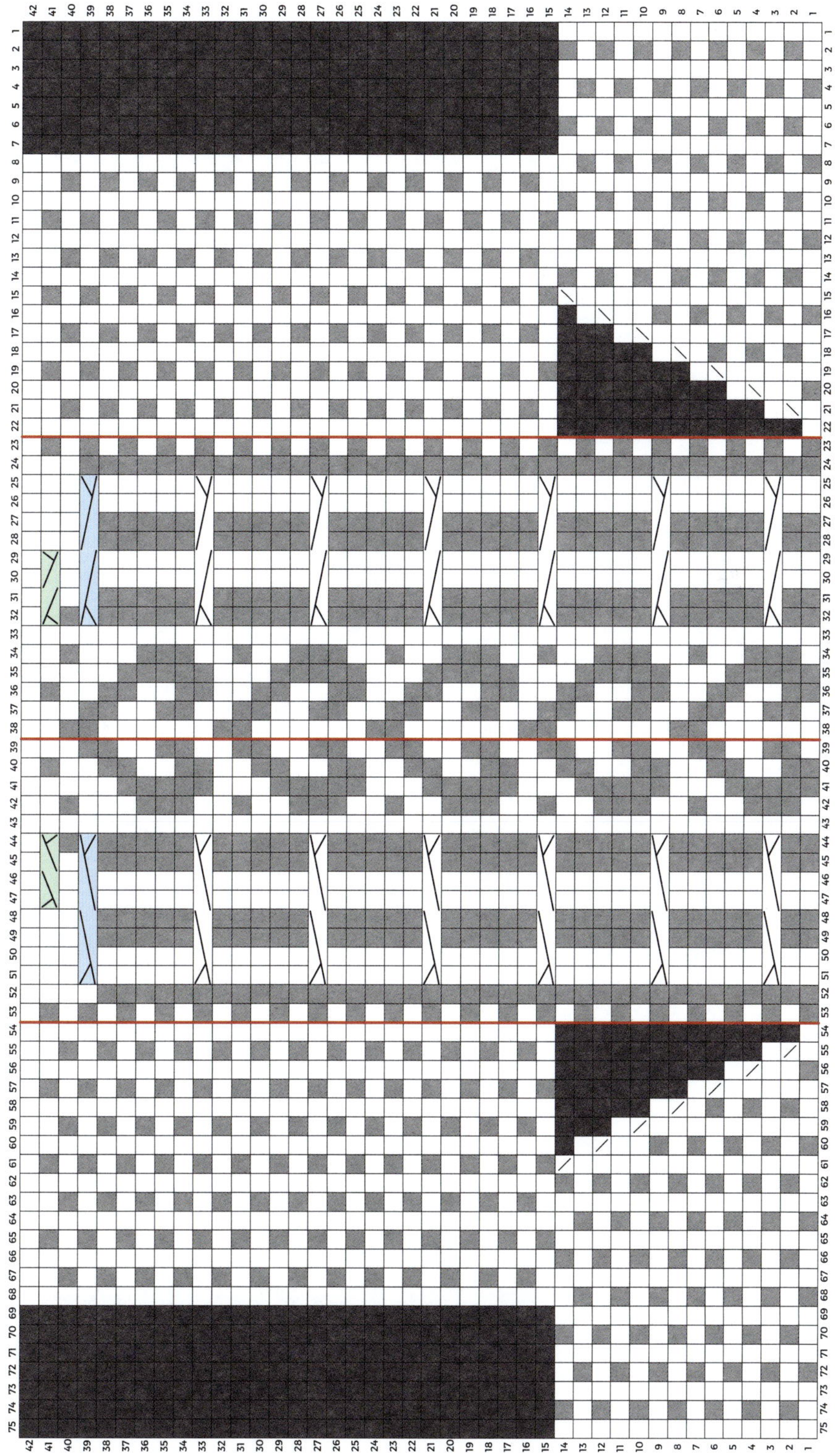

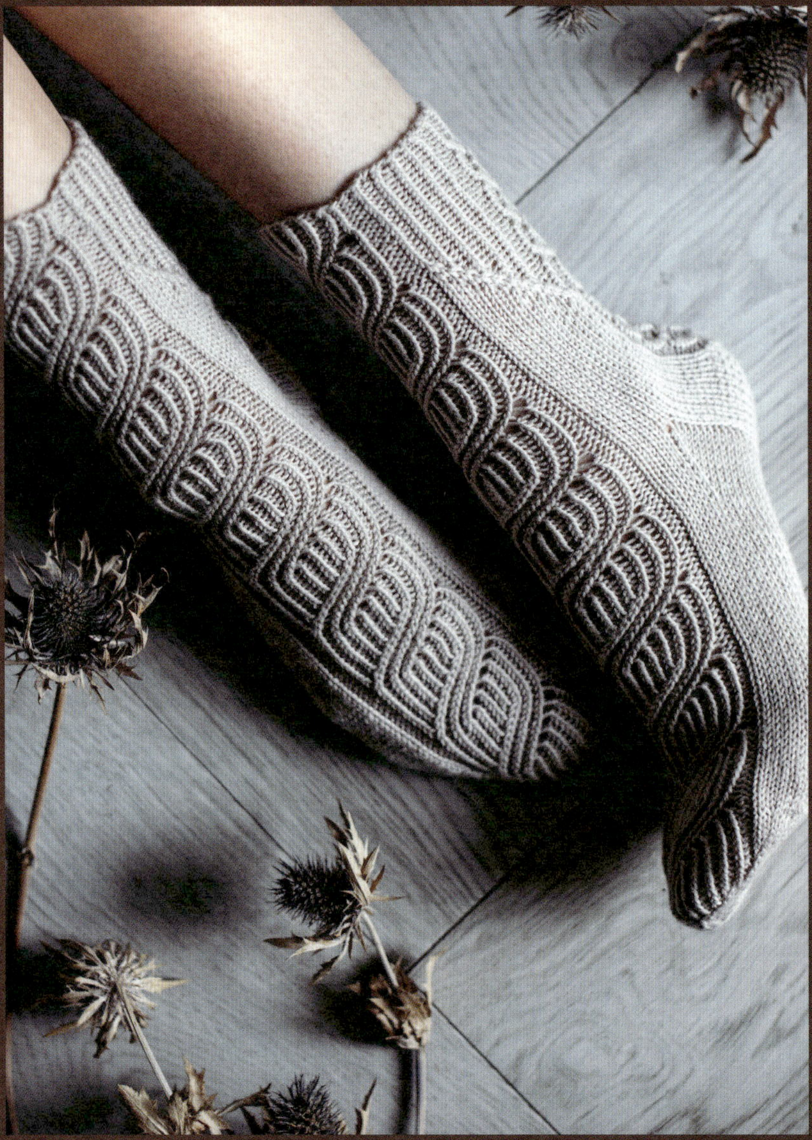

Herbst

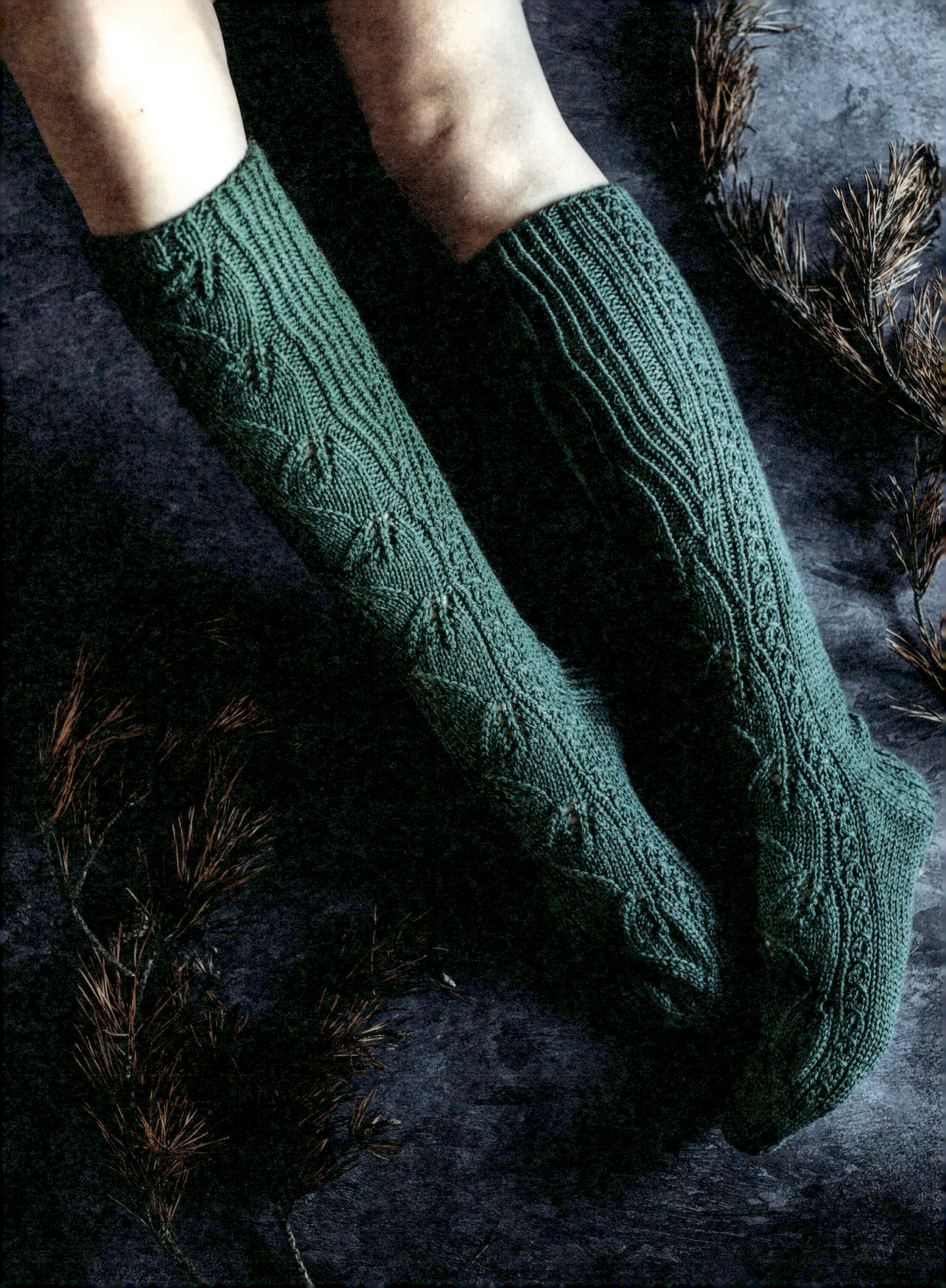

Die Grenzenlosen

Fließend, wie ein heimliches Schleichen, geht der Sommer in die nächste Jahreszeit über. Es ist wunderbar, durch die herbstlichen Wälder zu streifen und Hand in Hand den dunklen Duft der Fichte unter dem Nieselregen zu bestaunen.

GRÖSSE: 38/39

GARN: Gjestal Maija, Farbe 212 Waldgrün

GARNVERBRAUCH: 160 g

NADELSPIEL: 3 mm

MASCHENPROBE:
24 M und 30 Rd = 10 cm x 10 cm

SCHAFT

74 M anschlagen und auf den Nd verteilen: 19-18-17-20. Die Nadelverteilung variiert in der Strickschrift mit den Abnahmen und Zunahmen. Alle 116 Rd laut Strickschrift A stricken. Mit den in der Strickschrift gezeichneten Wadenabnahmen wird die Maschenanzahl auf 57 reduziert. Vor dem Stricken der Ferse die Maschen auf den Nd wie folgt verteilen: 14-15-14-14.

FERSE

Mit der verstärkten Fersenwand beginnen, dazu die M der 1. Nd rechts auf die 4. Nd stricken (insg. 28 M). Die restlichen M bleiben ungestrickt. Die Arbeit wenden, die 1. M li abheben, ohne sie zu stricken, die übrigen M li stricken.

1. R (Hin-R): Die Arbeit wenden, *1 M abheben, ohne sie zu stricken, 1 M re, ab * wiederholen.
2. R (Rück-R: Die Arbeit wenden, 1 M li abheben, ohne sie zu stricken, die übrigen M li stricken.

Diese zwei R wiederholen, bis für die Fersenwand 28 R gestrickt sind und zuletzt eine Rück-R gestrickt wurde.

Die Käppchenabnahmen in der nächsten Hin-R beginnen und weiterhin verstärkt stricken, bis noch 9 M auf der Nd sind. 1 ssk oder Übz stricken und die Arbeit wenden. Auf der anderen Nd sind 7 M. 1 M li abheben, ohne sie zu stricken, und li stricken, bis 9 M übrig sind. 2 M li zus und die Arbeit wenden. 1 M abheben, ohne sie zu stricken, und verstärkt stricken, bis 8 M übrig sind. 1 ssk oder Übz stricken und die Arbeit wenden. 1 M li abheben, ohne sie zu stricken, und li stricken, bis 8 M übrig sind. 2 M li zus und die Arbeit wenden. So fortfahren, dabei werden die äußeren M in jeder R reduziert, die mittleren M bleiben gleich (12 M).

Wenn die äußeren M aufgebraucht sind, die M der Fersenwand auf 2 Nd verteilen (6-6). 6 M re stricken, sodass der Faden in der Fersenmitte zwischen der 1. und 4. Nd liegt.

FUSSTEIL

Aus dem linken Fersenrand mit der freien Nd 16 M auffassen. 6 M der 1. Nd re stricken, dann die 16 aufgefassten M rechts verschränkt stricken. Mit der 2. und 3. Nd das Muster laut Strickschrift B stricken, mit R 1 beginnen und die R 1-20 wiederholen. Aus dem rechten Fersenrand 16 M auffassen und re verschränkt stricken, auf dieselbe Nd noch die 6 M der 4. Nd stricken. Die Arbeit hat jetzt 73 M.

Mit den Zwickelabnahmen beginnen: Am Ende der 1. Nd 2 M re zus, am Anfang der 4. Nd 1 ssk oder Übz stricken. Mit der 2. und 3. Nd weiter im Muster stricken. Mit den Zwickelabnahmen in jeder 2. Rd fortfahren, bis noch 57 M (14-15-14-14) übrig sind. Mit der 1. und 4. Nd weiterhin rechts, mit der 2. und 3. Nd im Muster stricken.

Wenn nach der Fersenwand 49 Rd gestrickt sind und zuletzt die Rd 9 der Strickschrift gestrickt wurde, mit den Spitzenabnahmen beginnen.

Mit der 1. und 4. Nd eine breite Bandspitze und mit der 2. und 3. Nd laut Strickschrift arbeiten:

1. Nd: Re stricken, bis 3 M übrig sind; 2 M re zus, 1 M re.
4. Nd: 1 M re, ssk, übrige M re stricken.

Die Abnahmen in jeder 2. R arbeiten, bis 9 M pro Nd übrig sind. Danach in jeder Rd abnehmen.
2. und 3. Nd: Die Spitzenabnahmen laut Strickschrift C (Rd 1-16) stricken.

Es bleiben 8 M übrig. Den Faden abschneiden und durch die M ziehen.

Die Fadenenden vernähen und die Socken leicht dämpfen.

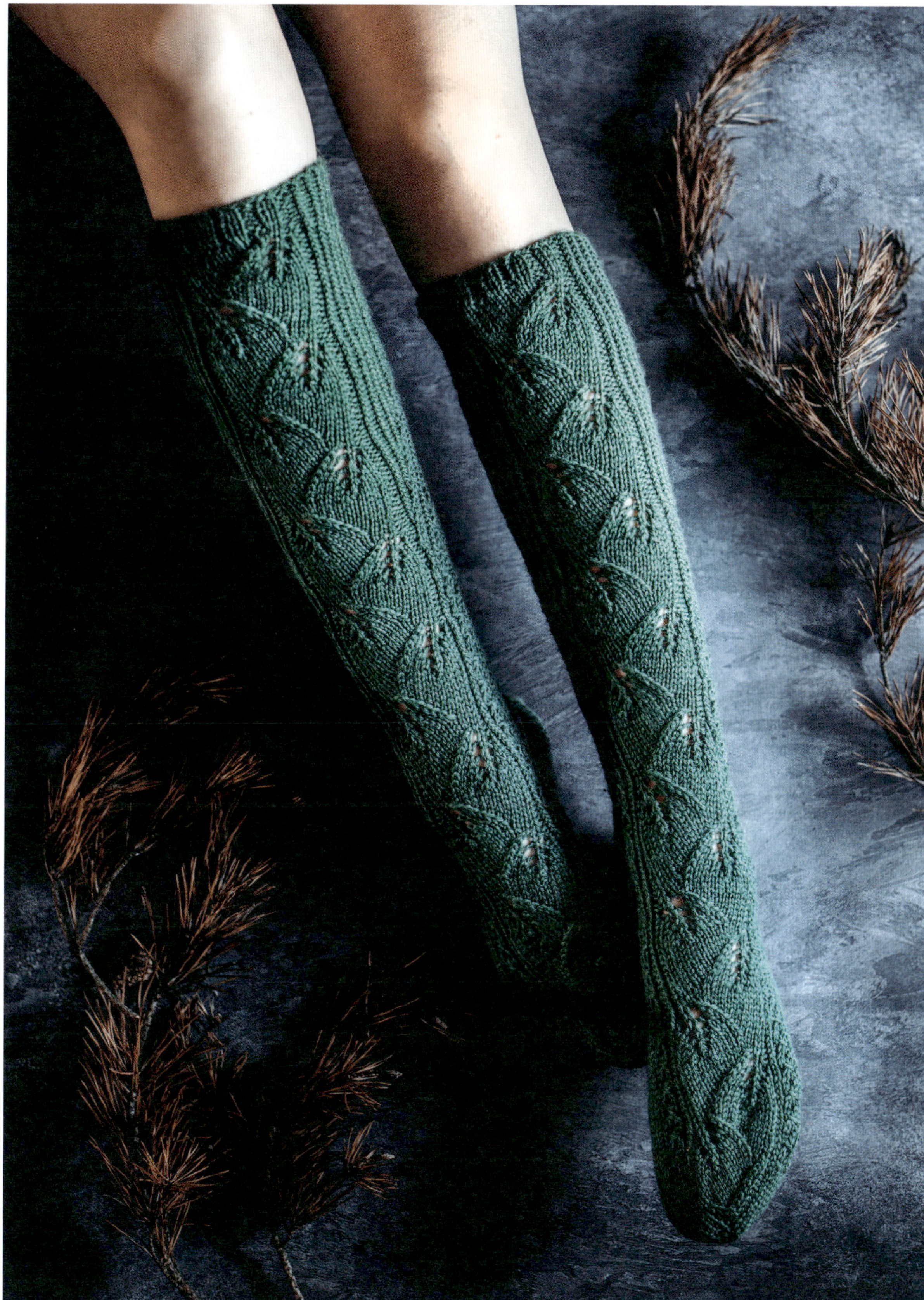

STRICKSCHRIFT A, SCHAFT

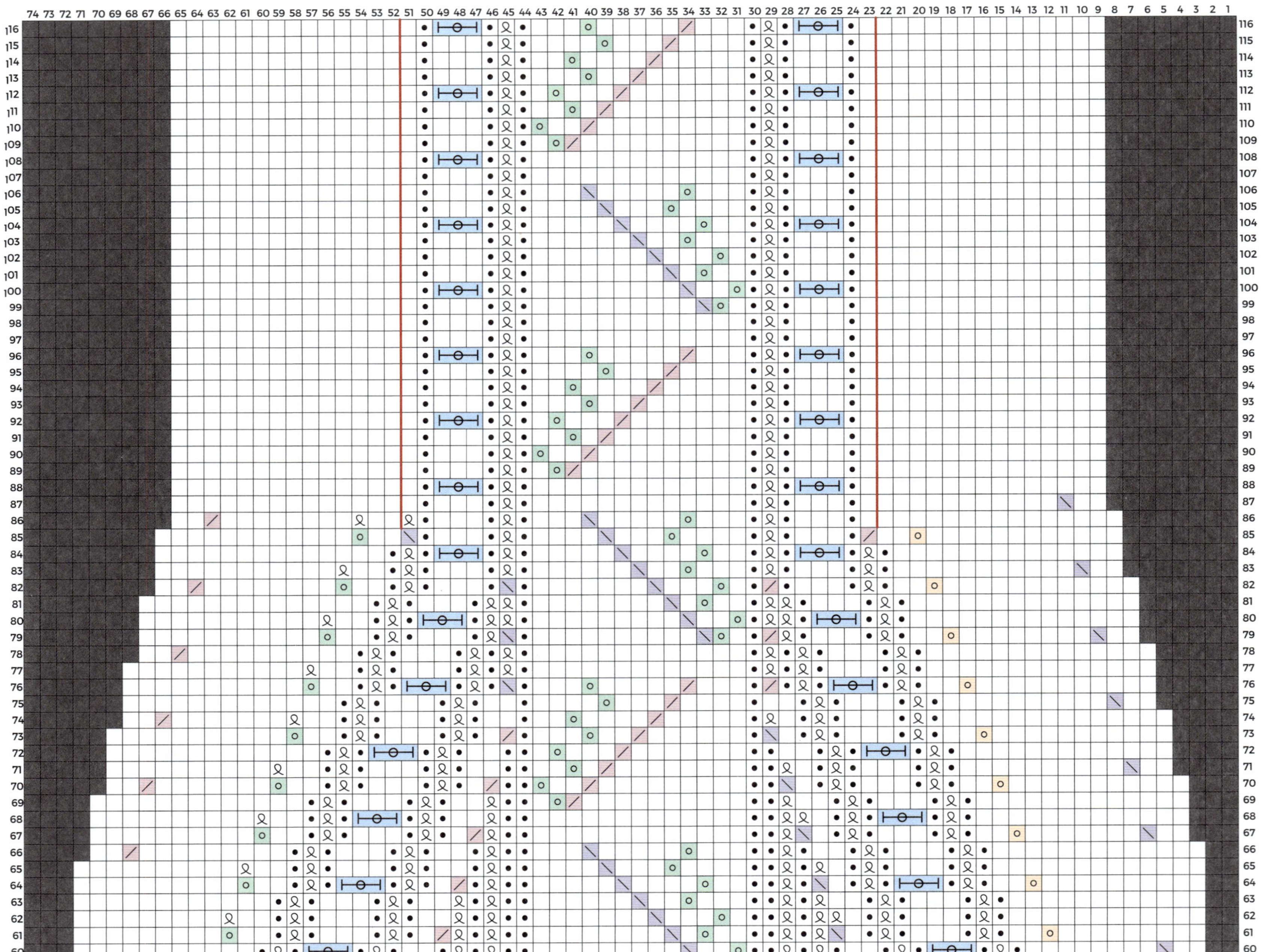

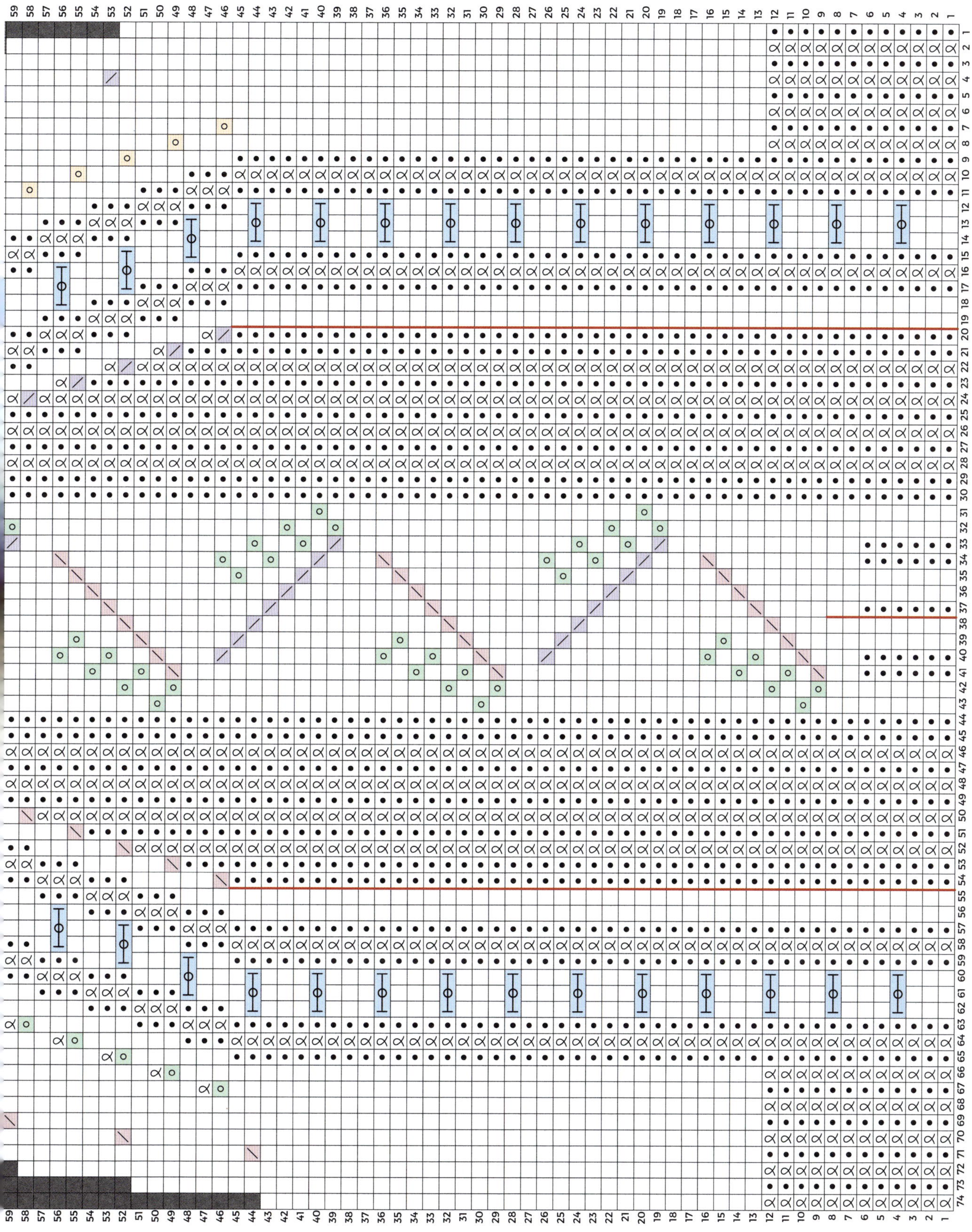

STRICKSCHRIFT B, FUSSTEIL

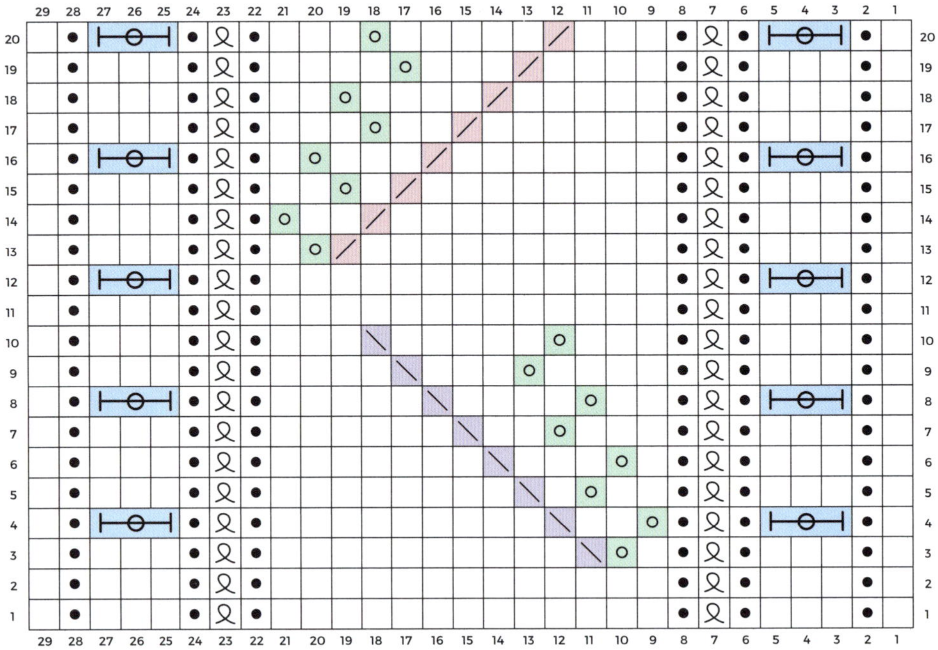

STRICKSCHRIFT C, SPITZENABNAHMEN

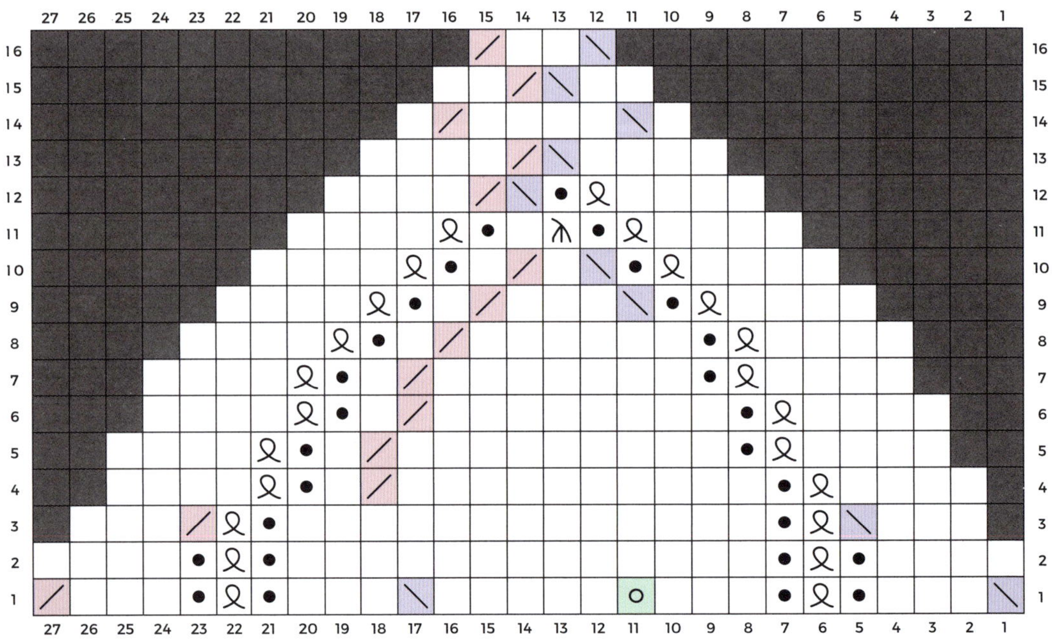

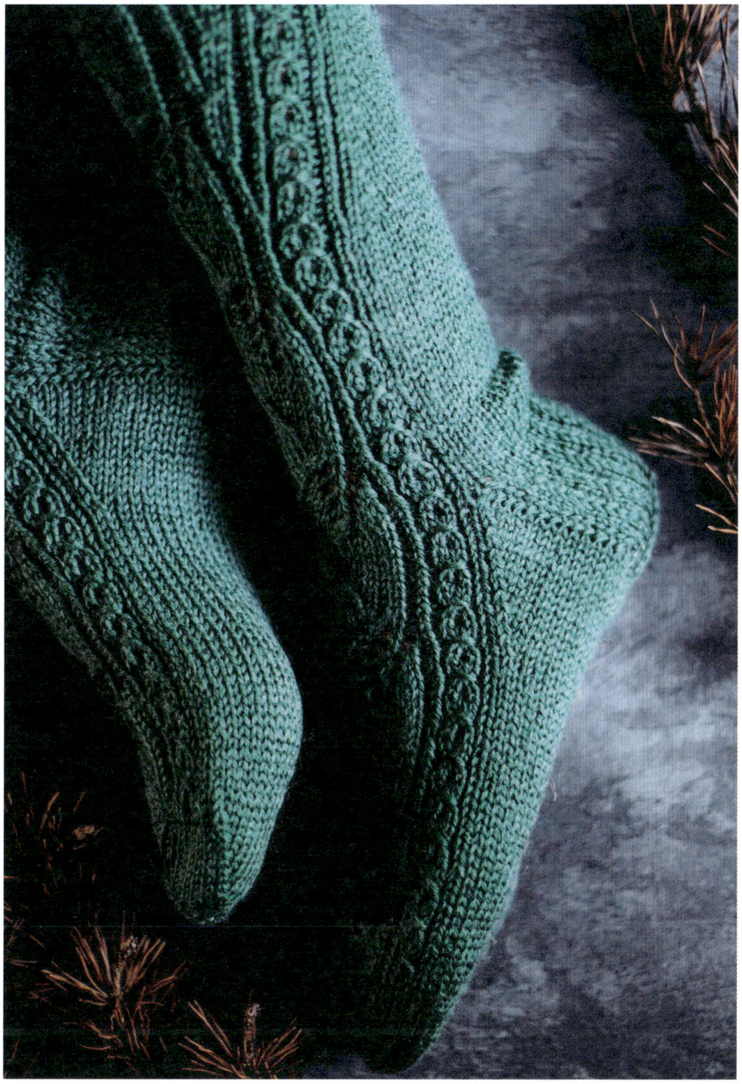

(leeres Kästchen)	rechts
(verschränkte Schlinge)	rechts verschränkt
●	links
(graues Kästchen)	keine Masche
(rot umrandetes Kästchen)	Nadelverteilung
\	ssk: 2 M einzeln wie zum Rechtsstricken abheben, zurück auf die linke Nd legen und von hinten 2 M re zus
/	2 M re zus
(Symbol)	1 M re abheben, 2 M re zus, die abgehobene M über die gestrickten M ziehen
O	Umschlag
O	Umschlag von hinten nach vorne
(Symbol über 3 Kästchen)	3 M auf die rechte Nd heben, ohne sie zu stricken, die M ganz re über die beiden folgenden M ziehen, die 2 übrigen M zurück auf die linke Nd setzen und 1 M re, U, 1 M re

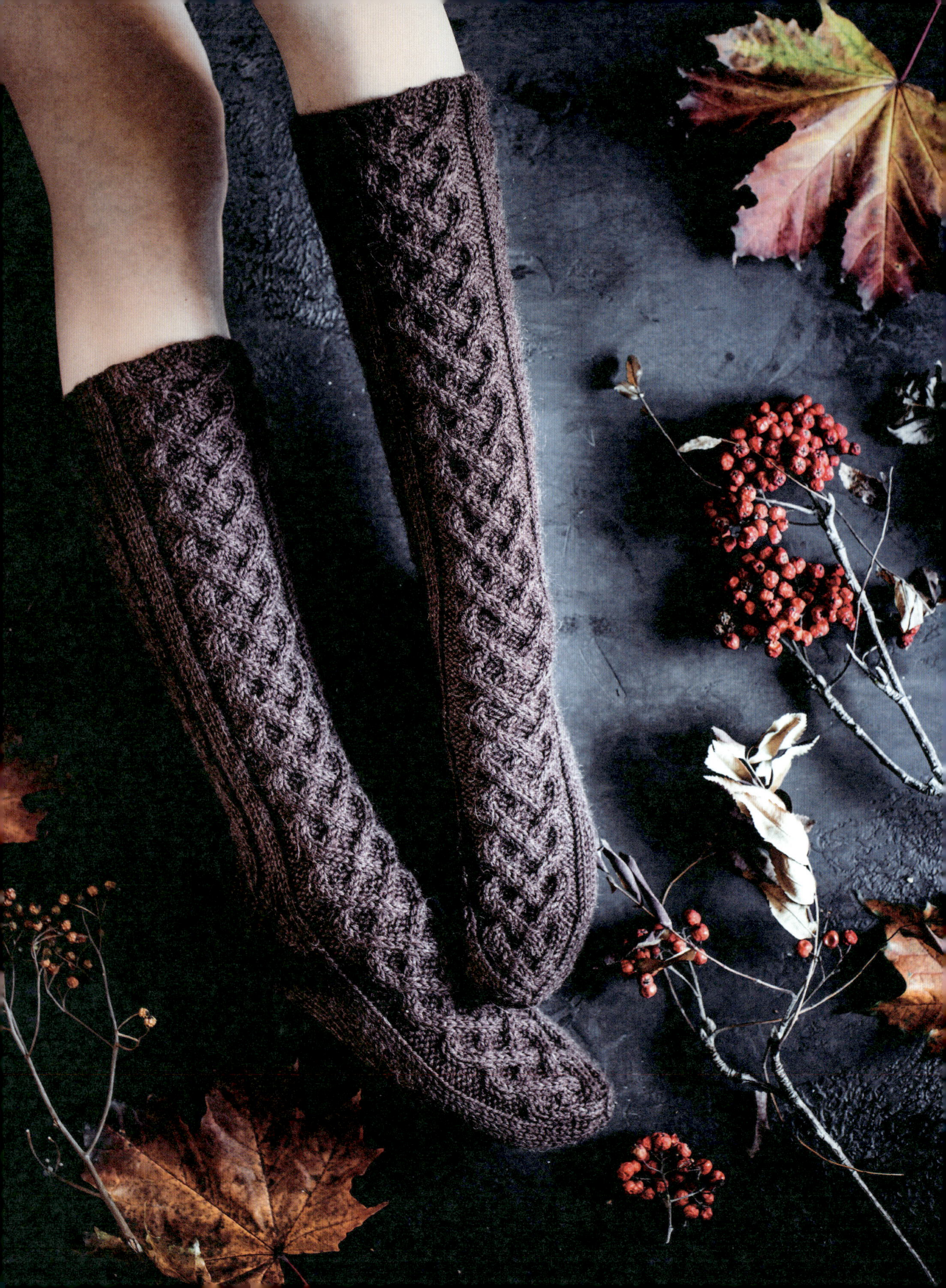

Schäkerei

Dunkle Augen, braunes Haar. Geschäker und Geschichten, warme Wangen und liebevolles Lächeln. Diese Socken sind für einen Menschen, in dessen Gesellschaft man sich wohlfühlt. Das schöne Zopfmuster erzählt von der Fügung, die die Wege von zwei Menschen zusammengeführt hat.

GRÖSSE: 38/39

GARN: Novita 7 Veljestä,
Farbe 694 Rinde

GARNVERBRAUCH: 170 g

NADELSPIEL: 3,5 mm, Hilfsnadel

MASCHENPROBE:
20 M und 26 Rd = 10 cm x 10 cm

SCHAFT

68 M anschlagen und auf den Nd verteilen: 22-12-12-22. Alle 93 Rd laut Strickschrift A stricken. Mit den in der Strickschrift gezeichneten Wadenabnahmen wird die Maschenanzahl auf 50 reduziert.

Vor dem Stricken der Ferse die Maschen auf den Nd verteilen: 13-12-12-13. Falls Sie einen längeren Schaft wünschen, die Rd 86-93 noch einmal stricken.

FERSE

Mit der gerippten Fersenwand beginnen, dazu die M der 1. Nd re auf die 4. Nd stricken = 26 M. Die restlichen M bleiben ungestrickt. Die Arbeit wenden, die 1. M li abheben, ohne sie zu stricken, die übrigen M li stricken. Gleichzeitig 2 M abnehmen. Die Ferse hat jetzt 24 M.

1. R (Hin-R): Die Arbeit wenden, *1 M abheben, ohne sie zu stricken, 1 M rechts, ab * bis R-Ende wiederholen.
2. R (Rück-R): Die Arbeit wenden, 1 M links abheben, ohne sie zu stricken, 1 M li, *1 M re, 1 M li, ab * bis R-Ende wiederholen.

Diese zwei R wiederholen, bis für die Fersenwand 24 R gestrickt sind und zuletzt eine Rück-R gestrickt wurde.

Die Käppchenabnahmen in der nächsten Hin-R beginnen und weiterhin verstärkt stricken, bis noch 9 M auf der Nd sind. 1 Übz stricken und die Arbeit wenden. Auf der anderen Nd sind 7 M. 1 M li abheben, ohne sie zu stricken, und li stricken, bis 9 M übrig sind. 2 M li zus und die Arbeit wenden. 1 M abheben, ohne sie zu stricken, und verstärkt stricken, bis 8 M übrig sind. 1 Übz stricken und die Arbeit wenden. 1 M li abheben, ohne sie zu stricken, und li stricken, bis 8 M übrig sind. 2 M li zus und die Arbeit wenden. So fortfahren, dabei werden die äußeren M in jeder R reduziert, die mittleren M bleiben gleich (8 M).

Wenn die äußeren M aufgebraucht sind, die M der Fersenwand auf 2 Nd verteilen (4-4). 4 M re stricken, sodass der Faden in der Fersenmitte zwischen der 1. und 4. Nd liegt.

FUSSTEIL

Aus dem linken Fersenrand mit der freien Nd 14 M auffassen. 4 M der 1. Nd re stricken, dann die 14 aufgefassten M re verschränkt stricken. Mit der 2. und 3. Nd das Muster laut Strickschrift B stricken, mit R 1 beginnen und R 1-8 wiederholen. Aus dem rechten Fersenrand 14 M auffassen und re verschränkt stricken, auf dieselbe Nd noch die 4 M der 4. Nd stricken. Die Arbeit hat jetzt 60 M. Mit den Zwickelabnahmen beginnen: Am Ende der 1. Nd 2 M re zus, am Anfang der 4. Nd 1 ssk oder Übz stricken. Mit der 2. und 3. Nd weiter im Muster stricken. Mit den Zwickelabnahmen in jeder 2. Rd fortfahren, bis noch 48 M (12-12-12-12) übrig sind.

Mit der 1. und 4. Nd weiterhin rechts, mit der 2. und 3. Nd im Muster stricken. Wenn nach der Fersenwand 44 Rd gestrickt sind und zuletzt die Rd 4 der Strickschrift gestrickt wurde, mit den Spitzenabnahmen beginnen.

Mit der 1. und 4. Nd eine breite Bandspitze und mit der 2. und 3. Nd laut Strickschrift arbeiten:
1. Nd: Re stricken, bis 3 M übrig sind; 2 M re zus, 1 M re.
4. Nd: 1 M re, ssk, übrige M re stricken.

Die Abnahmen in jeder 2. R arbeiten, bis 7 M pro Nd übrig sind. Danach in jeder Rd abnehmen.
2. und 3. Nd: Die Spitzenabnahmen laut Strickschrift C (Rd 1-14) stricken.

Es bleiben 8 M übrig. Den Faden abschneiden und durch die M ziehen.

Die Fadenenden vernähen und die Socken leicht dämpfen.

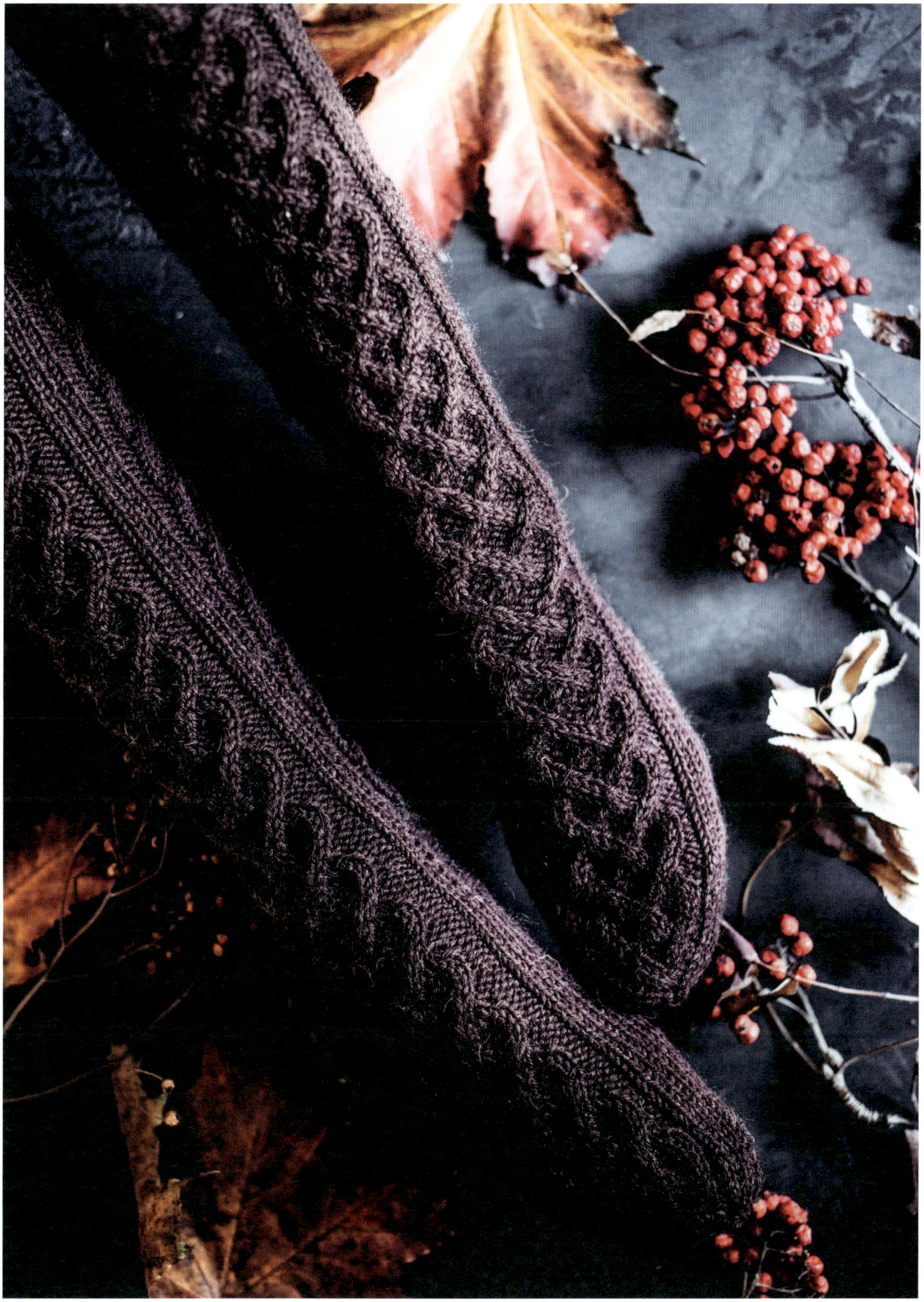

STRICKSCHRIFT A, SCHAFT

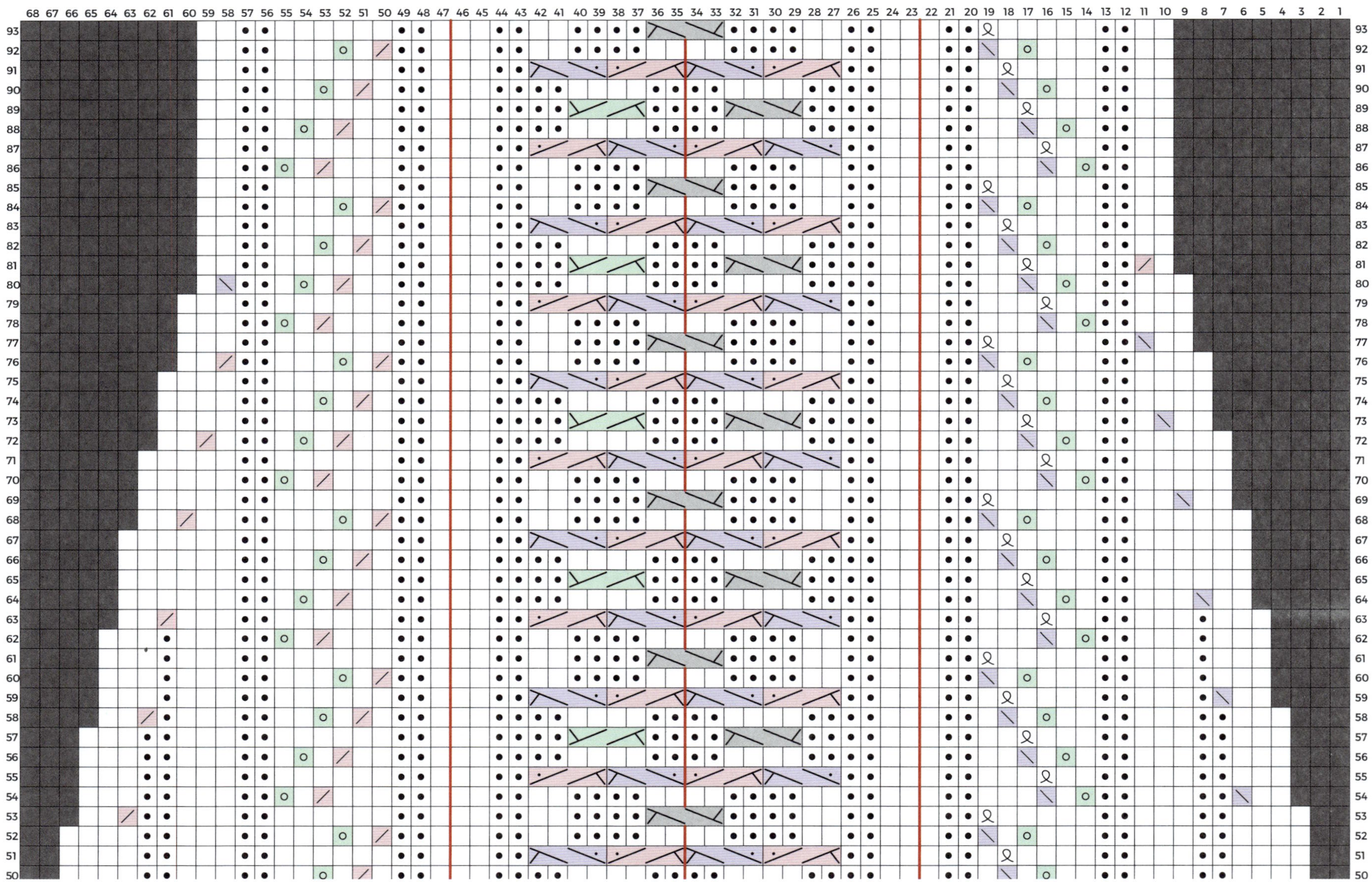

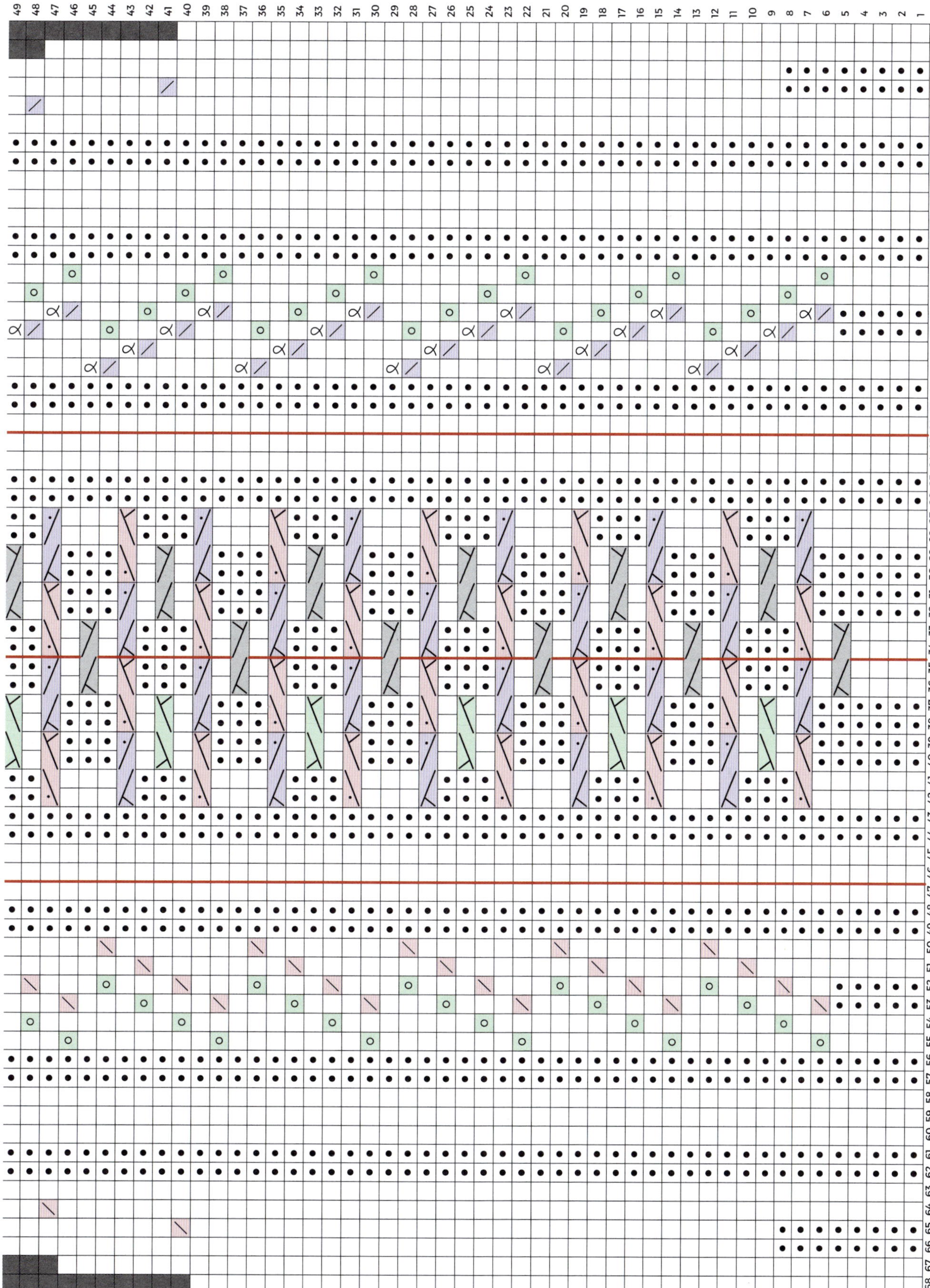

STRICKSCHRIFT B, FUSSTEIL

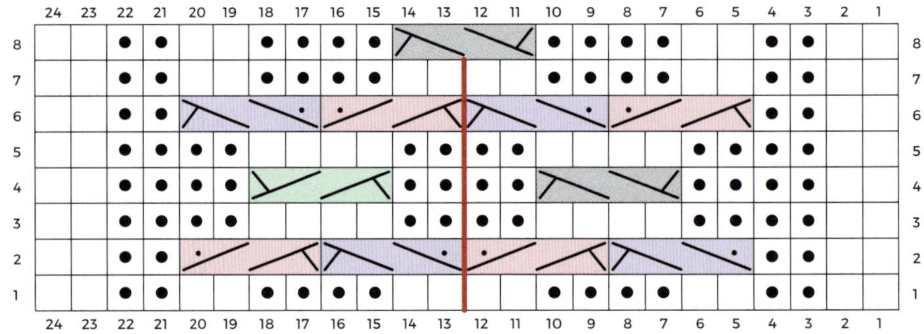

STRICKSCHRIFT C, SPITZENABNAHMEN

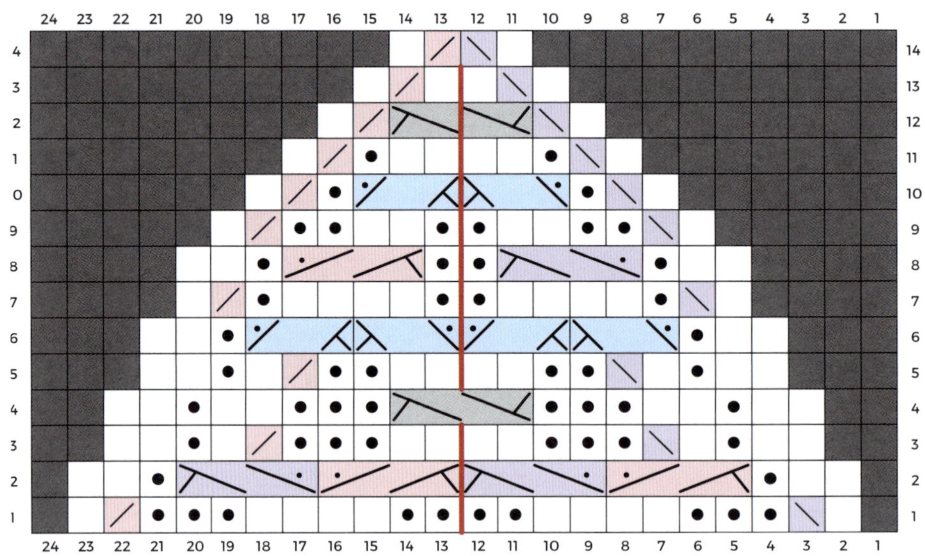

- rechts
- rechts verschränkt
- links
- 2 M re zus
- Umschlag
- keine Masche
- Nadelverteilung
- ssk: 2 M einzeln wie zum Rechtsstricken abheben, zurück auf die linke Nd legen und von hinten 2 M re zus
- 2 M auf eine Hilfsnadel vor die Arbeit legen, 2 M re, die 2 M der Hilfsnadel re
- 2 M auf eine Hilfsnadel hinter die Arbeit legen, 2 M re, die 2 M der Hilfsnadel re
- 2 M auf eine Hilfsnadel vor die Arbeit legen, 2 M li, die 2 M der Hilfsnadel re
- 2 M auf eine Hilfsnadel hinter die Arbeit legen, 2 M re, die 2 M der Hilfsnadel li
- 2 M auf eine Hilfsnadel vor die Arbeit legen, 1 M li, die 2 M der Hilfsnadel re
- 1 M auf eine Hilfsnadel hinter die Arbeit legen, 2 M re, die 1 M der Hilfsnadel li

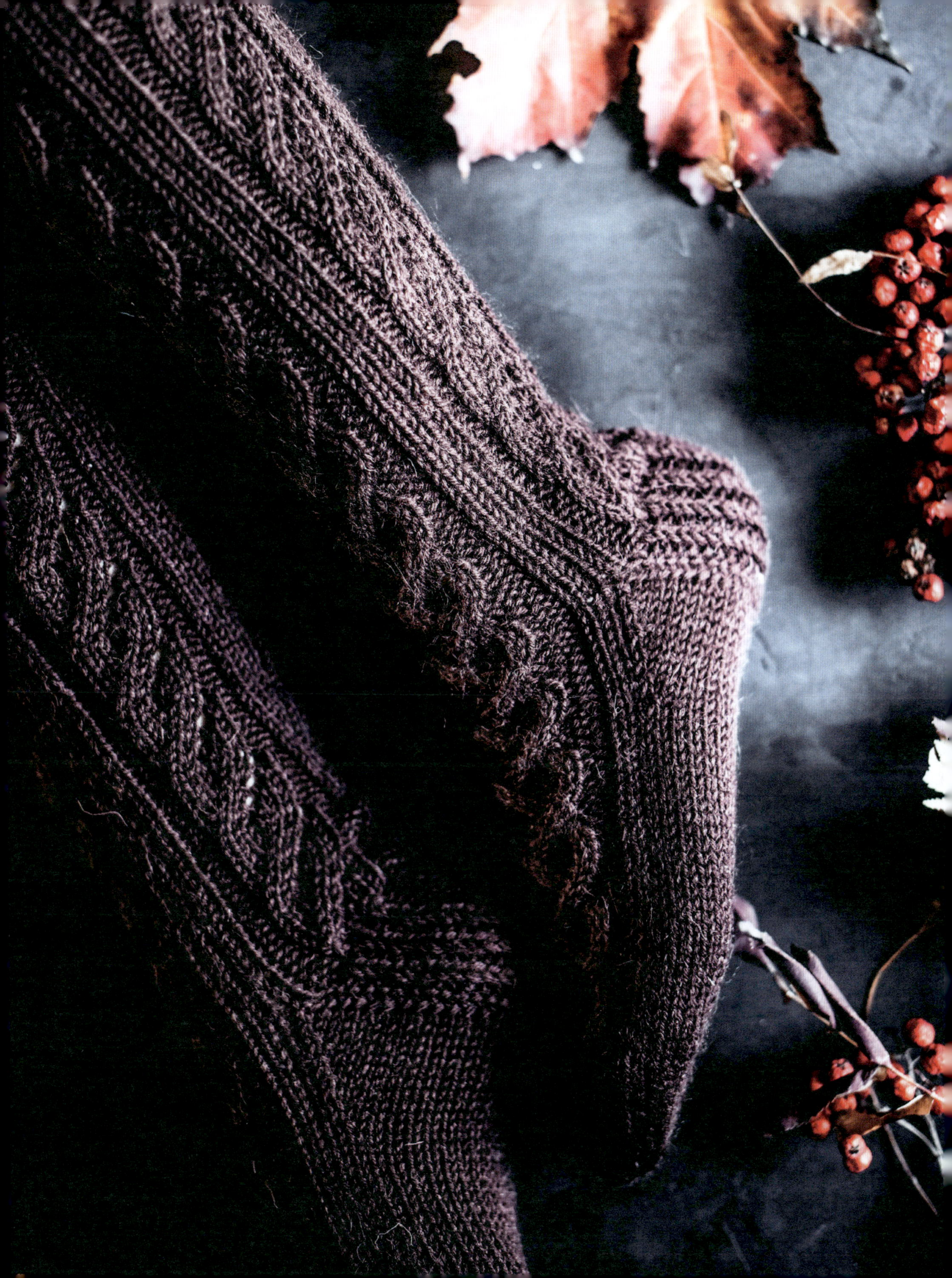

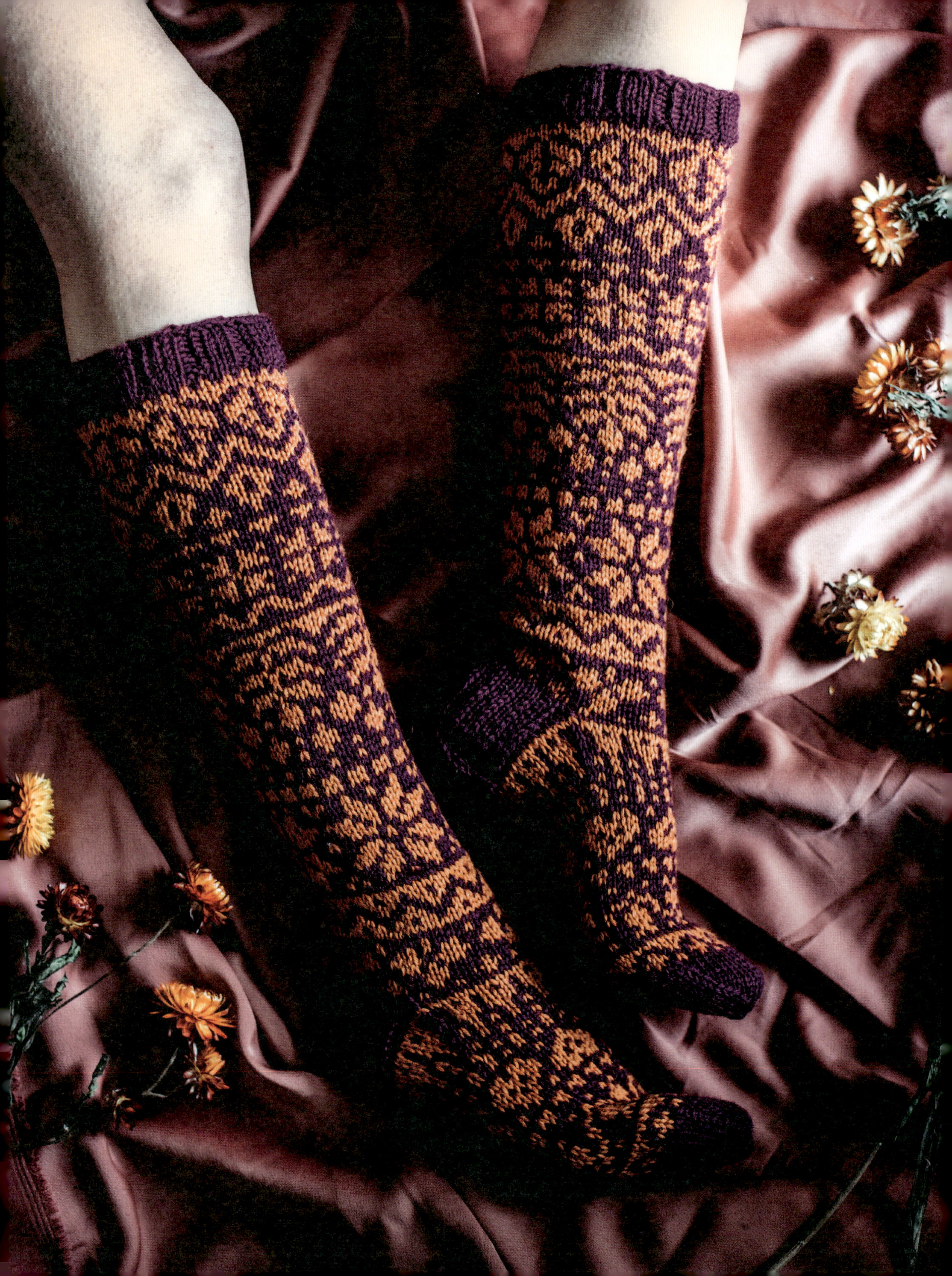

Abenteuer

Das Rauschen der Blätter, braune Farben und Freude an den frischen Herbsttagen. Diese Socken machen es einfach, zwischen den verschiedenen Farbkombinationen zu wechseln, ruhig unter einer Decke zu sitzen und die Garne über die Finger laufen zu lassen, um seine eigene Geschichte zu kreieren.

GRÖSSE: 39

GARN UND GARNVERBRAUCH:
Gjestal Janne
Grundfarbe 421 Weinrot, 130–140 g
Musterfarbe 436 Orange, 75–80 g

NADELSPIEL: 3,5 mm

MASCHENPROBE:
20 M und 26 Rd = 10 cm x 10 cm

BEVOR SIE BEGINNEN

Die Strickschrift wird von unten nach oben und von rechts nach links gelesen.

Die Anleitung ist für zwei Schäfte unterschiedlicher Größe (mittel und breit). Laut Strickschrift A1 gearbeitete Socken haben eine Schaftbreite, die für Waden mit einem Umfang von ca. 35-39 cm passt. Laut Strickschrift A2 gearbeitete Socken passen für Waden mit einem Umfang von ca. 40-45 cm.

Die Ferse und der Fußteil werden in beiden Größen nach derselben Anleitung gearbeitet.

SCHAFT (MITTEL)

65 M in Weinrot anschlagen und auf den Nd verteilen: 16-17-16-16.

Das Bündchenmuster laut Strickschrift A1, Rd 1-8 stricken. In der 9. Rd re M stricken.

Das Einstrickmuster laut Strickschrift A1 ab der 10. Rd beginnen und den Schaft laut der Strickschrift arbeiten, dabei in den unten genannten Rd im Anfangsbereich der 1. Nd und im Endbereich der 4. Nd an geeigneter Stelle abnehmen.

Abnahmen:
48. Rd: 2 M abnehmen, die Arbeit hat 63 M.
60. Rd: 2 M abnehmen, die Arbeit hat 61 M.
Bitte beachten! In der 66. Rd die M neu auf den Nd verteilen: 18-13-12-18.
67. Rd: 2 M abnehmen, die Arbeit hat 59 M.
73. Rd: 2 M abnehmen, die Arbeit hat 57 M.
78. Rd: 2 M abnehmen, die Arbeit hat 55 M.
83. Rd: 2 M abnehmen, die Arbeit hat 53 M.
88. Rd: 2 M abnehmen, die Arbeit hat 51 M.

Wenn alle 102 Rd für den Schaft gestrickt sind, die M auf den Nd verteilen: 13-13-12-13.

SCHAFT (BREIT)

70 M in Weinrot anschlagen und auf den Nd verteilen: 17-19-18-16. Das Bündchenmuster laut Strickschrift A2, Rd 1-8 stricken. In der 9. Rd re M stricken. Gleichzeitig 3 M zunehmen, dabei die M auf den Nd verteilen: 18-19-18-18.

Das Einstrickmuster laut Strickschrift A2 ab der 10. Rd beginnen und den Schaft laut der Strickschrift arbeiten, dabei in den unten genannten Rd im Anfangsbereich der 1. Nd und im Endbereich der 4. Nd an geeigneter Stelle abnehmen.

Abnahmen:
34. Rd: 2 M abnehmen, die Arbeit hat 71 M.
48. Rd: 2 M abnehmen, die Arbeit hat 69 M.
54. Rd: 2 M abnehmen, die Arbeit hat 67 M.
60. Rd: 2 M abnehmen, die Arbeit hat 65 M.
Bitte beachten! In der 66. Rd die M neu auf den Nd verteilen: 20-13-12-20.
67. Rd: 2 M abnehmen, die Arbeit hat 63 M.
72. Rd: 2 M abnehmen, die Arbeit hat 61 M.
76. Rd: 2 M abnehmen, die Arbeit hat 59 M.
80. Rd: 2 M abnehmen, die Arbeit hat 57 M.
84. Rd: 2 M abnehmen, die Arbeit hat 55 M.
88. Rd: 2 M abnehmen, die Arbeit hat 53 M.
91. Rd: 2 M abnehmen, die Arbeit hat 51 M.

Wenn alle 102 Rd für den Schaft gestrickt sind, die M auf den Nd verteilen: 13-13-12-13.

FERSE

Mit der verstärkten Fersenwand in Weinrot beginnen, dazu die M der 1. Nd re auf die 4. Nd stricken (insg. 26 M). Die restlichen M bleiben ungestrickt. Die Arbeit wenden, die 1. M li abheben, ohne sie zu stricken, die übrigen M li stricken. Gleichzeitig 2 M abnehmen, damit die Fersenwand 24 M hat.

1. R (Hin-R): Die Arbeit wenden, *1 M abheben, ohne sie zu stricken, 1 M re, ab * bis R-Ende wiederholen.
2. R (Rück-R): Die Arbeit wenden, 1 M li abheben, ohne sie zu stricken, die übrigen M li stricken.

Diese zwei R wiederholen, bis für die Fersenwand 24 R gestrickt sind und zuletzt eine Rück-R gestrickt wurde.

Die Käppchenabnahmen in der nächsten Hin-R beginnen und weiterhin verstärkt stricken, bis noch 9 M auf der Nd sind. 1 Übz stricken und die Arbeit wenden. Auf der anderen Nd sind 7 M. 1 M li abheben, ohne sie zu stricken, und li stricken, bis 9 M übrig sind. 2 M li zus und die Arbeit wenden. 1 M re abheben, ohne sie zu stricken, und verstärkt stricken, bis 8 M übrig sind. 1 Übz stricken und die Arbeit wenden. 1 M li abheben, ohne sie zu stricken, und li stricken, bis 8 M übrig sind. 2 M li zus und die Arbeit wenden. So fortfahren, dabei werden die äußeren M in jeder R reduziert, die mittleren M bleiben gleich (8 M).

Wenn die äußeren M aufgebraucht sind, die M der Fersenwand auf 2 Nd verteilen (4-4). 4 M der 4. Nd rechts stricken, sodass der Faden zwischen den Nd liegt.

FUSSTEIL

Aus dem Fersenrand mit der 1. Nd 14 M auffassen, mit der 4. Nd aus dem anderen Fersenrand ebenfalls 14 M auffassen. Die Arbeit hat jetzt 61 M. Mit dem Einstrickmuster laut Strickschrift B mit der 1. Rd beginnen. Die aus dem Fersenrand aufgefassten M re verschränkt stricken.

Für die Zwickelabnahmen in den in der Strickschrift B angegebenen Rd (2, 4, 6, 8, 10 und 12) am Ende der 1. Nd 2 M re zus, am Anfang der 4. Nd 1 ssk oder Übz stricken. Die grau markierten Karos stellen keine Maschen dar. Nach den Zwickelabnahmen sind 49 M übrig (12-13-12-12). Mit dem Einstrickmuster laut Strickschrift fortfahren.

Wenn 37 Rd laut Strickschrift B gestrickt sind, noch eine Rd in Weinrot stricken und am Ende der 4. Nd 1 M abnehmen. Die M auf den Nd verteilen: 12-12-12-12.

Eine breite Bandspitze in der Grundfarbe arbeiten:
1. und 3. Nd: Re stricken, bis noch 3 M übrig sind, 2 M re zus, 1 M re.
2. und 4. Nd: 1 M re, 1 ssk oder Übz, die restlichen M re stricken.

Die Abnahmen zunächst in jeder 2. Rd stricken. Wenn noch 8 M pro Nd (insg. 32 M) übrig sind, die Abnahmen in jeder Rd stricken. Wenn insg. noch 8 M übrig sind, den Faden abschneiden und durch die M ziehen.

Die Fadenenden vernähen und die Socken leicht dämpfen.

- rechts in Weinrot (421)
- rechts in Orange (436)
- links in Weinrot
- 2 M re zus (in Weinrot)
- ssk: 2 M einzeln wie zum Rechtsstricken abheben, zurück auf die linke Nd legen und von hinten 2 M re zus (in Weinrot)
- 2 M re zus (in Orange)
- ssk: 2 M einzeln wie zum Rechtsstricken abheben, zurück auf die linke Nd legen und von hinten 2 M re zus (in Orange)
- keine Masche
- Nadelverteilung

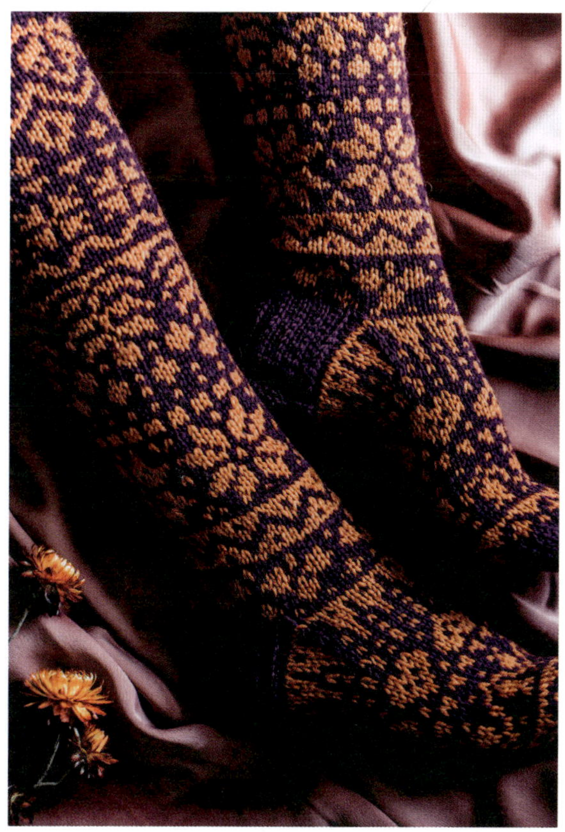

STRICKSCHRIFT A1, SCHAFT, MITTEL

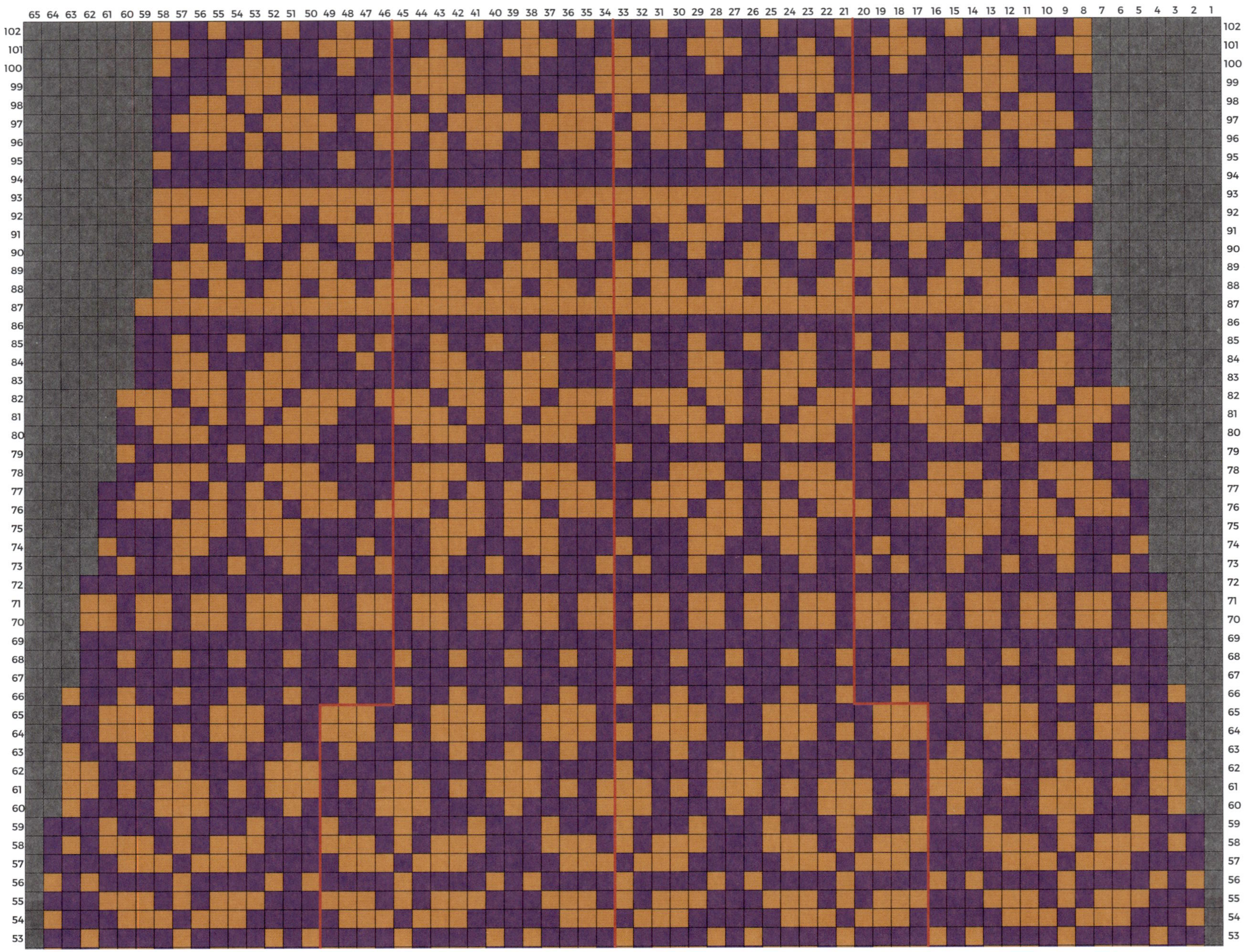

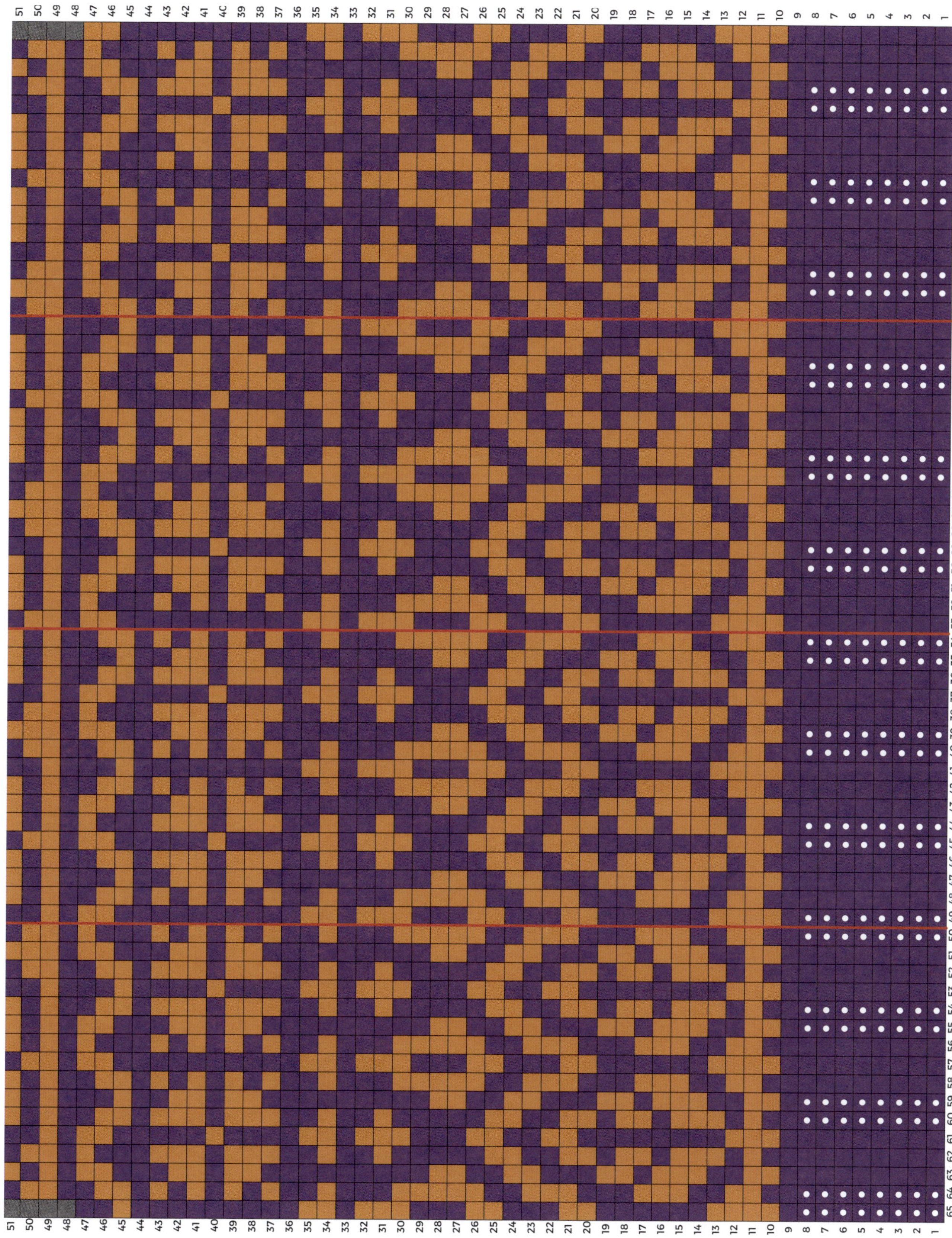

STRICKSCHRIFT A2, SCHAFT, BREIT

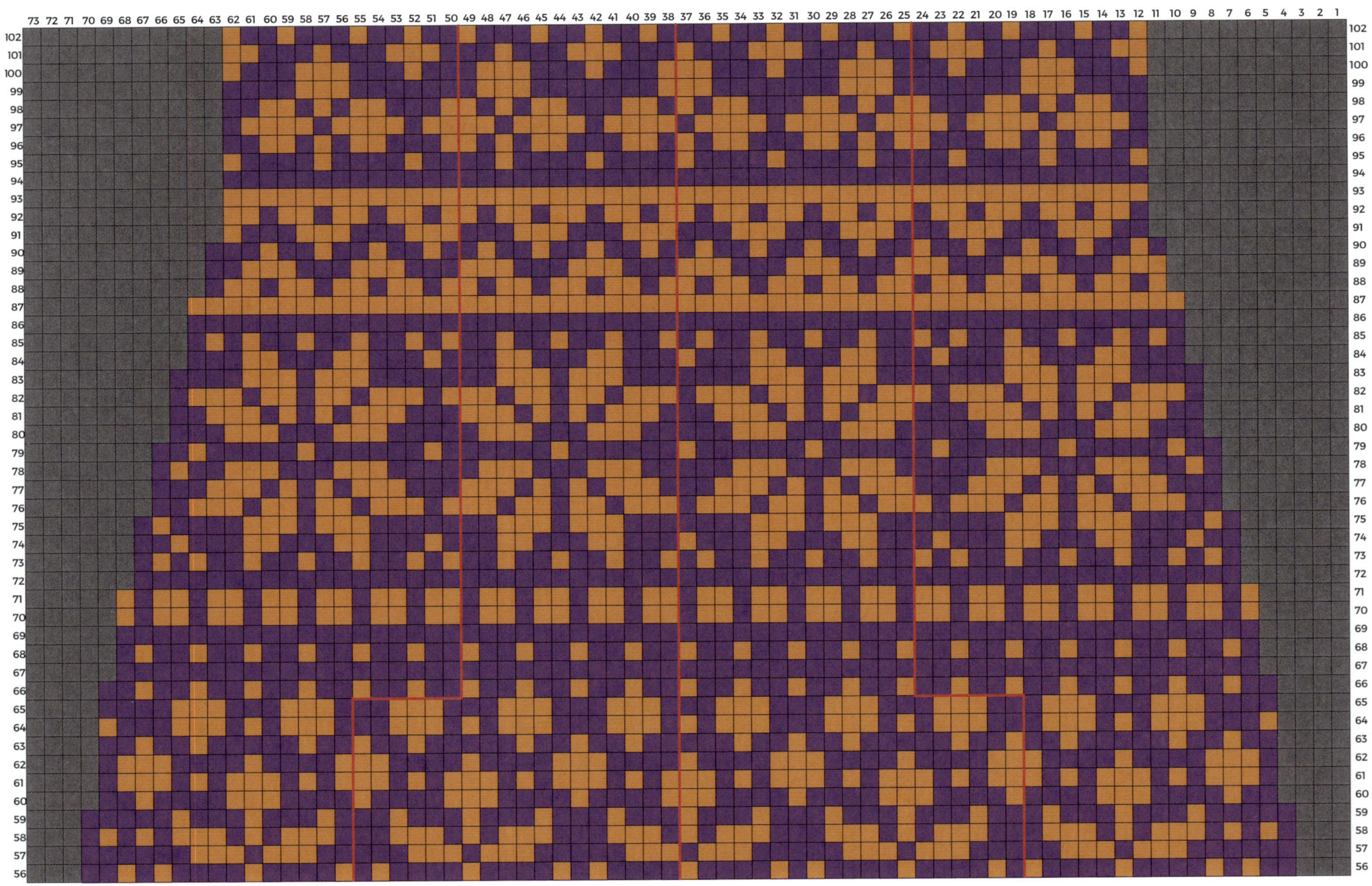

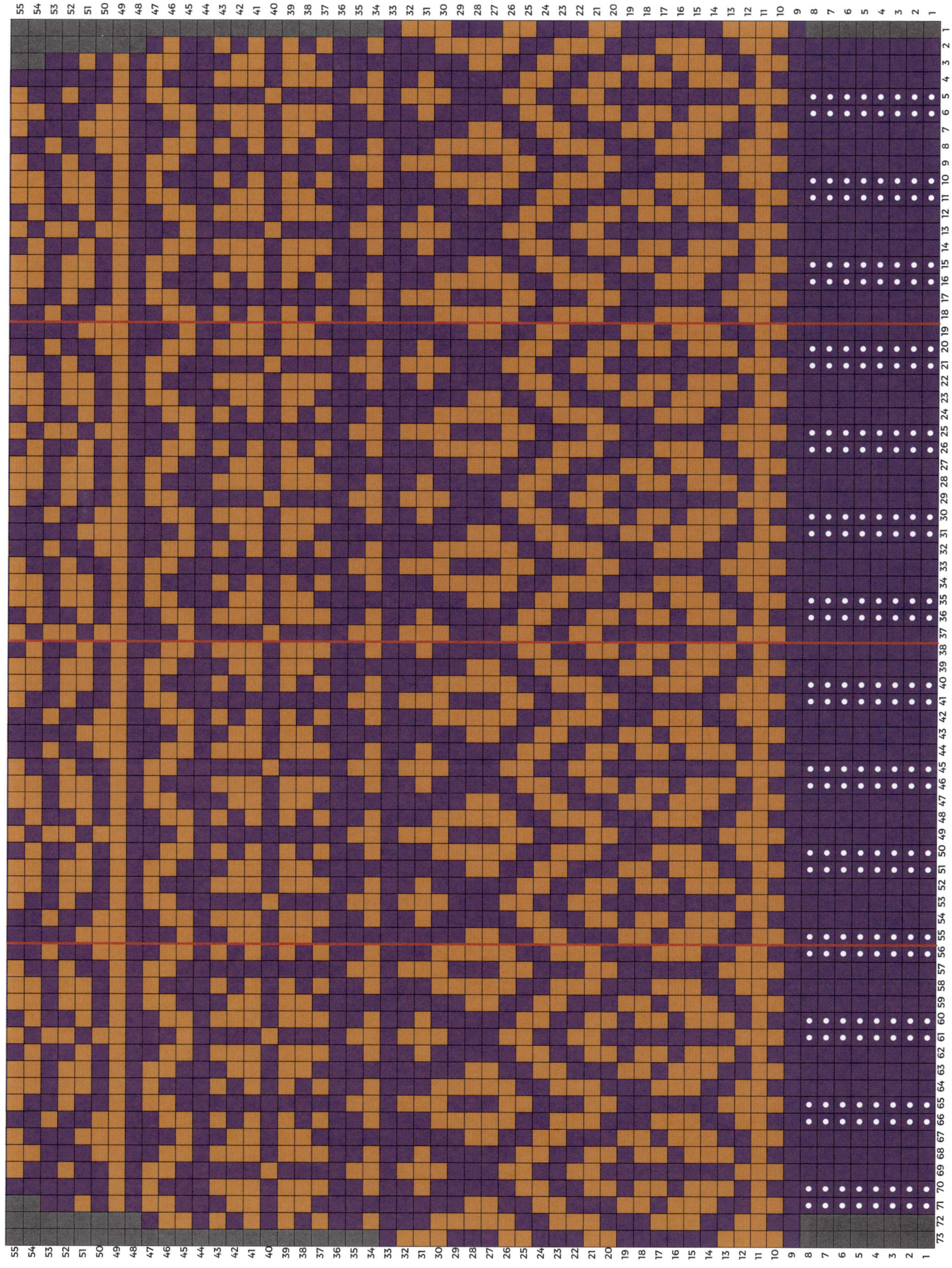

STRICKSCHRIFT B, FUSSTEIL

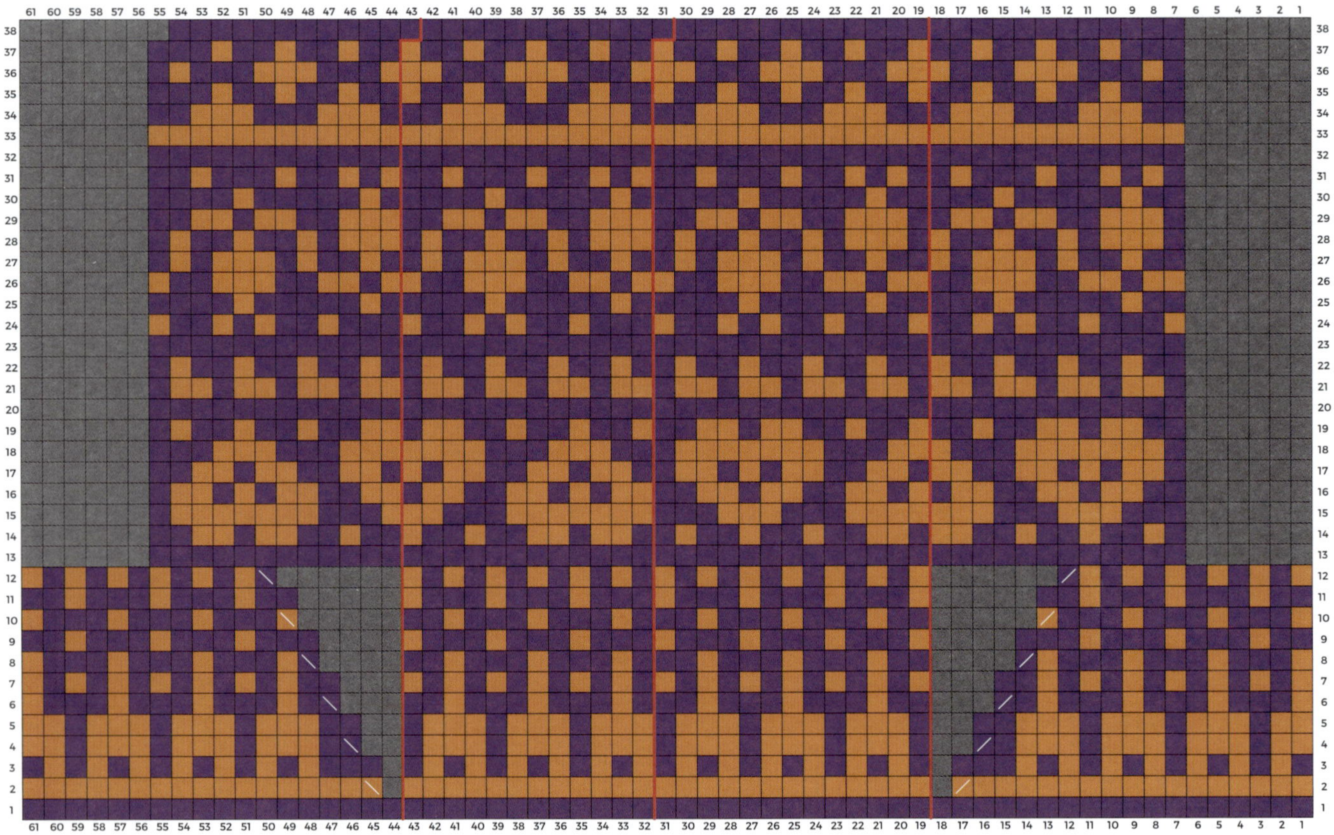

rechts in Weinrot (421)

rechts in Orange (436)

links in Weinrot

2 M re zus (in Weinrot)

ssk: 2 M einzeln wie zum Rechtsstricken abheben, zurück auf die linke Nd legen und von hinten 2 M re zus (in Weinrot)

2 M re zus (in Orange)

ssk: 2 M einzeln wie zum Rechtsstricken abheben, zurück auf die linke Nd legen und von hinten 2 M re zus (in Orange)

keine Masche

Nadelverteilung

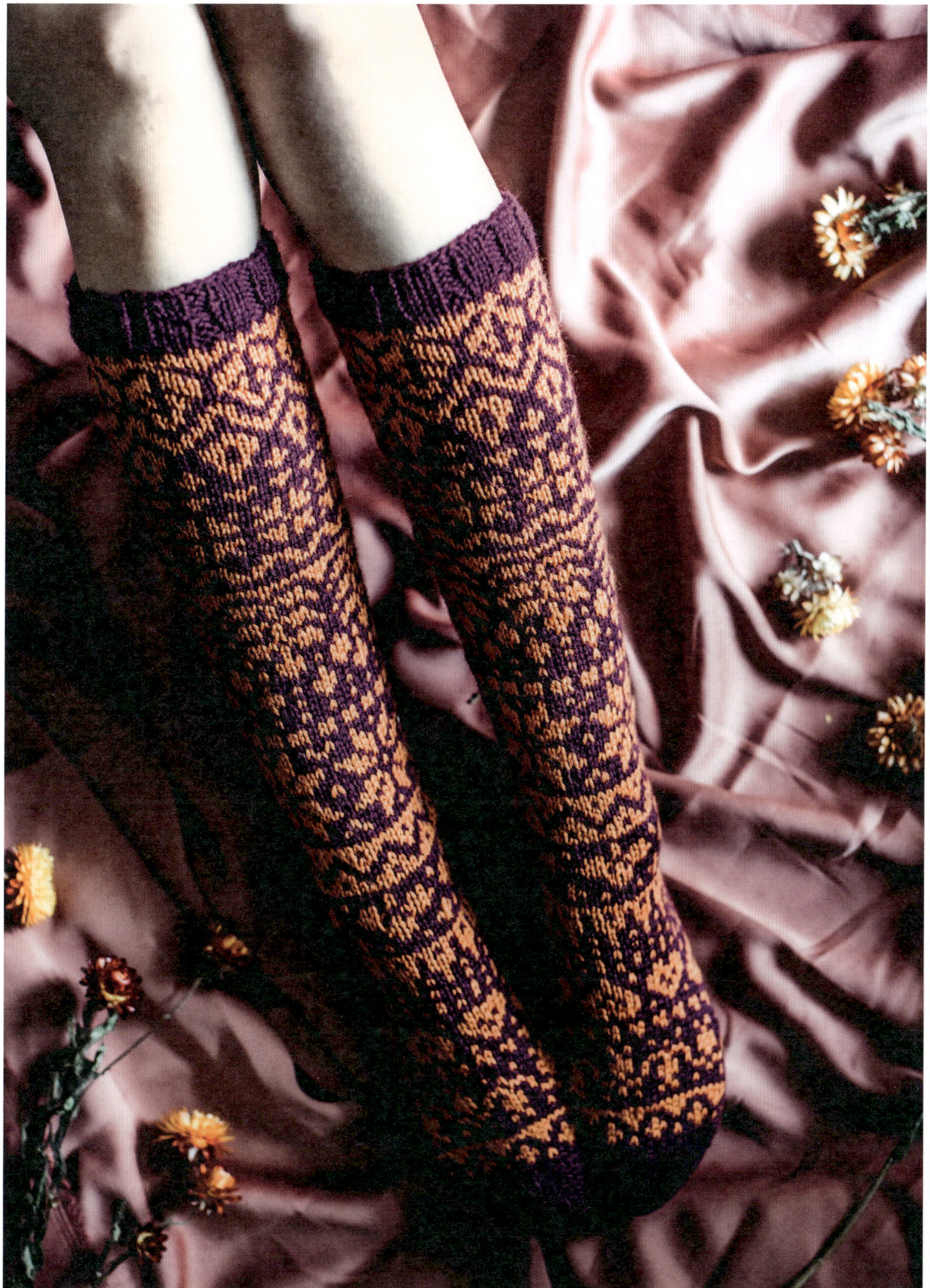

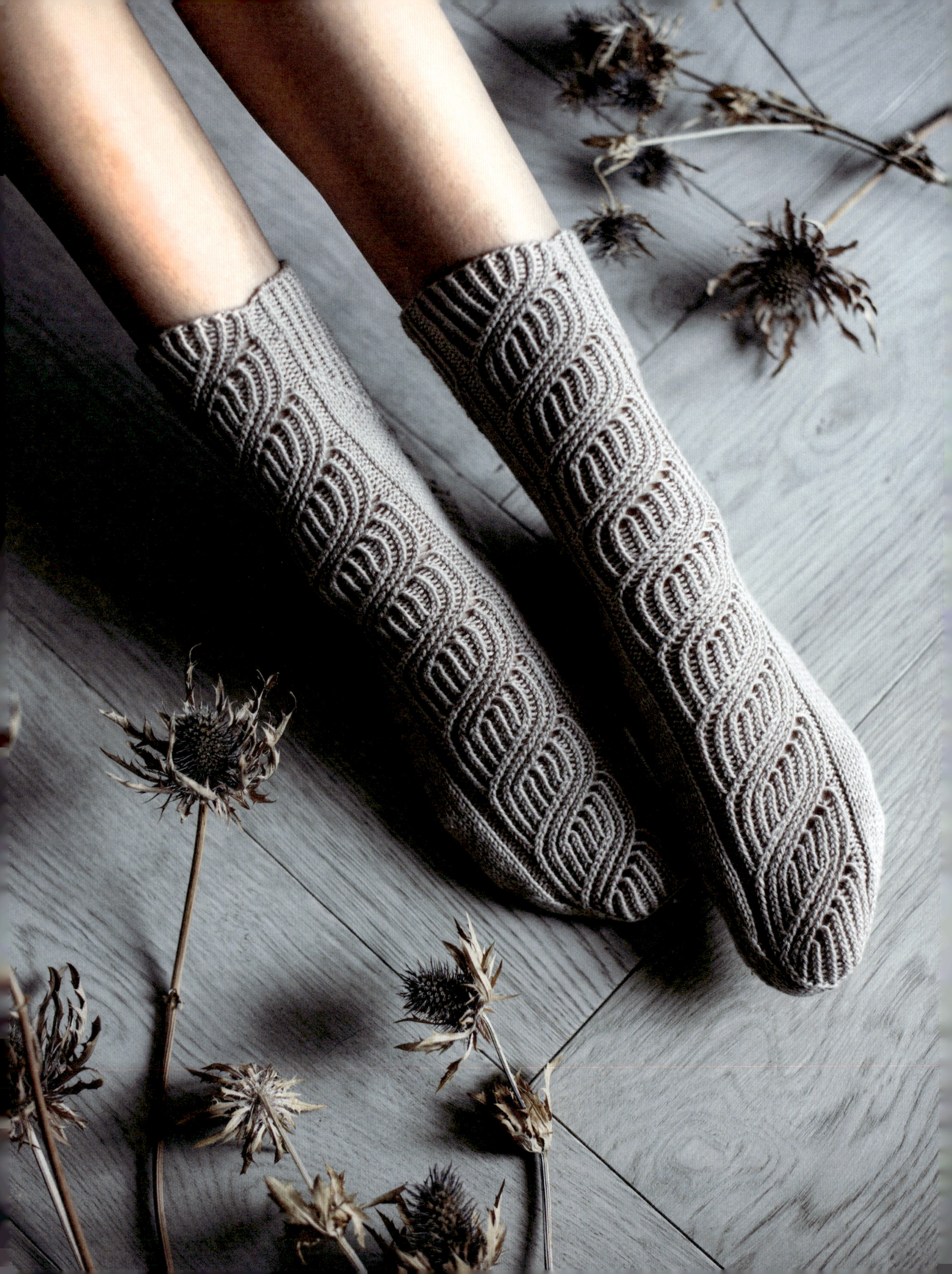

Seelenverwandte III

Dies sind die letzten, dritten und schönsten Seelenverwandten von allen. Es ist Zeit loszulassen, sich zu verabschieden und mit den Herbstwinden auf neue Herausforderungen zuzugehen.

GRÖSSE: 38/39

GARN: Schachenmayr Regia Premium Silk, Farbe 05 Leinen

GARNVERBRAUCH: 63 g

NADELSPIEL: 2,5 mm, Hilfsnadel

MASCHENPROBE: 28 M und 36 Rd = 10 cm x 10 cm

BEVOR SIE BEGINNEN

In der Strickschrift für den Schaft bilden Nd 1 und 2 den hinteren Sockenteil und Nd 3 und 4 den vorderen Sockenteil. Nach der Ferse ändert sich die Nadelverteilung, sodass die Fußsohle mit Nd 1 und 4 und der vordere Sockenteil mit Nd 2 und 3 gestrickt wird.

Anstelle der Ferse im Zopfmuster können Sie auch eine normale, verstärkte Ferse stricken, die Anleitung dazu finden Sie u.a. bei dem Modell *Alberne Liebe.*

SCHAFT

63 M anschlagen und auf den Nd verteilen: 20-16-13-14.

Den Schaft laut Strickschrift A stricken (60 Rd). Nach der letzten Rd der Strickschrift die Nadelverteilung ändern und die ersten 5 M der 1. Nd auf die 4. Nd stricken. Für die Ferse bleiben somit 31 M übrig (durch hellgrüne Karos in der Strickschrift gekennzeichnet). Die Fersenmaschen auf eine Nd stricken und die Maschen der 3. und 4. Nd (32 M) ruhen lassen.

FERSE

Die Ferse laut Strickschrift B arbeiten. Dabei die 1. M in den Hin-R immer re abheben, ohne sie zu stricken, und in den Rück-R li abheben. Alle 30 R laut Strickschrift stricken.

Die Käppchenabnahmen in der nächsten Hin-R beginnen und glatt rechts stricken, bis noch 11 M auf der Nd sind. 1 ssk oder Übz stricken und die Arbeit wenden. Auf der anderen Nd sind 9 M. 1 M li abheben, ohne sie zu stricken, und li stricken, bis 11 M übrig sind. 2 M li zus und die Arbeit wenden. 1 M re abheben, ohne sie zu stricken, und glatt rechts stricken, bis 10 M übrig sind. 1 ssk oder Übz stricken und die Arbeit wenden. 1 M li abheben, ohne sie zu stricken, und li stricken, bis 10 M übrig sind. 2 M li zus und die Arbeit wenden. So fortfahren, dabei werden die äußeren M in jeder R reduziert, die mittleren M bleiben gleich (11 M).

Wenn die äußeren M aufgebraucht sind, die M der Fersenwand auf 2 Nd verteilen (6-5). 4 M re und 2 M re zus stricken, sodass der Faden in der Fersenmitte zwischen der 1. und der 4. Nd liegt.

FUSSTEIL

Aus dem linken Fersenrand mit der freien Nd 16 M auffassen. Die 5 M der 1. Nd re stricken, dann die 16 aufgefassten M re verschränkt stricken. Mit der 2. und 3. Nd das Muster laut Strickschrift C stricken, mit R 7 beginnen und die R 1-12 wiederholen. Aus dem rechten Fersenrand 16 M auffassen und re verschränkt stricken, auf dieselbe Nd noch die 5 M der 4. Nd stricken. Die Arbeit hat jetzt 74 M.

Mit den Zwickelabnahmen beginnen: Am Ende der 1. Nd 2 M re zus, am Anfang der 4. Nd 1 ssk oder Übz stricken. Mit der 2. und 3. Nd weiter im Muster stricken. Mit den Zwickelabnahmen in jeder 2. Rd fortfahren, bis noch 64 M (16-16-16-16) übrig sind.

Mit der 1. und 4. Nd weiterhin rechts, mit der 2. und 3. Nd im Muster stricken. Wenn ab dem Fersenrand 55 Rd gestrickt sind und zuletzt die Rd 1 der Strickschrift gestrickt wurde, mit den Spitzenabnahmen beginnen.

Die Spitzenabnahmen laut Strickschrift D arbeiten. Es bleiben 9 M übrig. Den Faden abschneiden und durch die M ziehen. Die Fadenenden vernähen und die Socken leicht dämpfen.

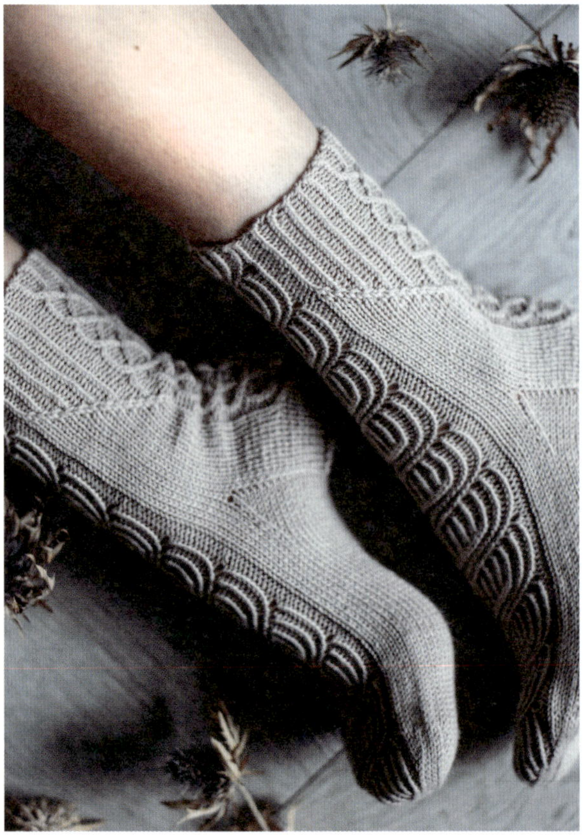

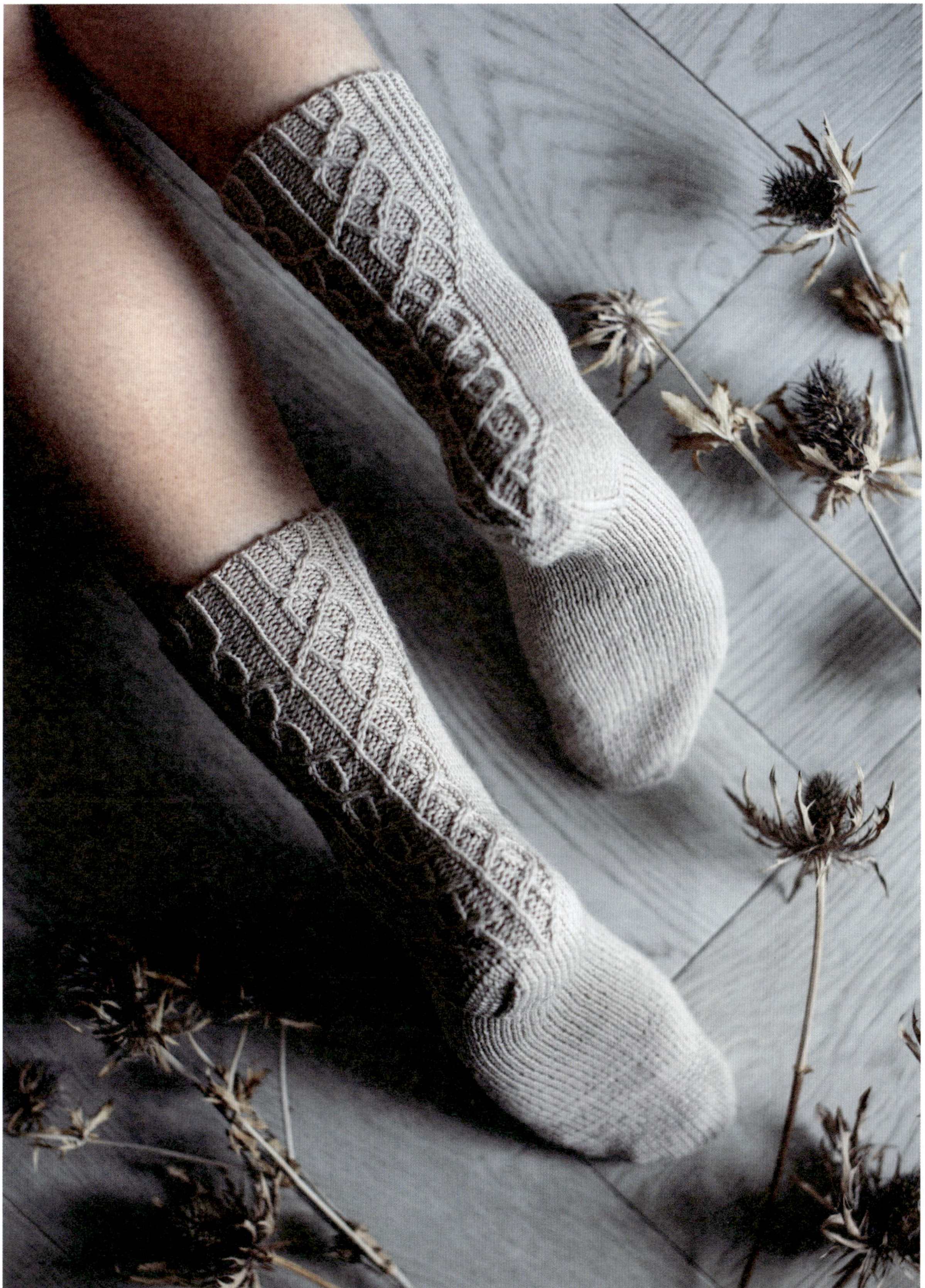

STRICKSCHRIFT A, SCHAFT

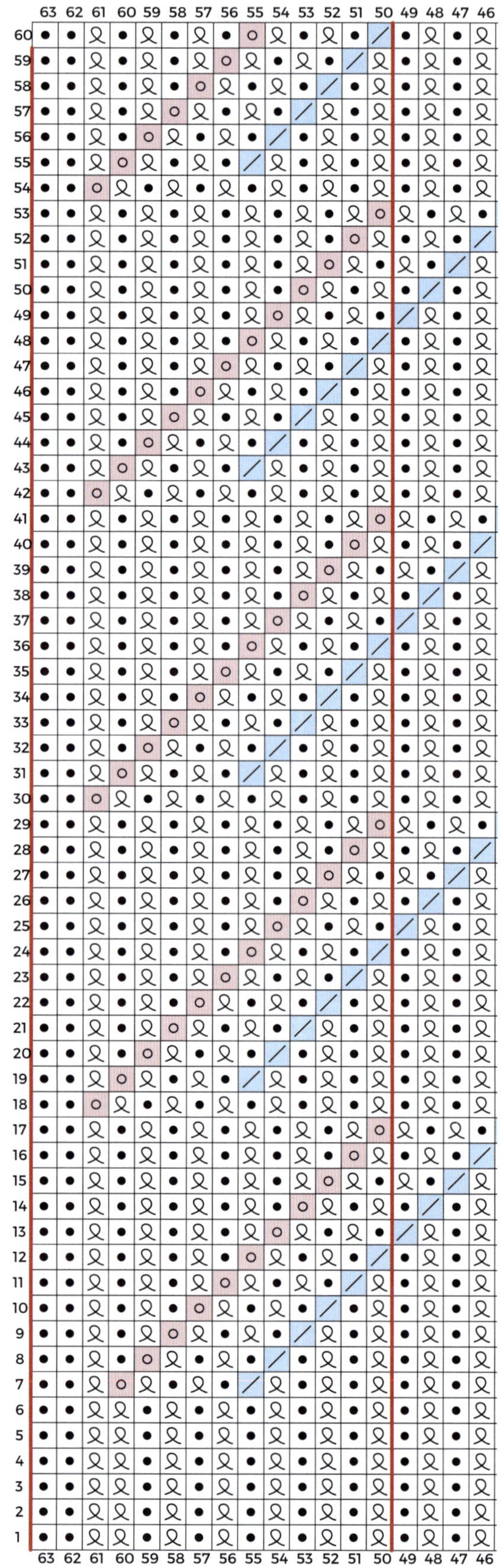

- rechts
- links
- rechts verschränkt
- links verschränkt
- 2 M re zus
- Umschlag
- ssk: 2 M einzeln wie zum Rechtsstricken abheben, zurück auf die linke Nd legen und von hinten 2 M re zus
- 2 M wie zum re Zusammenstricken abheben, 1 M re, die abgehobenen M über die gestrickte M ziehen
- 1 M auf eine Hilfsnadel vor die Arbeit legen, 1 M re, die 1 M der Hilfsnadel re
- 1 M auf eine Hilfsnadel hinter die Arbeit legen, 1 M re, die 1 M der Hilfsnadel re
- 1 M auf eine Hilfsnadel vor die Arbeit legen, 1 M li, die 1 M der Hilfsnadel re
- 1 M auf eine Hilfsnadel hinter die Arbeit legen, 1 M re, die 1 M der Hilfsnadel li
- 1 M re abheben, 2 M re zus, die abgehobene M über die gestrickten M ziehen
- keine Masche
- Nadelverteilung

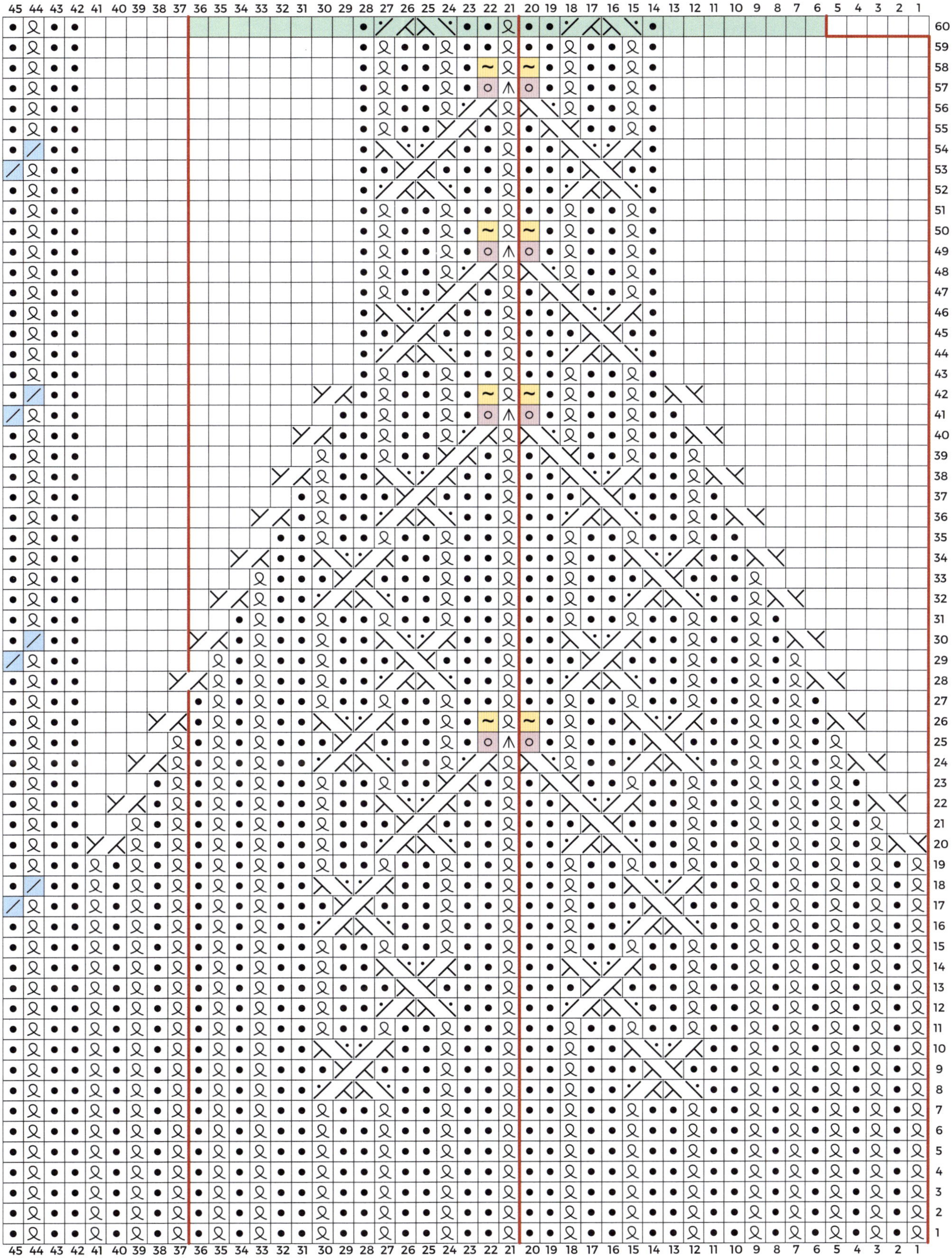

STRICKSCHRIFT B, FERSE

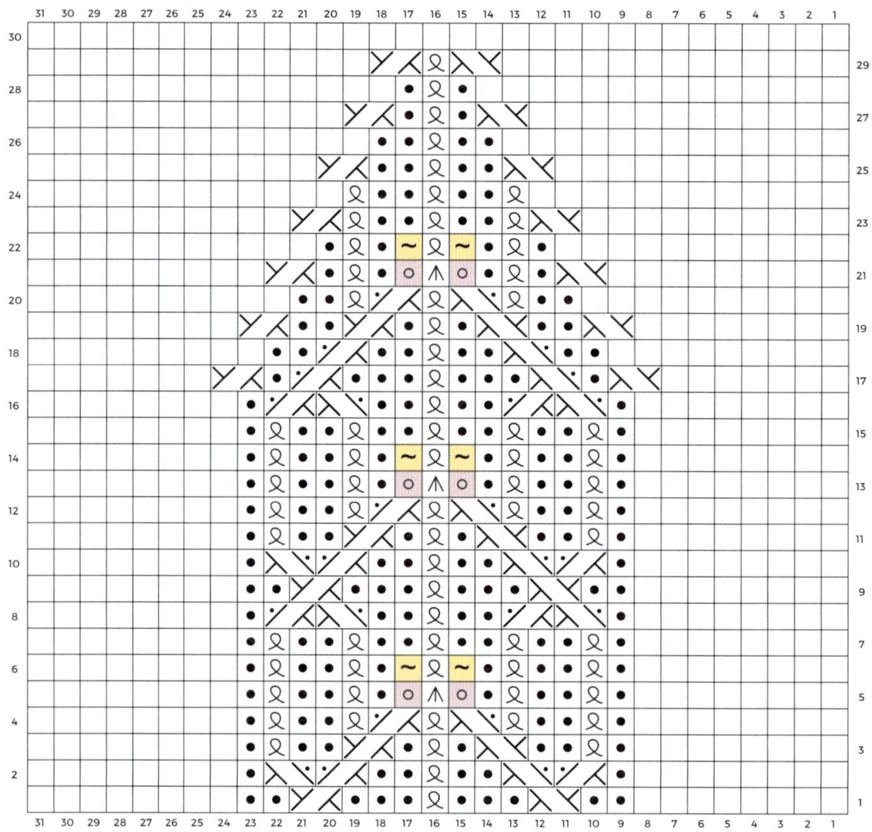

- re in der Hin-R, li in der Rück-R
- re verschränkt in der Hin-R, li verschränkt in der Rück-R
- li in der Hin-R, re in der Rück-R
- Umschlag
- 2 M wie zum re Zusammenstricken abheben, 1 M re, die abgehobenen M über die gestrickte M ziehen
- li verschränkt in der Hin-R, re verschränkt in der Rück-R
- 1 M auf eine Hilfsnadel vor die Arbeit legen, 1 M re, die 1 M der Hilfsnadel re
- 1 M auf eine Hilfsnadel hinter die Arbeit legen, 1 M re, die 1 M der Hilfsnadel re
- 1 M auf eine Hilfsnadel vor die Arbeit legen, 1 M li, die 1 M der Hilfsnadel re (in der Hin- und Rück-R)
- 1 M auf eine Hilfsnadel hinter die Arbeit legen, 1 M re, die 1 M der Hilfsnadel li (in der Hin- und Rück-R)

STRICKSCHRIFT C, FUSSTEIL

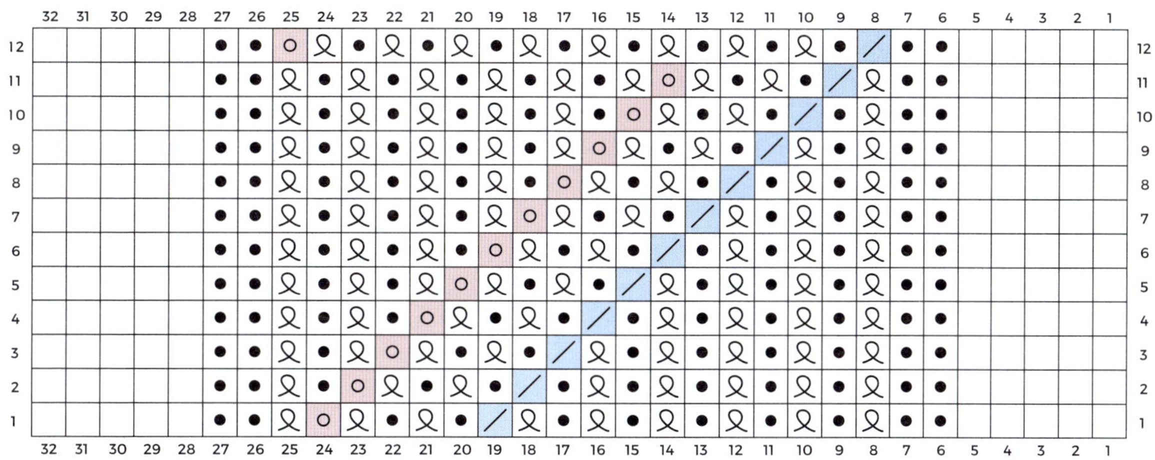

- rechts
- links
- rechts verschränkt
- links verschränkt
- 2 M re zus
- Umschlag
- keine Masche
- Nadelverteilung
- ssk: 2 M einzeln wie zum Rechtsstricken abheben, zurück auf die linke Nd legen und von hinten 2 M re zus
- 2 M wie zum re Zusammenstricken abheben, 1 M re, die abgehobenen M über die gestrickte M ziehen
- 1 M auf eine Hilfsnadel vor die Arbeit legen, 1 M re, die 1 M der Hilfsnadel re
- 1 M auf eine Hilfsnadel hinter die Arbeit legen, 1 M re, die 1 M der Hilfsnadel re
- 1 M auf eine Hilfsnadel vor die Arbeit legen, 1 M li, die 1 M der Hilfsnadel re
- 1 M auf eine Hilfsnadel hinter die Arbeit legen, 1 M re, die 1 M der Hilfsnadel li
- 1 M re abheben, 2 M re zus, die abgehobene M über die gestrickten M ziehen

STRICKSCHRIFT D, SPITZENABNAHMEN

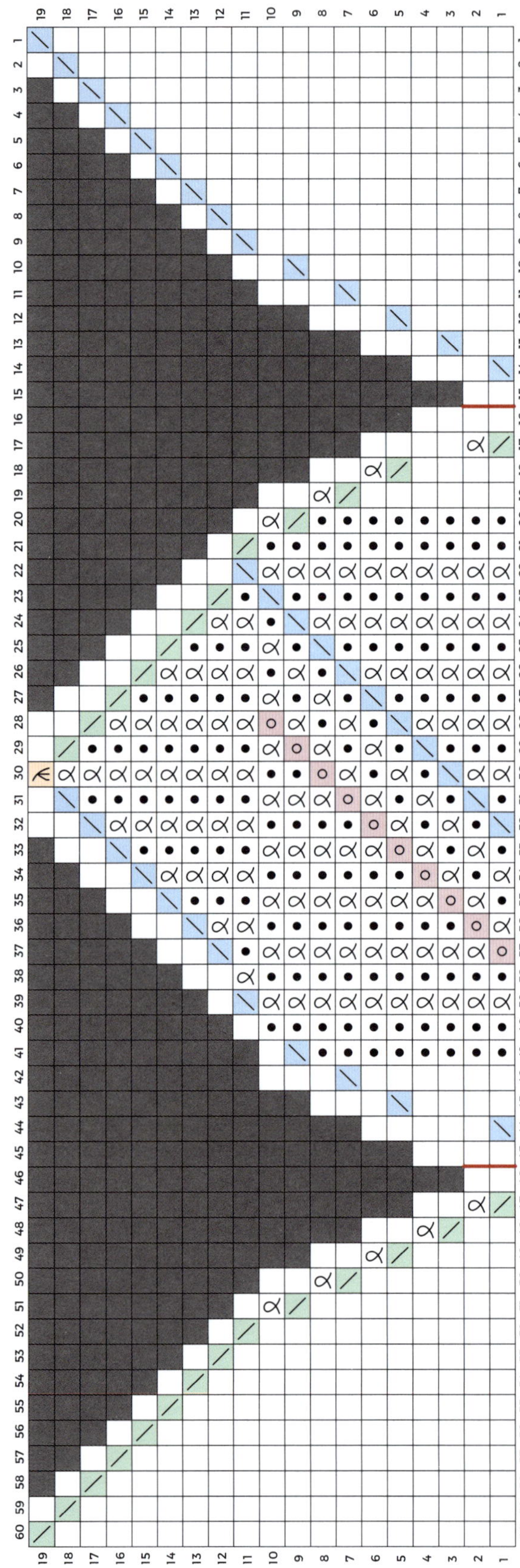

- rechts
- links
- rechts verschränkt
- links verschränkt
- 2 M re zus
- Umschlag
- ssk: 2 M einzeln wie zum Rechtsstricken abheben, zurück auf die linke Nd legen und von hinten 2 M re zus
- 2 M wie zum re Zusammenstricken abheben, 1 M re, die abgehobenen M über die gestrickte M ziehen
- 1 M auf eine Hilfsnadel vor die Arbeit legen, 1 M re, die 1 M der Hilfsnadel re
- 1 M auf eine Hilfsnadel hinter die Arbeit legen, 1 M re, die 1 M der Hilfsnadel re
- 1 M auf eine Hilfsnadel vor die Arbeit legen, 1 M li, die 1 M der Hilfsnadel re
- 1 M auf eine Hilfsnadel hinter die Arbeit legen, 1 M re, die 1 M der Hilfsnadel li
- 1 M re abheben, 2 M re zus, die abgehobene M über die gestrickten M ziehen
- keine Masche
- Nadelverteilung

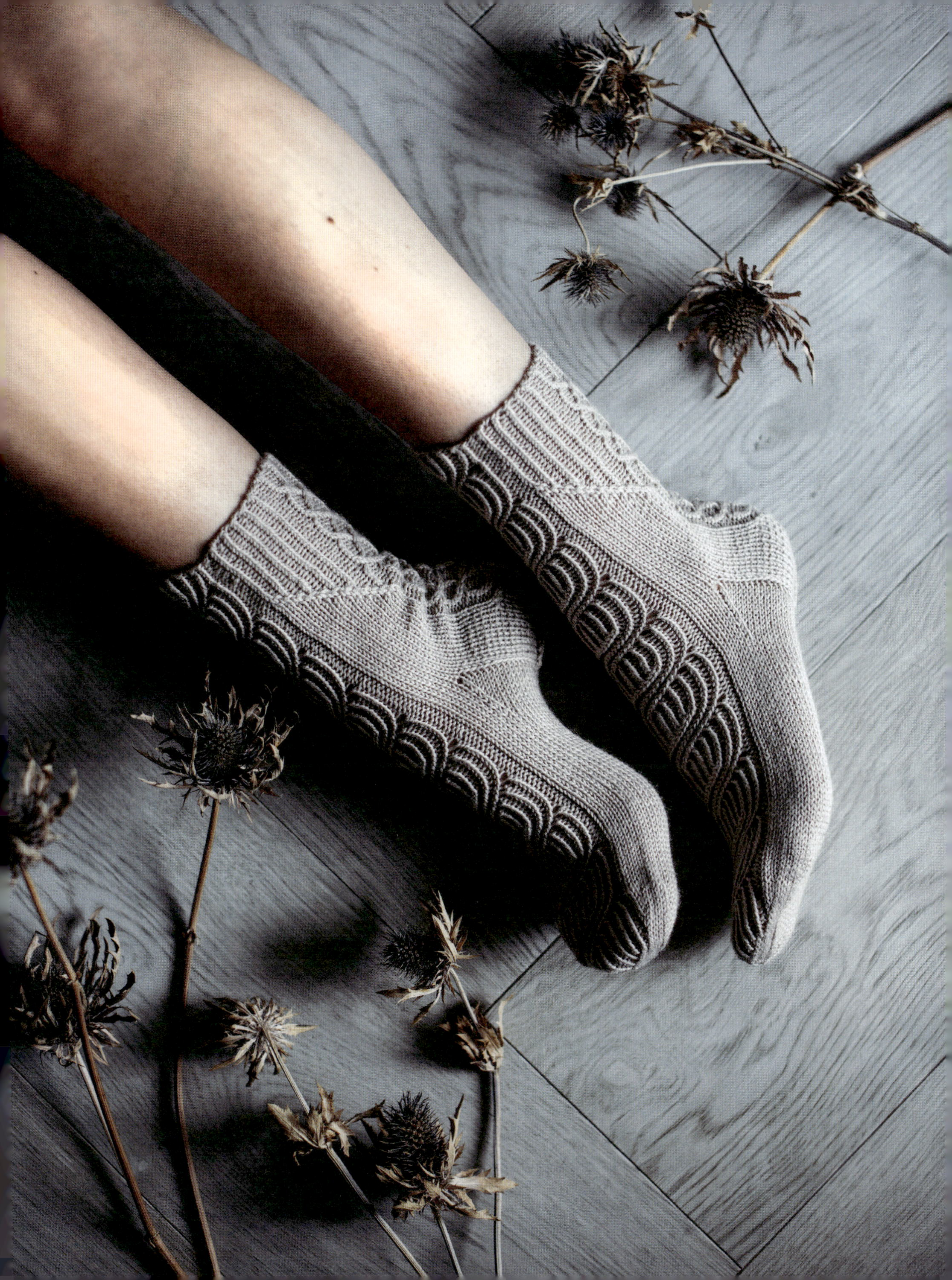

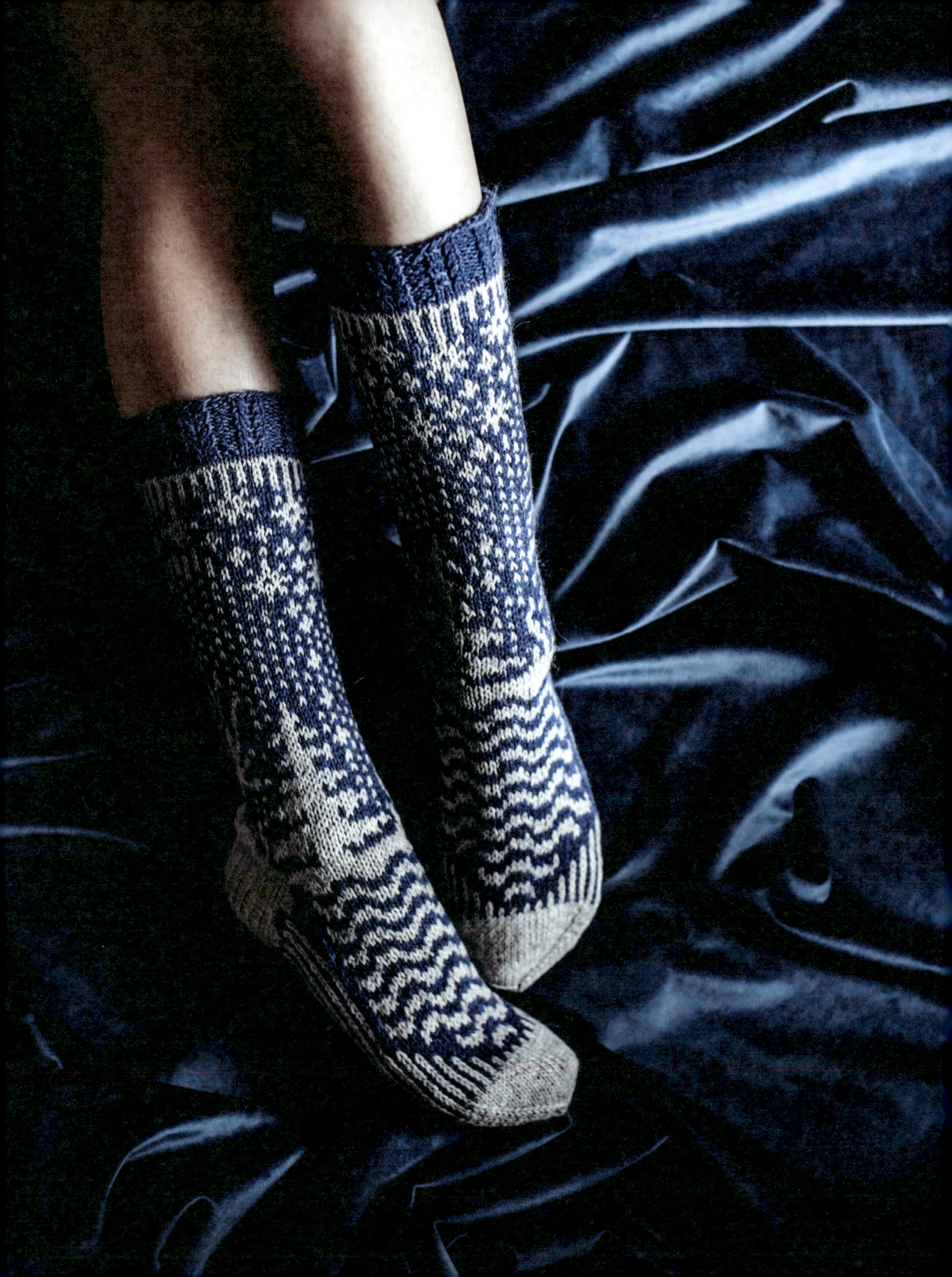

Am Tiilikka-See

Am Tiilikka-See kann man, wenn man sein Zelt einen Spalt breit aufmacht und hinausschaut, beobachten, wie der erste Schnee in der Dämmerung langsam zu Boden fällt. Die bezaubernde Seenlandschaft, die frische Luft und der saubere Neuschnee verleihen dem beginnenden Winter eine faszinierende Magie.

GRÖSSE: 38/39

WADENUMFANG: 33–38 cm

GARN UND GARNVERBRAUCH:
Novita Nalle
Grundfarbe 160 Jeans, 80 g
Musterfarbe 061 Flachs, 80 g

NADELSPIEL: 3 mm, Hilfsnadel

MASCHENPROBE:
24 M und 32 Rd = 10 cm x 10 cm

BEVOR SIE BEGINNEN

Für das Bündchen können Sie eine halbe Nummer kleinere Nadeln nehmen, damit es etwas fester wird.

Wenn die Socken für einen größeren Wadenumfang passen sollen, können Sie für das Einstrickmuster ein Nadelspiel 3,5 mm verwenden. So passt der Schaft für Waden mit mehr als 40 cm Umfang.

Soll der Fußteil länger werden, wiederholen Sie R 40 entsprechend mehrmals, bevor Sie mit den Spitzenabnahmen beginnen.

SCHAFT

72 M in der Grundfarbe anschlagen und auf den Nd verteilen: 18-18-18- 18.

Laut Strickschrift A im Bündchenmuster beginnen und 13 Rd stricken. Nach dem Bündchenmuster ab Rd 14 mit dem Einstrickmuster beginnen. Den Schaft laut Strickschrift arbeiten, in den unten genannten Rd im Anfangsbereich der 1. Nd und im Endbereich der 4. Nd an einer passenden Stelle abnehmen.

Abnahmerunden: 41, 49, 55, 60, 64 und 68. Es sind 60 M übrig.
Bitte beachten! Die M in der 58. Rd verteilen: 18-15-15-18.

Wenn alle 80 Rd für den Schaft gestrickt sind, die M auf den Nadeln verteilen: 15-15-15-15.

FERSE

Mit der umgekehrt verstärkten Fersenwand in der Musterfarbe beginnen, dazu die M der 1. Nd re auf die 4. Nd stricken (insg. 30 M). Die restlichen M bleiben ungestrickt. Die Arbeit wenden, die 1. M li abheben, ohne sie zu stricken, die übrigen M li stricken.

1. R (Hin-R): Die Arbeit wenden, 1 M abheben, ohne sie zu stricken, 1 M re, *1 M li abheben mit dem Faden vor der Arbeit, 1 M re, ab * bis R-Ende wiederholen.
2. R (Rück-R): Die Arbeit wenden, 1 M li abheben, ohne sie zu stricken, die übrigen M li stricken.

Diese zwei R wiederholen, bis für die Fersenwand 30 R gestrickt sind und zuletzt eine Rück-R gestrickt wurde.

Die Käppchenabnahmen in der nächsten Hin-R beginnen und weiterhin verstärkt stricken, bis noch 11 M auf der Nd sind. 1 ssk oder Übz stricken und die Arbeit wenden. Auf der anderen Nd sind 9 M. 1 M li abheben, ohne sie zu stricken, und li stricken, bis 11 M übrig sind. 2 M li zus und die Arbeit wenden. 1 M re abheben, ohne sie zu stricken, und verstärkt stricken, bis 10 M übrig sind. 1 ssk oder Übz stricken und die Arbeit wenden. 1 M li abheben, ohne sie zu stricken, und li stricken, bis 10 M übrig sind. 2 M li zus und die Arbeit wenden. So fortfahren, dabei werden die äußeren M in jeder R reduziert, die mittleren M bleiben gleich (10 M).

Wenn die äußeren M aufgebraucht sind, die M der Fersenwand auf 2 Nd verteilen (5-5). 5 M rechts stricken, sodass der Faden in der Fersenmitte zwischen der 1. und der 4. Nd liegt.

FUSSTEIL

Aus dem Fersenrand mit der 1. Nd 17 M auffassen, mit der 4. Nd aus dem anderen Fersenrand ebenfalls 17 M auffassen. Die Arbeit hat jetzt 74 M. Mit dem Einstrickmuster laut Strickschrift B mit der 1. Rd beginnen. Gleichzeitig mit der 3. Nd 1 M zunehmen. Die aus dem Fersenrand aufgefassten M re verschränkt stricken.

Für die Zwickelabnahmen in den in der Strickschrift B angegebenen Rd (2, 4, 6, 8, 10, 12 und 14) am Ende der 1. Nd 2 M re zus, am Anfang der 4. Nd 1 ssk oder Übz stricken. Die grau markierten Karos stellen keine Maschen dar. Nach den Zwickelabnahmen sind 61 M übrig (15-15-16-15).

Mit dem Einstrickmuster laut Strickschrift fortfahren und alle 41 Rd stricken, dabei in der letzten Rd 1 M abnehmen und die M auf den Nd verteilen: 15-15-15-15.

In der Musterfarbe fortfahren und eine breite Bandspitze arbeiten:
1. und 3. Nd: Re stricken, bis noch 3 M übrig sind, 2 M re zus, 1 M re.
2. und 4. Nd: 1 M re, 1 ssk oder Übz, die restlichen M re stricken.

Die Abnahmen zunächst in jeder 2. Rd stricken. Wenn noch 10 M pro Nd übrig sind, die Abnahmen in jeder Rd stricken. Wenn insg. noch 8 M übrig sind, den Faden abschneiden und durch die M ziehen. Die Fadenenden vernähen und die Socken leicht dämpfen.

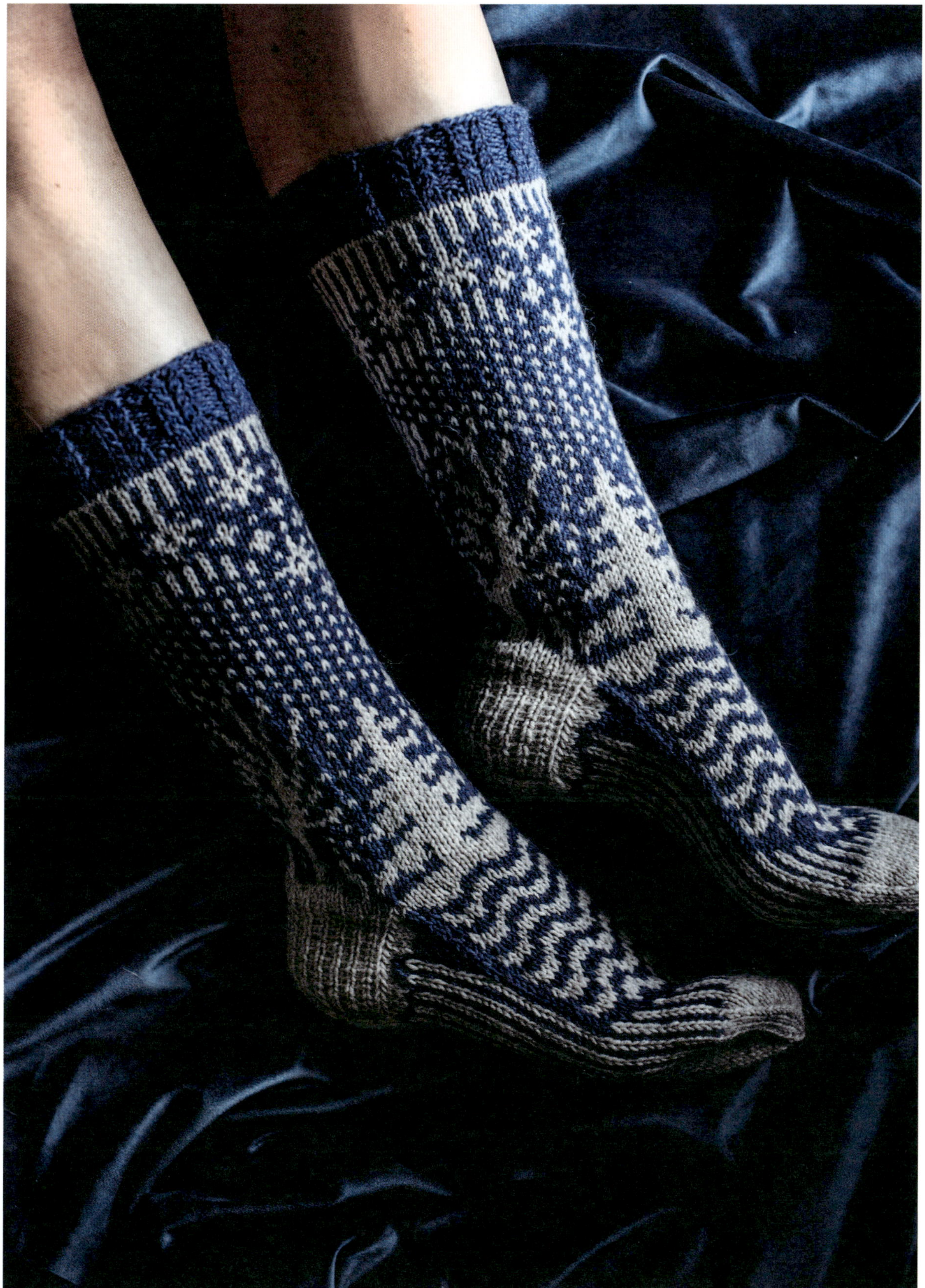

STRICKSCHRIFT A, SCHAFT

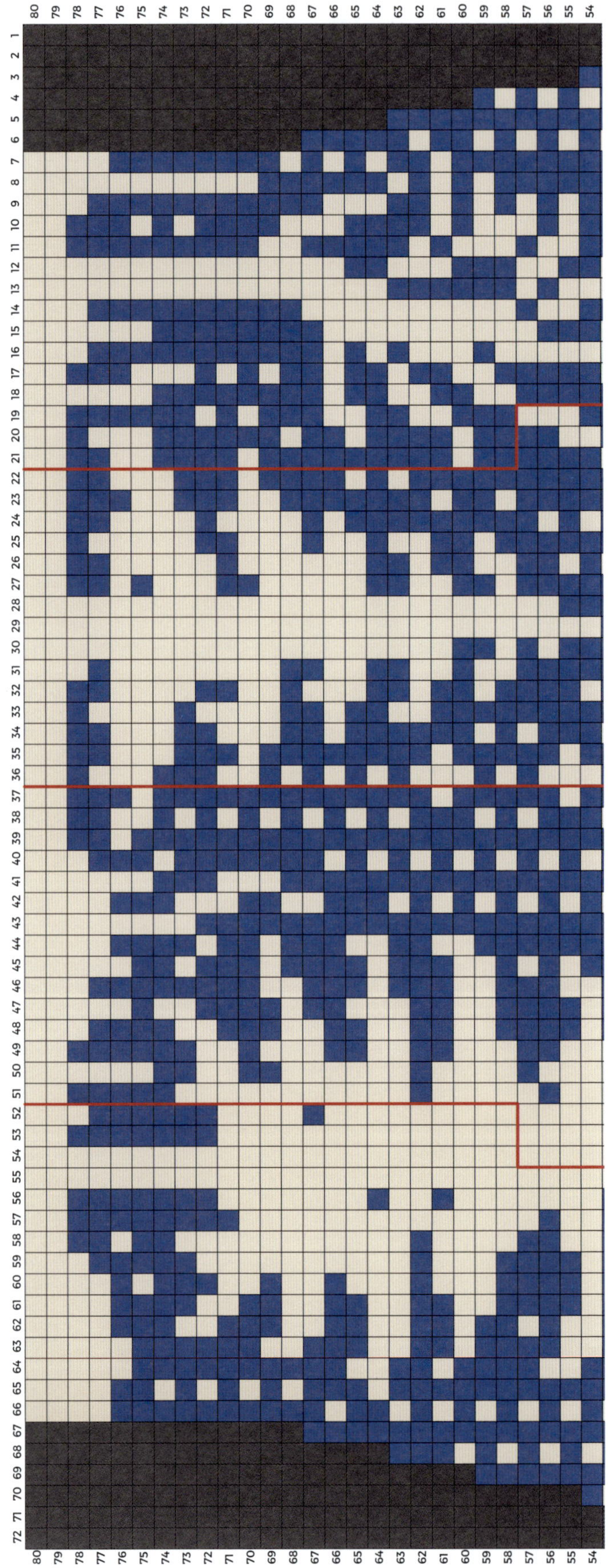

rechts (in Jeans)

rechts (in Flachs)

links (in Jeans)

2 re zus (in Jeans)

ssk: 2 M einzeln wie zum Rechtsstricken abheben, zurück auf die linke Nd legen und von hinten 2 M re zus (in Jeans)

1 M auf eine Hilfsnadel vor die Arbeit legen, 1 M re, die 1 M der Hilfsnadel re (in Jeans)

1 M auf eine Hilfsnadel hinter die Arbeit legen, 1 M re, die 1 M der Hilfsnadel re (in Jeans)

keine Masche

Nadelverteilung

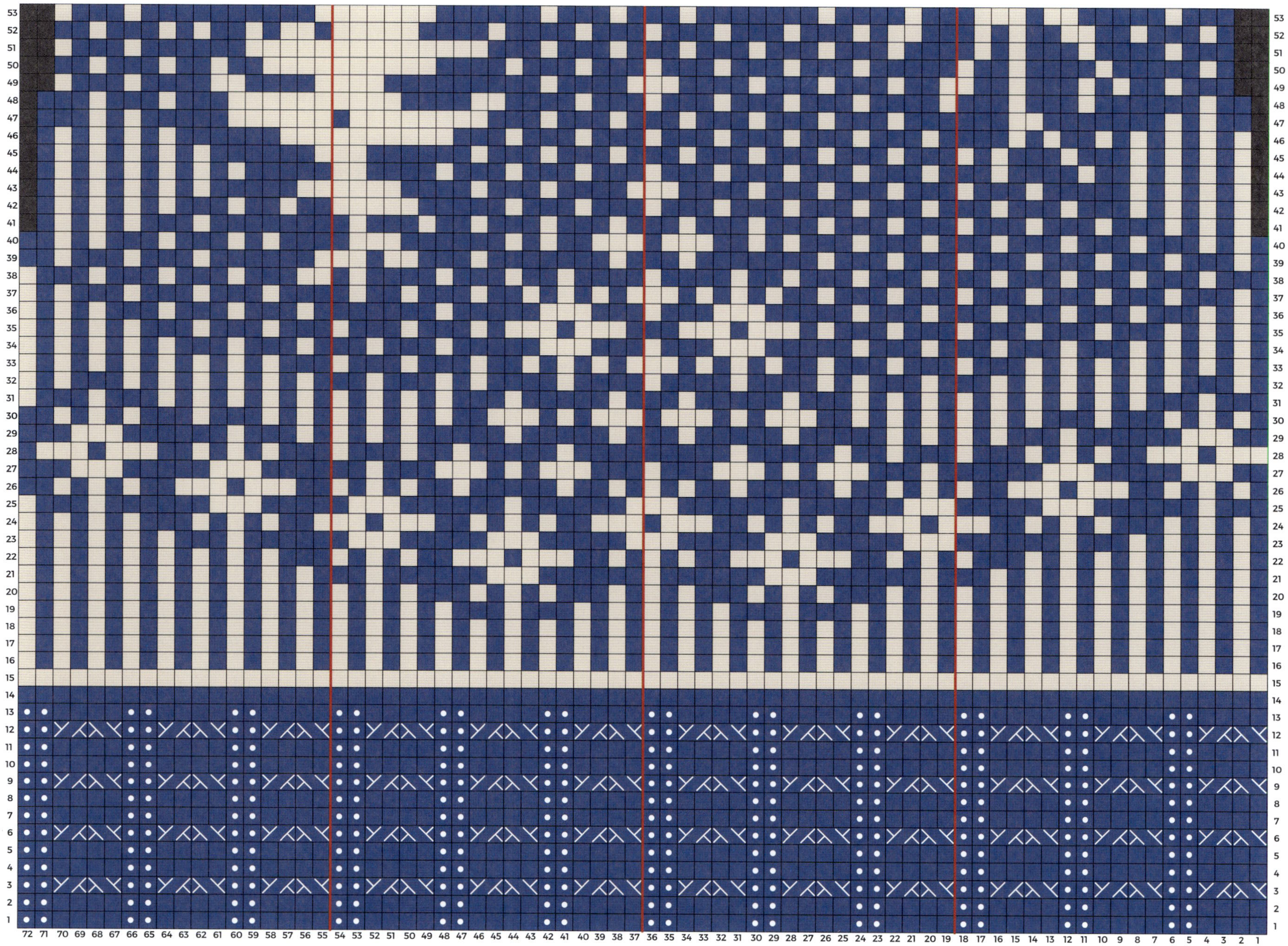
72 71 70 69 68 67 66 65 64 63 62 61 60 59 58 57 56 55 54 53 52 51 50 49 48 47 46 45 44 43 42 41 40 39 38 37 36 35 34 33 32 31 30 29 28 27 26 25 24 23 22 21 20 19 18 17 16 15 14 13 12 11 10 9 8 7 6 5 4 3 2 1
53 52 51 50 49 48 47 46 45 44 43 42 41 40 39 38 37 36 35 34 33 32 31 30 29 28 27 26 25 24 23 22 21 20 19 18 17 16 15 14 13 12 11 10 9 8 7 6 5 4 3 2 1

STRICKSCHRIFT B, FUSSTEIL

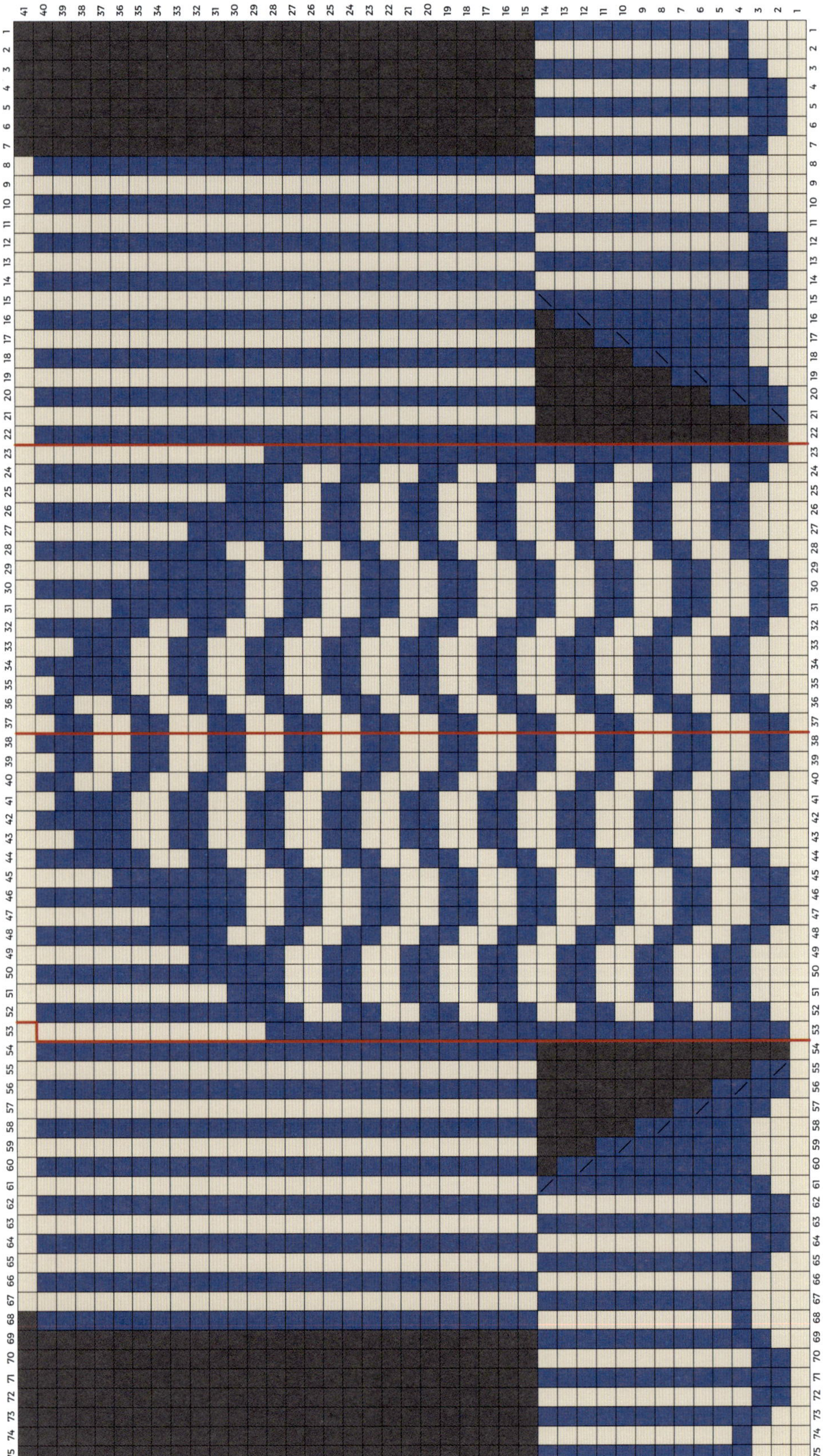

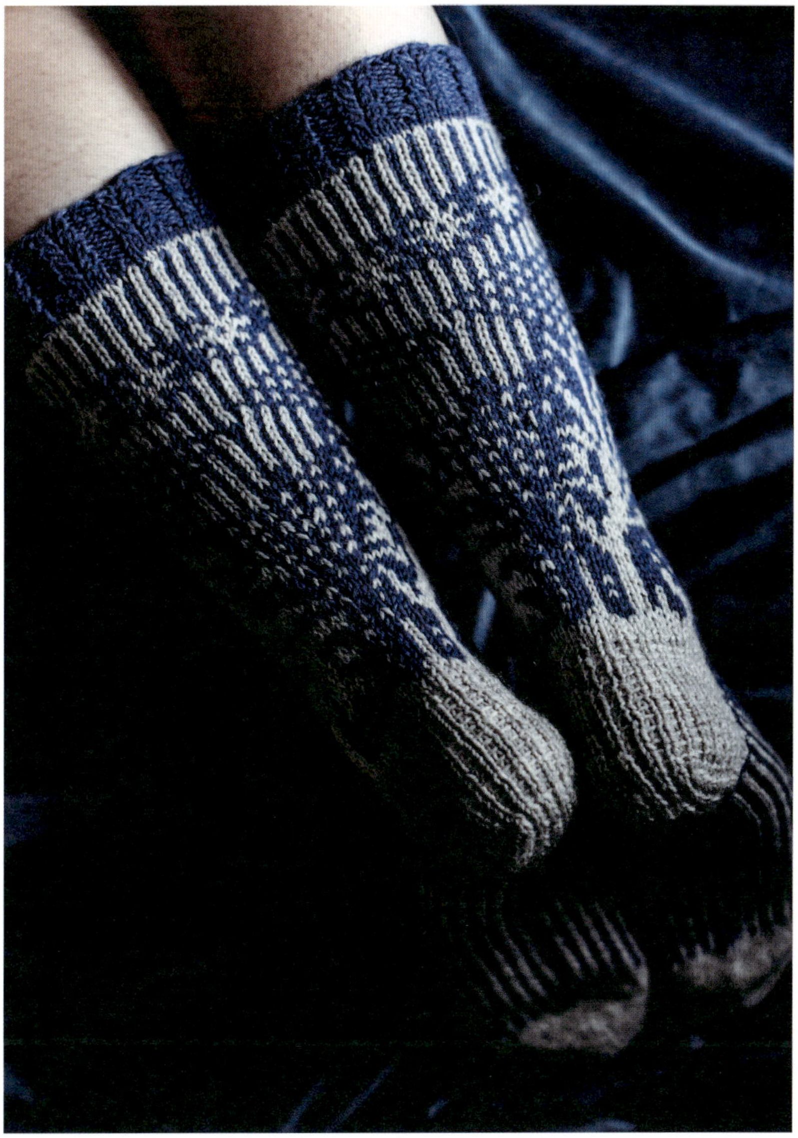

rechts (in Jeans)

rechts (in Flachs)

links (in Jeans)

2 re zus (in Jeans)

ssk: 2 M einzeln wie zum Rechtsstricken abheben, zurück auf die linke Nd legen und von hinten 2 M re zus (in Jeans)

1 M auf eine Hilfsnadel vor die Arbeit legen, 1 M re, die 1 M der Hilfsnadel re (in Jeans)

1 M auf eine Hilfsnadel hinter die Arbeit legen, 1 M re, die 1 M der Hilfsnadel re (in Jeans)

keine Masche

Nadelverteilung

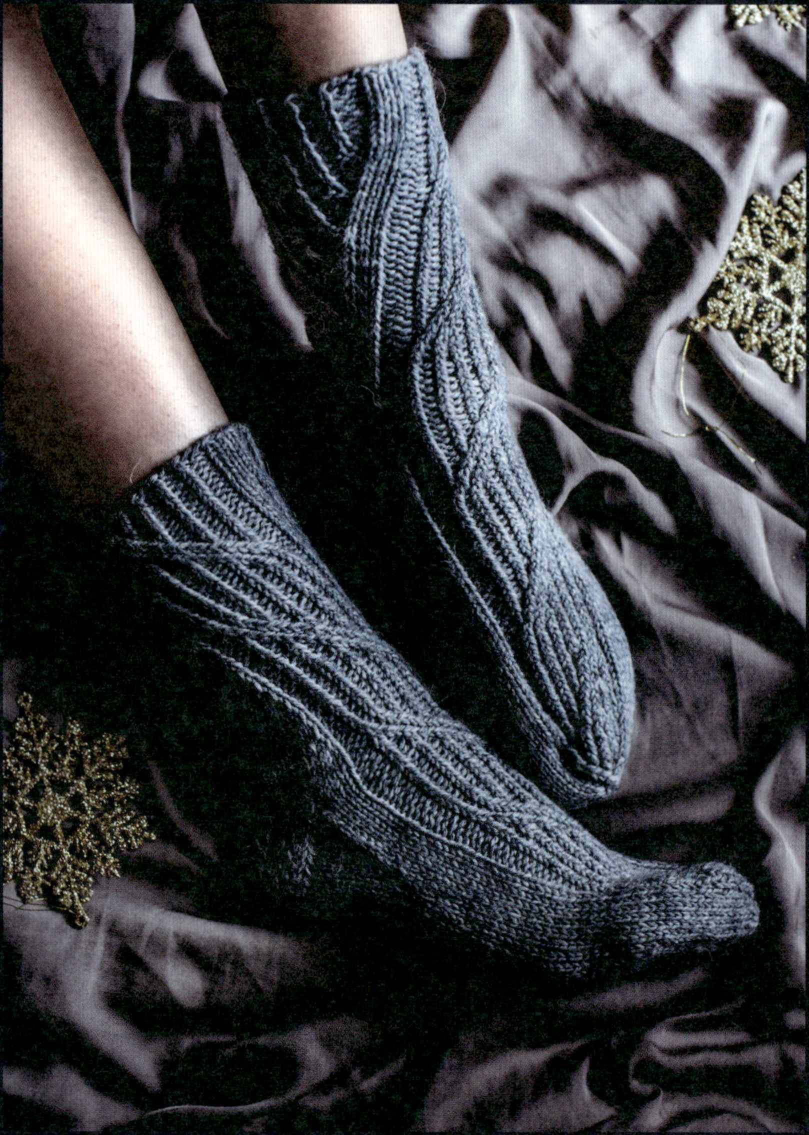

Winter

SCANDI-SOCKEN STRICKEN

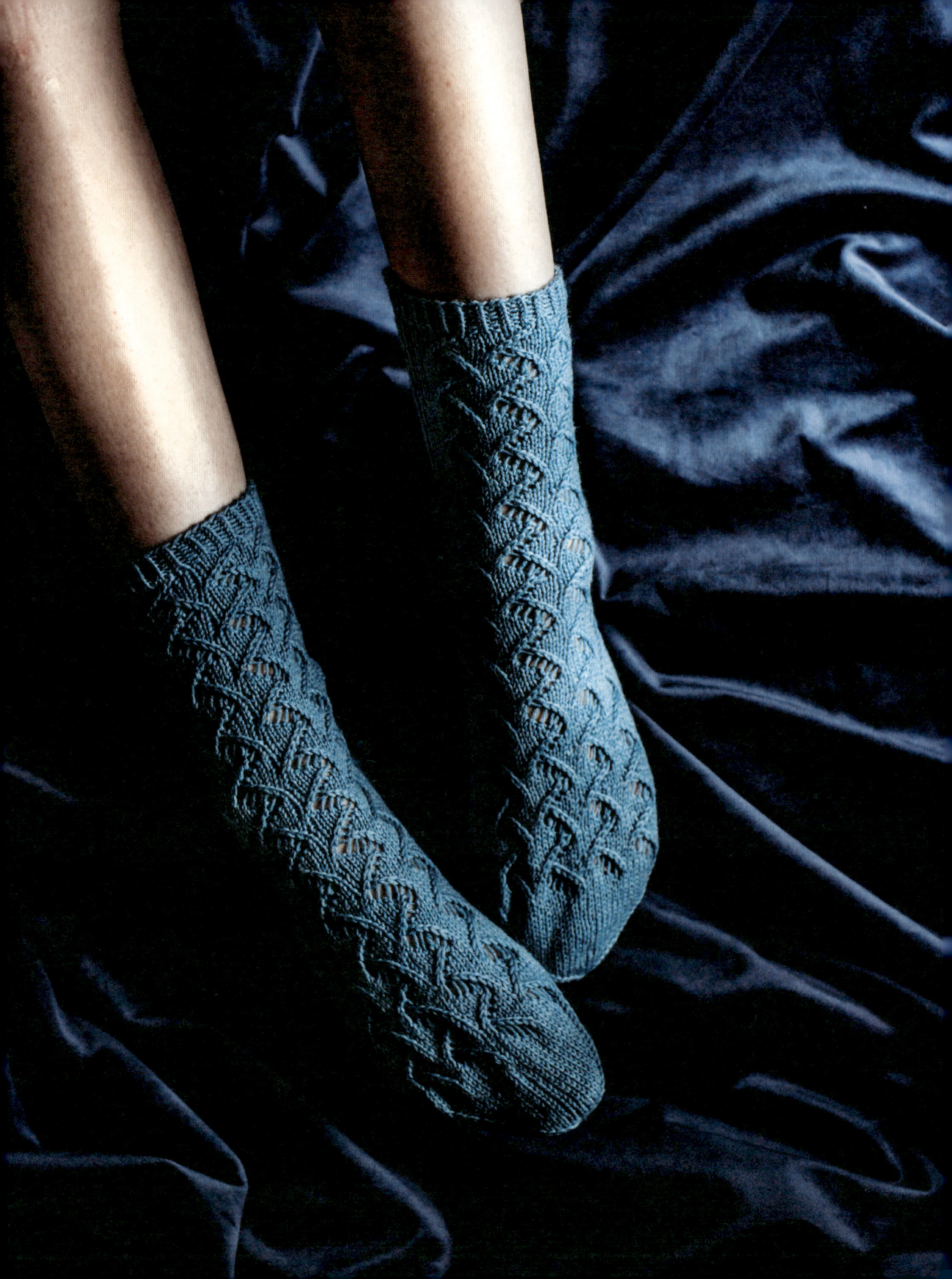

Die Eismeere

Ein wenig frostig bis eisig kalt, aber dennoch so lieblich, dass die Eismeere Sie in winterliche Stimmung versetzen werden. Diese Socken mit zarter Lochmusterstrickerei haben hinten ein Zopfmuster, das sich bis zur Ferse erstreckt. Dieses Modell macht richtig Spaß, und die Socken werden rechtzeitig zu den ersten morgendlichen Minusgraden wie von selbst fertig.

GRÖSSE: 37 (39)

GARN: Lana Grossa,
Farbe 1376 Minttürkis

GARNVERBRAUCH: 60 (65) g

NADELSPIEL: 2,5 mm

MASCHENPROBE:
28 M und 36 Rd = 10 cm x 10 cm

BEVOR SIE BEGINNEN

Die beiden Größen werden nach derselben Anleitung gestrickt. Sie ist bis zum Ende der Zwickelabnahmen gleich, danach sind die Abweichungen für Größe 39 blau markiert.

In der Strickschrift für den Schaft bilden Nd 1 und 2 den hinteren Sockenteil und Nd 3 und 4 den vorderen Sockenteil. Nach der Ferse ändert ich die Nadelverteilung, sodass die Fußsohle mit Nd 1 und 4 und der vordere Sockenteil mit Nd 2 und 3 gestrickt wird.

SCHAFT

63 M anschlagen und auf den Nd verteilen: 16-16-16-15.

Für das Bündchen die Rd 1-6 laut Strickschrift A stricken, in der 7. Rd mit der 4. Nd 1 M zunehmen. Danach mit dem Schaft laut Strickschrift A fortfahren und die Rd 8-17 wiederholen.

Wenn für den Schaft inkl. Bündchen 57 Rd gestrickt sind und zuletzt Rd 17 von Strickschrift A gestrickt wurde, auf der 1. und 2. Nd (32 M) mit der Ferse beginnen. Die restlichen M ruhen lassen.

FERSE

Die Ferse laut Strickschrift B stricken, dabei die R 1-10 wiederholen, bis für die Fersenwand 30 R gestrickt sind und zuletzt R 10 der Strickschrift gestrickt wurde. Die 1. M immer in den Hin-R re und in den Rück-R li abheben, ohne sie zu stricken.

Die Käppchenabnahmen in der nächsten Hin-R beginnen und glatt rechts stricken, bis noch 11 M auf der Nd sind. 1 ssk oder Übz stricken und die Arbeit wenden. Auf der anderen Nd sind 9 M. 1 M li abheben, ohne sie zu stricken, und li stricken, bis 11 M übrig sind. 2 M li zus und die Arbeit wenden. 1 M re abheben, ohne sie zu stricken, und glatt rechts stricken, bis 10 M übrig sind. 1 ssk oder Übz stricken und die Arbeit wenden. 1 M li abheben, ohne sie zu stricken, und li stricken, bis 10 M übrig sind. 2 M li zus und die Arbeit wenden. So fortfahren, dabei werden die äußeren M in jeder R reduziert, die mittleren M bleiben gleich (12 M).

Wenn die äußeren M aufgebraucht sind, die M der Fersenwand auf 2 Nd verteilen (6-6). 6 M re stricken, sodass der Faden in der Fersenmitte zwischen der 1. und der 4. Nd liegt.

FUSSTEIL

Aus dem linken Fersenrand mit der freien Nd 16 M auffassen. Die 6 M der 1. Nd re stricken, dann die 16 aufgefassten M re verschränkt stricken. Mit der 2. und 3. Nd das Muster laut Strickschrift C stricken, mit Rd 1 beginnen und die Rd 1-10 wiederholen. Aus dem rechten Fersenrand 16 M auffassen und re verschränkt stricken, auf dieselbe Nd noch die 6 M der 4. Nd stricken. Die Arbeit hat jetzt 76 M.

Mit den Zwickelabnahmen beginnen: Am Ende der 1. Nd 2 M re zus, am Anfang der 4. Nd 1 ssk oder Übz stricken. Mit der 2. und 3. Nd weiter im Muster stricken. Mit den Zwickelabnahmen in jeder 2. Rd fortfahren, bis noch 60 M (14-16-16-14) – 64 M (16-16-16-16) übrig sind.

Mit der 1. und 4. Nd weiterhin rechts, mit der 2. und 3. Nd im Muster stricken. Wenn ab dem Fersenrand 55 (60) Rd gestrickt sind und zuletzt die Rd 5 (10) der Strickschrift gestrickt wurde, noch eine Rd re stricken. Für Größe 37 die M auf den Nd verteilen: 15-15-15-15.

Eine breite Bandspitze arbeiten:
1. und 3. Nd: Re stricken, bis noch 3 M übrig sind, 2 M re zus, 1 M re.
2. und 4. Nd: 1 M re, 1 ssk oder Übz, die restlichen M re stricken.

Die Abnahmen zunächst in jeder 2. Rd stricken. Wenn noch 32 M (8-8-8-8) übrig sind, die Abnahmen in jeder Rd stricken. Wenn insg. noch 8 M übrig sind, den Faden abschneiden und durch die M ziehen.

Die Fadenenden vernähen und die Socken leicht dämpfen.

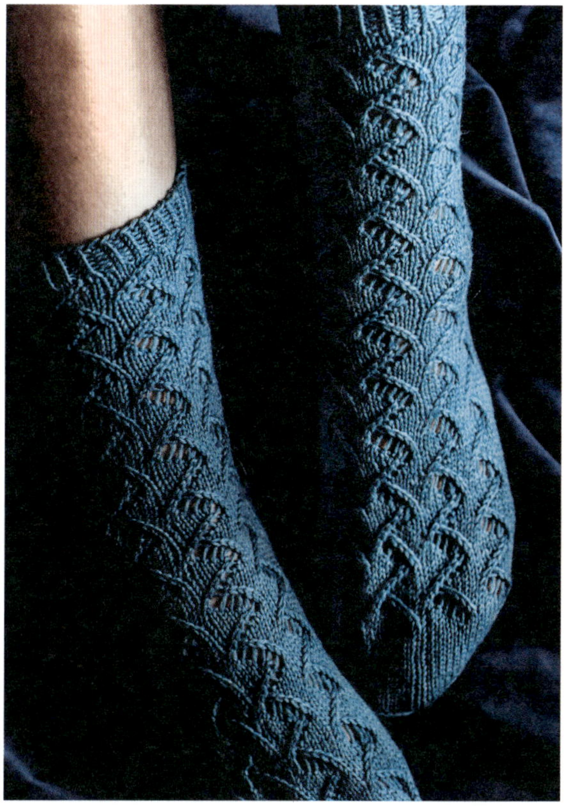

STRICKSCHRIFT A, SCHAFT

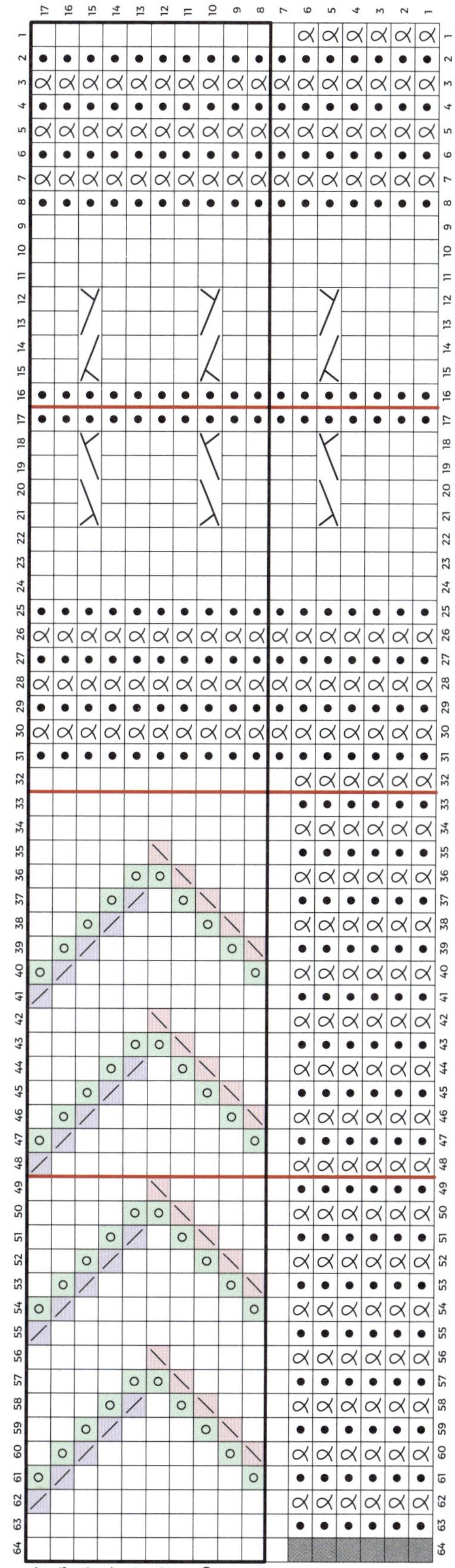

STRICKSCHRIFTEN A UND C, ZEICHENERKLÄRUNG

- rechts
- rechts verschränkt
- links
- 2 M re zus
- ssk: 2 M einzeln wie zum Rechtsstricken abheben, zurück auf die linke Nd legen und von hinten 2 M re zus
- Umschlag
- 2 M auf eine Hilfsnadel vor die Arbeit legen, 2 M re, die 2 M der Hilfsnadel re
- 2 M auf eine Hilfsnadel hinter die Arbeit legen, 2 M re, die 2 M der Hilfsnadel re
- keine Masche
- Nadelverteilung

STRICKSCHRIFT B, FERSE

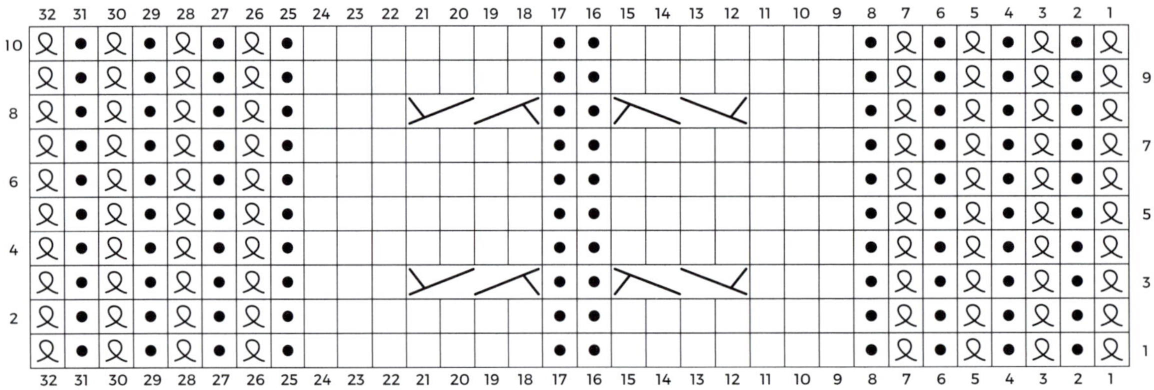

STRICKSCHRIFT B, ZEICHENERKLÄRUNG

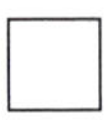 re (in der Hin-R), li (in der Rück-R)

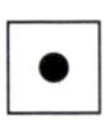 li (in der Hin-R), re (in der Rück-R)

 re verschränkt (in der Hin-R), li verschränkt (in der Rück-R)

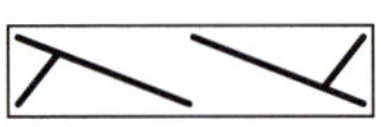 2 M auf eine Hilfsnadel vor die Arbeit legen, 2 M re, die 2 M der Hilfsnadel re (in der Hin-R),
2 M auf eine Hilfsnadel vor die Arbeit legen, 2 M li, die 2 M der Hilfsnadel li (in der Rück-R)

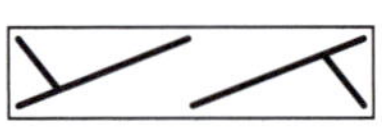 2 M auf eine Hilfsnadel hinter die Arbeit legen, 2 M re, die 2 M der Hilfsnadel re (in der Hin-R),
2 M auf eine Hilfsnadel hinter die Arbeit legen, 2 M li, die 2 M der Hilfsnadel li (in der Rück-R)

STRICKSCHRIFT C, FUSSTEIL

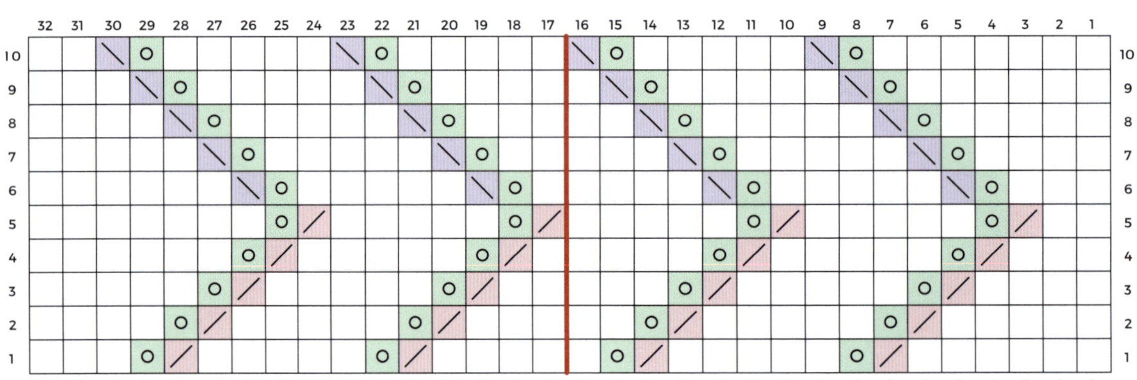

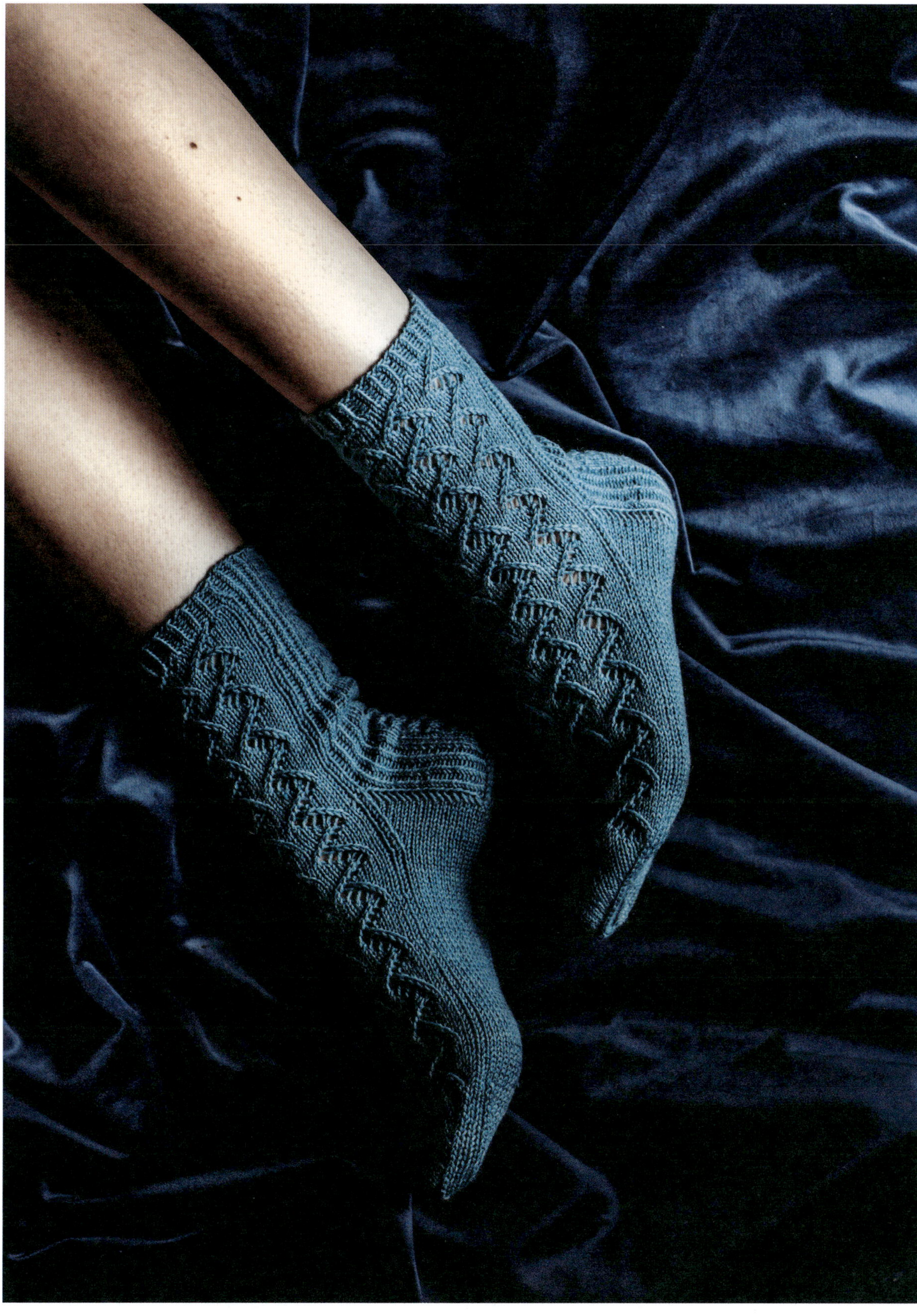

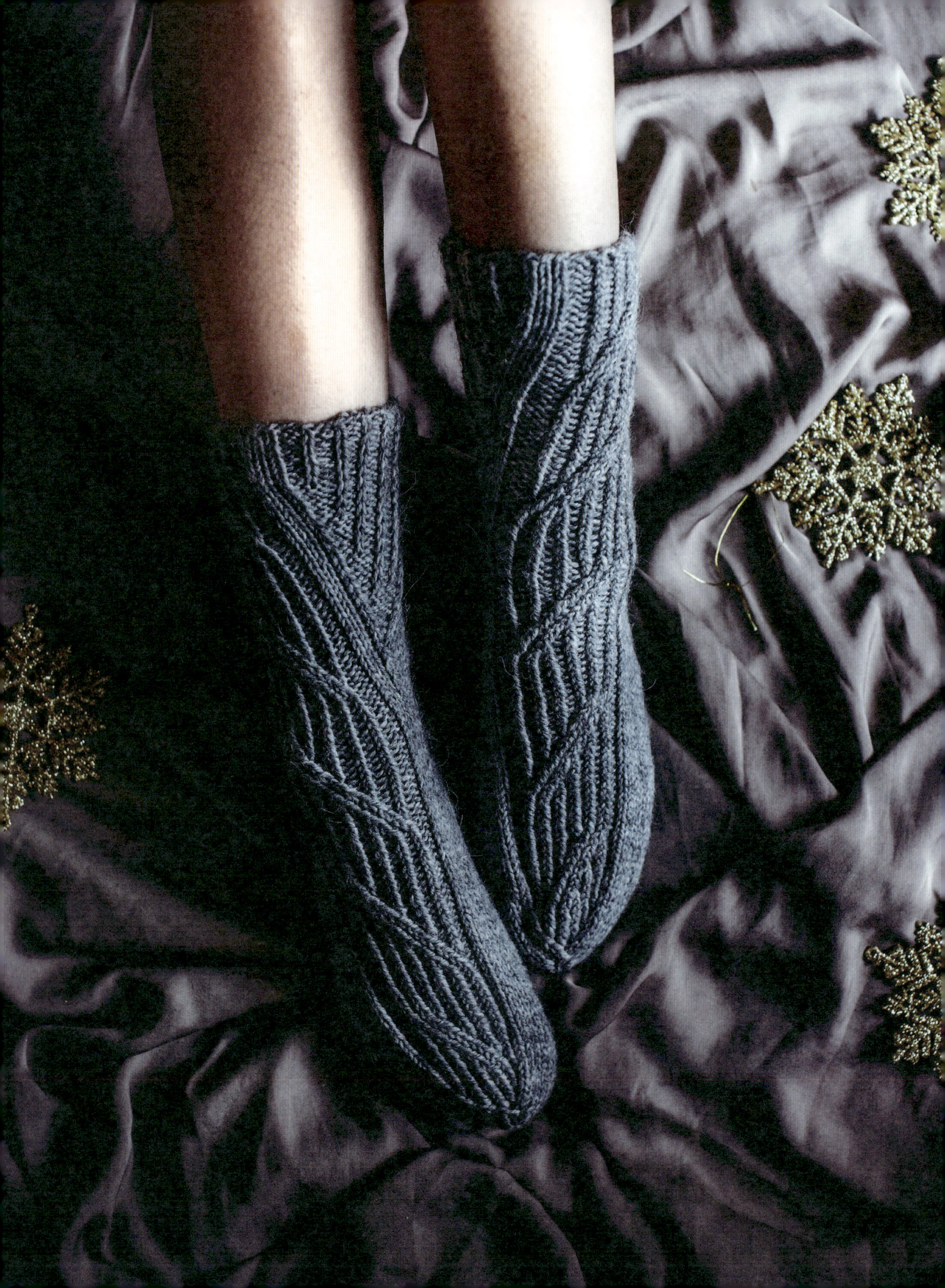

Wehmut

Beim etwas wehmütigen Zurückdenken an den Sommer und der Erinnerung an süße Momente des Herbstes führen diese verschlungenen Pfade auf die ersten Frosteinbrüche und Winterlandschaften zu. Die Socken wärmen im Morgengrauen bei einer Tasse Kaffee, in einem Moment, in dem es Zeit ist, in einen neuen Tag und ein neues Abenteuer zu starten.

GRÖSSE: 39

GARN: Novita 7 Veljestä, Farbe 043 Stein

GARNVERBRAUCH: 115 g

NADELSPIEL: 3,5 mm, Hilfsnadel

MASCHENPROBE:
21 M und 26 Rd = 10 cm x 10 cm

BEVOR SIE BEGINNEN

Die rechte und linke Socke werden gegengleich gestrickt. Verwenden Sie für die rechte Socke die Strickschriften A1, B1 und C1, und für die linke Socke die Strickschriften A2, B2 und C2.

In den Strickschriften ist jeweils die Nadelverteilung dargestellt. Sie variiert jedoch im Verlauf der Arbeit mit den Abnahmen und Zunahmen. Kontrollieren Sie bitte die richtige Nadelverteilung, bevor die Ferse beginnt.

SCHAFT

Rechte Socke:
50 M anschlagen und auf den Nd verteilen: 13-11-12-14. Alle 46 Rd laut Strickschrift A1 stricken.
Linke Socke:
50 M anschlagen und auf den Nd verteilen: 14-12-11-13. Alle 46 Rd laut Strickschrift A2 stricken.

FERSE (BEIDE SOCKEN)

Mit der versetzt verstärkten Fersenwand beginnen, dazu die M der 1. Nd auf die 4. Nd stricken (insg. 27 M). Die restlichen M bleiben ungestrickt. Die Arbeit wenden, die 1. M li abheben, ohne sie zu stricken, die übrigen M li stricken. Gleichzeitig 3 M abnehmen, damit die Ferse 24 M hat.

1. R (Hin-R): Die Arbeit wenden, *1 M abheben, ohne sie zu stricken, 1 M re, ab * bis R-Ende wiederholen.
2. R (Rück-R: Die Arbeit wenden, 1 M li abheben, ohne sie zu stricken, die übrigen M li stricken.
3. Rd (Hin-R): Die Arbeit wenden, 1 M abheben, ohne sie zu stricken, 1 M re, *1 M re, 1 M abheben, ab * wiederholen, bis noch 2 M übrig sind, 2 M re.
4. R (Rück-R)): Die Arbeit wenden, 1 M li abheben, ohne sie zu stricken, die übrigen M li stricken. Diese vier R wiederholen, bis für die Fersenwand 24 R gestrickt sind und zuletzt die 4. R gestrickt wurde.

Die Käppchenabnahmen in der nächsten Hin-R beginnen und weiterhin verstärkt stricken, bis noch 9 M auf der Nd sind. 1 Übz stricken und die Arbeit wenden. Auf der anderen Nd sind 7 M. 1 M li abheben, ohne sie zu stricken, li M stricken, bis 9 M übrig sind. 2 M li zus, die Arbeit wenden. 1 M abheben, ohne sie zu stricken, und verstärkt stricken, bis noch 8 M auf der Nd sind. 1 Übz stricken und die Arbeit wenden. 1 M li abheben, ohne sie zu stricken, und li stricken, bis 8 M übrig sind. 2 M li zus und die Arbeit wenden. So fortfahren, dabei werden die äußeren M in jeder R reduziert, die mittleren M bleiben gleich (8 M). Wenn die äußeren M aufgebraucht sind, die M der Fersenwand auf 2 Nd verteilen (4-4). 4 M re stricken, sodass der Faden zwischen der 1. und 4. Nd liegt.

FUSSTEIL

Aus dem linken Fersenrand mit der freien Nd 14 M auffassen. 4 M der 1. Nd re stricken, dann die 14 aufgefassten M re verschränkt stricken. Mit der 2. und 3. Nd das Muster laut Strickschrift B1/B2 stricken, mit R 6 beginnen und die R 1-20 wiederholen. Aus dem rechten Fersenrand 14 M auffassen und re verschränkt stricken, auf dieselbe Nd noch die 4 M der 4. Nd stricken. Die Arbeit hat jetzt 59 M.

Mit den Zwickelabnahmen beginnen: Am Ende der 1. Nd 2 M re zus, am Anfang der 4. Nd 1 ssk oder Übz stricken. Mit der 2. und 3. Nd weiter im Muster laut Strickschrift B1/B2 stricken. Mit den Zwickelabnahmen in jeder 2. Rd fortfahren, bis noch 49 M übrig sind; Nadelverteilung für die rechte Socke 13-11-12-13, für die linke Socke 13-12-11-13.

Mit der 1. und 4. Nd weiterhin re, mit der 2. und 3. Nd im Muster stricken. Wenn nach der Fersenwand 45 Rd gestrickt sind und zuletzt Rd 10 der Strickschrift gestrickt wurde, die Nadelverteilung kontrollieren (rechte Socke 12-12-13-12, linke Socke 12-13-12-12) und mit den Spitzenabnahmen beginnen.

Mit der 1. und 4. Nd eine breite Bandspitze und mit der 2. und 3. Nd laut Strickschrift arbeiten:
1. Nd: Re stricken, bis 3 M übrig sind; 2 M re zus, 1 M re.
4. Nd: 1 M re, ssk, übrige M re stricken.
Die Abnahmen in jeder 2. R arbeiten, bis 8 M pro Nd übrig sind. Danach in jeder Rd abnehmen.
2. und 3. Nd: Die Spitzenabnahmen laut Strickschrift C1/C2 (Rd 1-13) stricken.
Es bleiben 9 M übrig. Den Faden abschneiden und durch die M ziehen.

Die Fadenenden vernähen und die Socken leicht dämpfen.

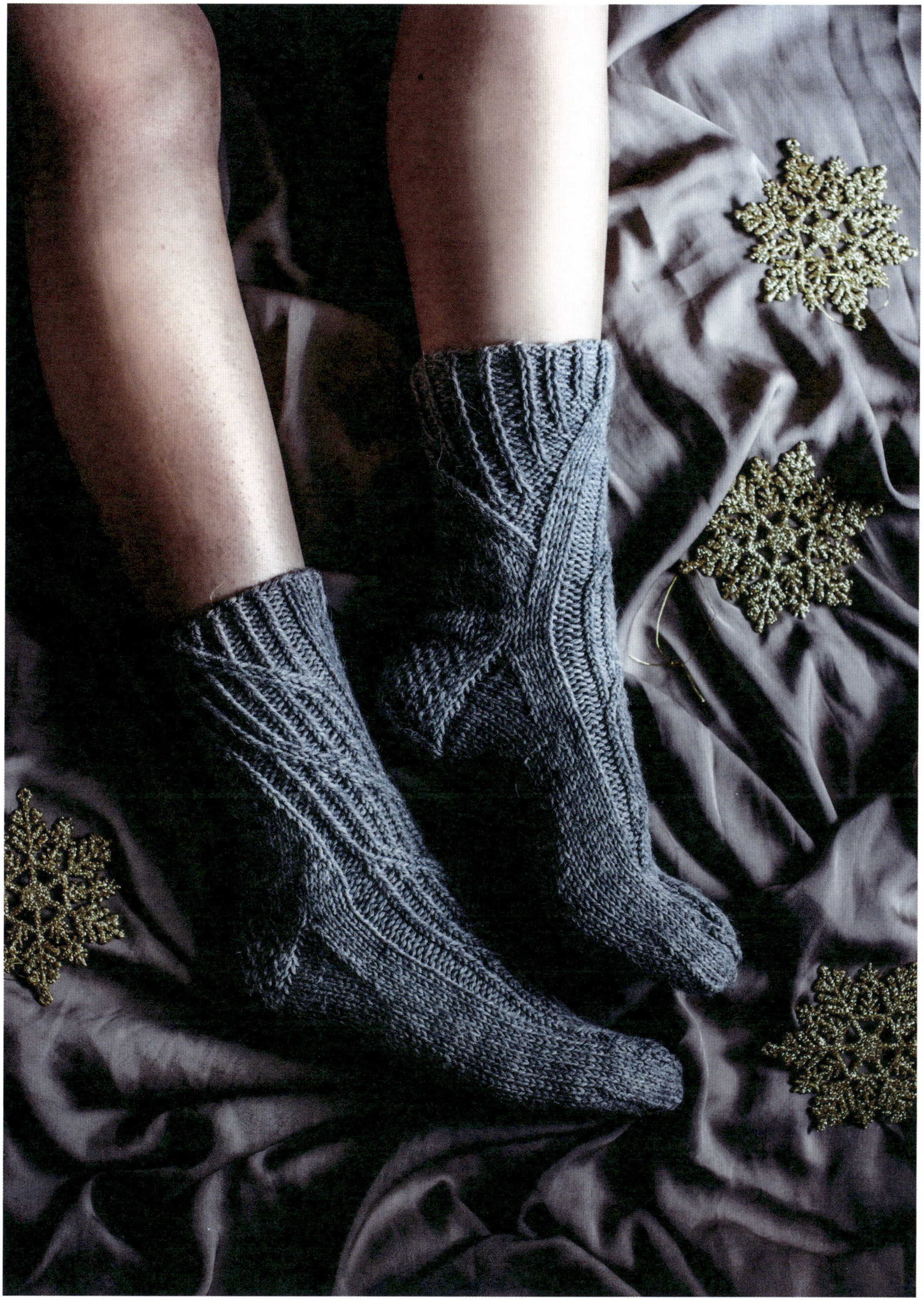

STRICKSCHRIFT A2, SCHAFT, LINKS

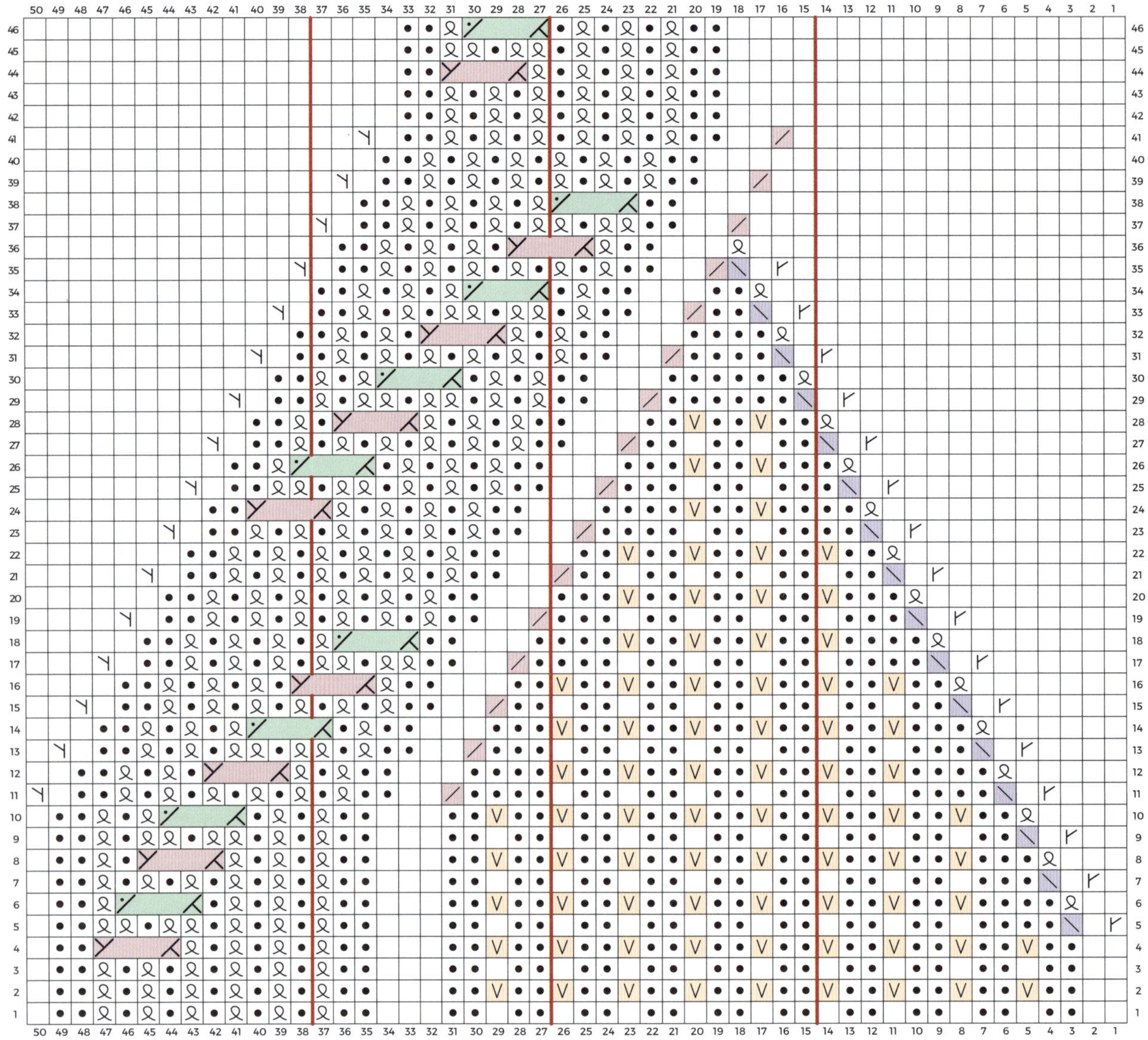

- rechts
- rechts verschränkt
- links
- 2 M re zus
- ssk: 2 M einzeln wie zum Rechtsstricken abheben, zurück auf die linke Nd legen und von hinten 2 M re zus
- 1 M auf die rechte Nd legen, ohne sie zu stricken
- 1 M zunehmen: den Querfaden zwischen 2 M aufnehmen und von vorn re abstricken
- 1 M zunehmen: den Querfaden zwischen 2 M aufnehmen und re verschränkt abstricken

STRICKSCHRIFT A1, SCHAFT, RECHTS

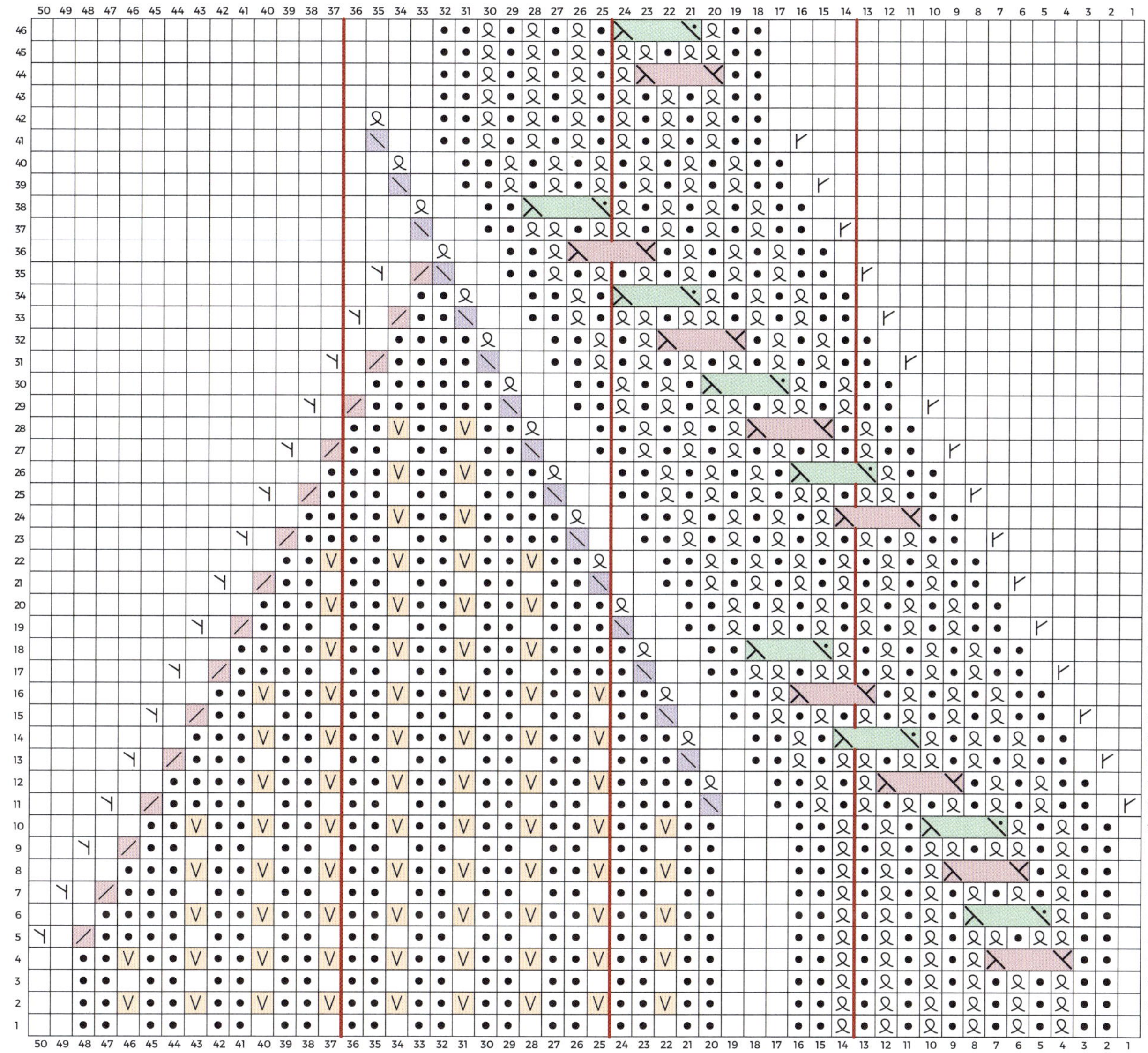

1 M auf eine Hilfsnadel hinter die Arbeit legen, 1 M re verschr, 1 M li, 1 M re verschr, die 1 M von der Hilfsnadel re

1 M auf eine Hilfsnadel hinter die Arbeit legen, 1 M re verschr, 1 M li, 1 M re verschr, die 1 M von der Hilfsnadel li

3 M auf eine Hilfsnadel vor die Arbeit legen, 1 M re, die M von der Hilfsnadel 1 M re verschr, 1 M li, 1 M re verschr

3 M auf eine Hilfsnadel vor die Arbeit legen, 1 M li, die M von der Hilfsnadel 1 M re verschr, 1 M li, 1 M re verschr

1 M abheben, 2 M re zus, die abgehobene M über die gestrickten M ziehen

keine Masche

Nadelverteilung

STRICKSCHRIFT B2, FUSSTEIL, LINKS

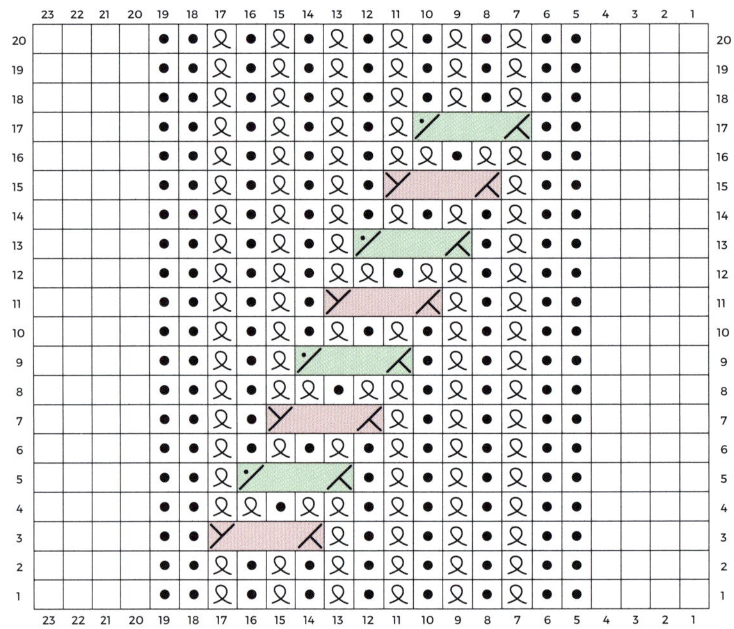

STRICKSCHRIFT B1, FUSSTEIL, RECHTS

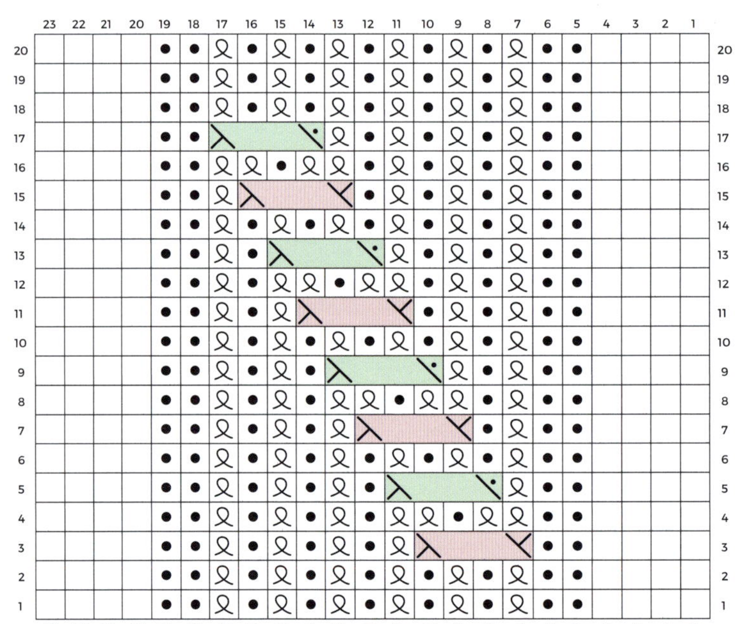

STRICKSCHRIFT C2, SPITZENABNAHMEN, LINKS

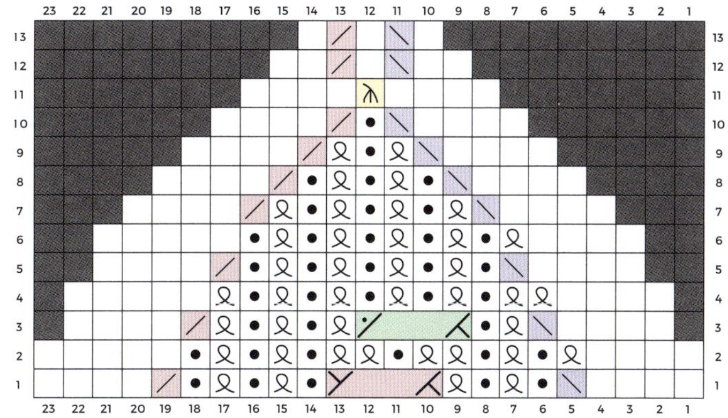

STRICKSCHRIFT C1, SPITZENABNAHMEN, RECHTS

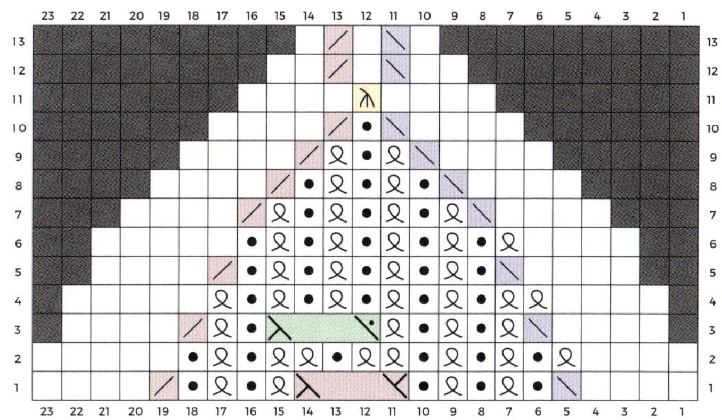

- rechts
- rechts verschränkt
- links
- 2 M re zus
- ssk: 2 M einzeln wie zum Rechtsstricken abheben, zurück auf die linke Nd legen und von hinten 2 M re zus
- 1 M auf die rechte Nd legen, ohne sie zu stricken
- 1 M zunehmen: den Querfaden zwischen 2 M aufnehmen und von vorn re abstricken
- 1 M zunehmen: den Querfaden zwischen 2 M aufnehmen und re verschränkt abstricken
- 1 M auf eine Hilfsnadel hinter die Arbeit legen, 1 M re verschr, 1 M li, 1 M re verschr, die 1 M von der Hilfsnadel re
- 1 M auf eine Hilfsnadel hinter die Arbeit legen, 1 M re verschr, 1 M li, 1 M re verschr, die 1 M von der Hilfsnadel li
- 3 M auf eine Hilfsnadel vor die Arbeit legen, 1 M re, die M von der Hilfsnadel 1 M re verschr, 1 M li, 1 M re verschr
- 3 M auf eine Hilfsnadel vor die Arbeit legen, 1 M li, die M von der Hilfsnadel 1 M re verschr, 1 M li, 1 M re verschr
- 1 M abheben, 2 M re zus, die abgehobene M über die gestrickten M ziehen
- keine Masche
- Nadelverteilung

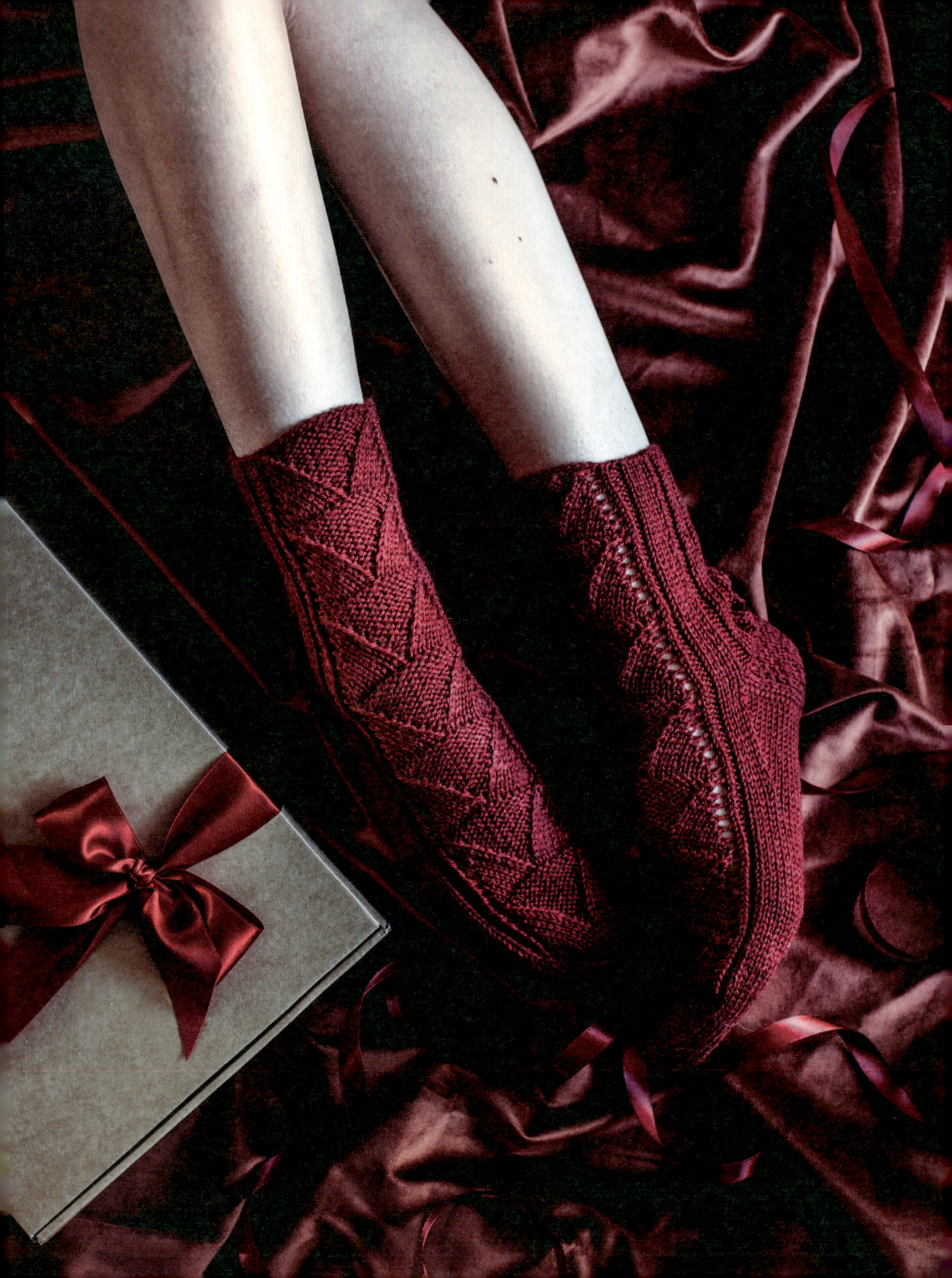

Vorabend

An Heiligabend wird das beste Weihnachtsgeschenk ausgepackt: warme und mit Liebe gestrickte Wollsocken. In diesen Socken kann man wunderbar entspannen, die weihnachtliche Ruhe und das fröhliche Lachen der Familie genießen. Innehalten inmitten der Hektik und sich einfach nur des Lebens freuen.

GRÖSSE: 38/39

GARN: Gjestal Maija,
Farbe 237 Dunkelrot

GARNVERBRAUCH: 85 g

NADELSPIEL: 3 mm

MASCHENPROBE:
24 M und 30 Rd = 10 cm x 10 cm

SCHAFT

56 M anschlagen und auf den Nd verteilen: 13-14-14-15.
Zwei Rd im Bündchenmuster stricken:
1. Nd: 2 M re, 2 M li, 2 M re, 2 M li, 2 M re, 2 M li, 1 M re.
2. Nd: 3 M re, 2 M li, 9 M re.
3. Nd: 9 M re, 2 M li, 3 M re.
4. Nd: 1 M re, 2 M li, 2 M re, 2 M li, 2 M re, 2 M li, 2 M re, 2 M li.

Nach dem Bündchen mit der 1. und 4. Nd weiter im Bündchenmuster wie zuvor und mit der 2. und 3. Nd das Muster laut Strickschrift A stricken. Mit Rd 1 beginnen und Rd 1-14 wiederholen.

So fortfahren, bis für den Schaft inkl. Bündchen 43 Rd gestrickt sind und zuletzt die 13. Rd der Strickschrift gestrickt wurde. Noch eine Rd wie folgt arbeiten: 1. Nd Bündchenmuster, 2. und 3. Nd Muster laut Strickschrift (Rd 14), 4. Nd re M stricken.

FERSE

Mit der versetzt verstärkten Fersenwand beginnen, dazu die M der 1. Nd auf die 4. Nd stricken (insg. 28 M). Die restlichen M bleiben ungestrickt. Die Arbeit wenden, die 1. M li abheben, ohne sie zu stricken, die übrigen M li stricken.

1. R (Hin-R): Die Arbeit wenden, *1 M abheben, ohne sie zu stricken, 1 M re, ab * bis R-Ende wiederholen.
2. R (Rück-R): Die Arbeit wenden, 1 M li abheben, ohne sie zu stricken, die übrigen M li stricken.
3. Rd (Hin-R): Die Arbeit wenden, 1 M abheben, ohne sie zu stricken, 1 M re, *1 M re, 1 M abheben, ab * wiederholen, bis noch 2 M übrig sind, 2 M re.
4. R (Rück-R): Die Arbeit wenden, 1 M li abheben, ohne sie zu stricken, die übrigen M li stricken.

Diese vier R wiederholen, bis für die Fersenwand 28 R gestrickt sind und zuletzt die 4. R gestrickt wurde.

Die Käppchenabnahmen in der nächsten Hin-R beginnen und weiterhin verstärkt stricken, bis noch 9 M auf der Nd sind. 1 ssk oder Übz stricken und die Arbeit wenden. Auf der anderen Nd sind 7 M. 1 M li abheben, ohne sie zu stricken, li stricken, bis 9 M übrig sind. 2 M li zus, die Arbeit wenden. 1 M abheben, ohne sie zu stricken, und verstärkt stricken, bis noch 8 M auf der Nd sind. 1 ssk oder Übz stricken und die Arbeit wenden. 1 M li abheben, ohne sie zu stricken, und li stricken, bis 8 M übrig sind. 2 M li zus und die Arbeit wenden. So fortfahren, dabei werden die äußeren M in jeder R reduziert, die mittleren M bleiben gleich (12 M).

Wenn die äußeren M aufgebraucht sind, die M der Fersenwand auf 2 Nd verteilen (6-6). 6 M re stricken, sodass der Faden in der Fersenmitte zwischen der 1. und 4. Nd liegt.

FUSSTEIL

Aus dem linken Fersenrand mit der freien Nadel 16 M auffassen. 6 M der 1. Nd re stricken, dann die 16 aufgefassten M re verschränkt stricken. Mit der 2. und 3. Nd das Muster laut Strickschrift stricken, mit R 1 beginnen. Aus dem rechten Fersenrand 16 M auffassen und re verschränkt stricken, auf dieselbe Nd noch die 6 M der 4. Nd stricken. Die Arbeit hat jetzt 72 M.

Mit den Zwickelabnahmen beginnen: Am Ende der 1. Nd 2 M re zus, am Anfang der 4. Nd 1 ssk oder Übz stricken. Mit der 2. und 3. Nd weiter im Muster laut Strickschrift stricken. Mit den Zwickelabnahmen in jeder 2. Rd fortfahren, bis noch 56 M (14-14-14-14) übrig sind. Mit der 1. und 4. Nd weiterhin re, mit der 2. und 3. Nd im Muster stricken. Wenn nach der Fersenwand 48 Rd gestrickt sind und zuletzt Rd 6 der Strickschrift gestrickt wurde, mit den Spitzenabnahmen beginnen.

Mit der 1. und 4. Nd eine breite Bandspitze und mit der 2. und 3. Nd laut Strickschrift arbeiten:
1. Nd: Re stricken, bis 3 M übrig sind; 2 M re zus, 1 M re.
4. Nd: 1 M re, ssk, übrige M re stricken.
Die Abnahmen in jeder 2. R arbeiten, bis 9 M pro Nd übrig sind. Danach in jeder Rd abnehmen.
2. und 3. Nd: Die Spitzenabnahmen laut Strickschrift B (Rd 1-16) stricken.

Es bleiben 8 M übrig. Den Faden abschneiden und durch die M ziehen.
Die Fadenenden vernähen und die Socken leicht dämpfen.

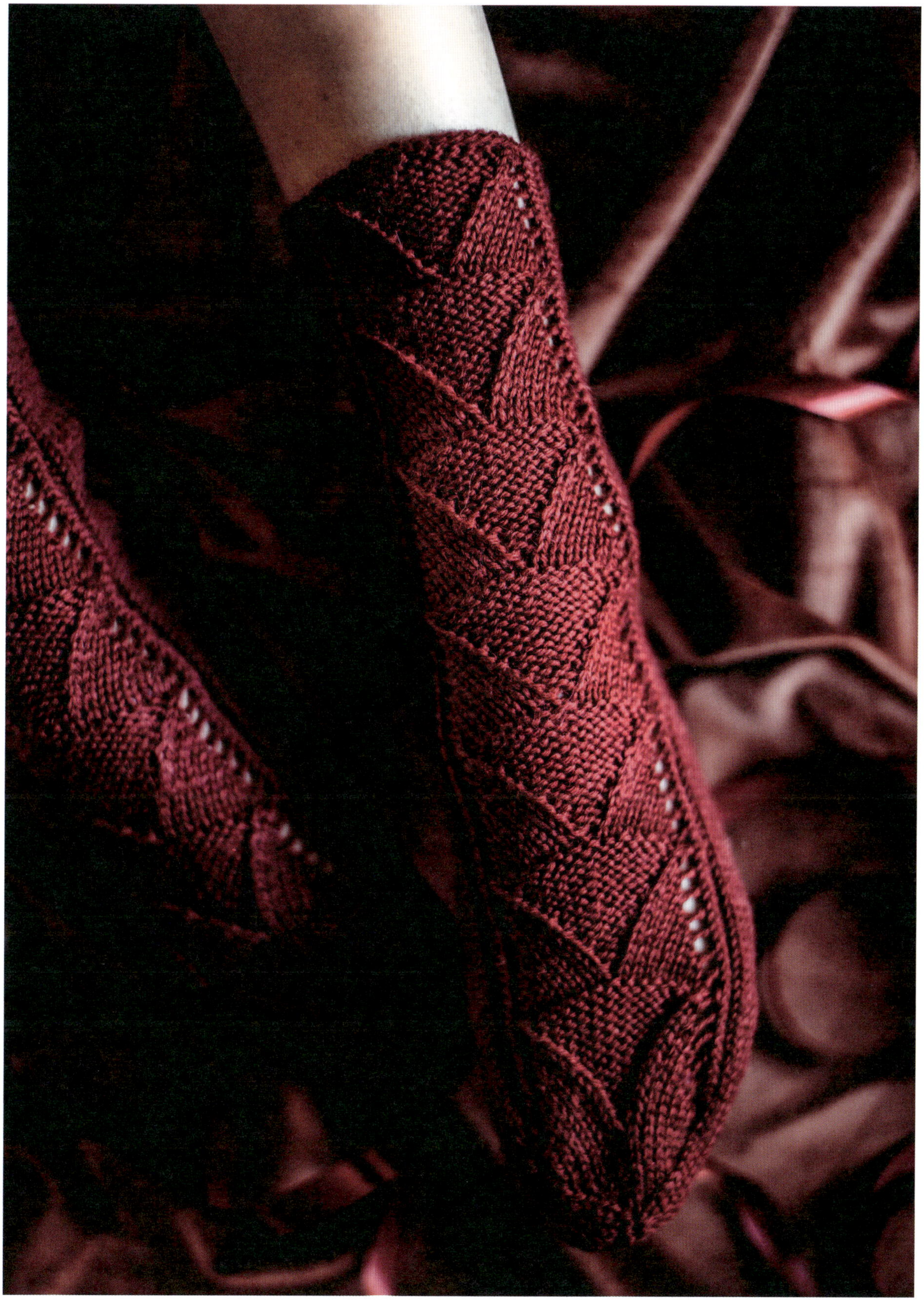

STRICKSCHRIFT A

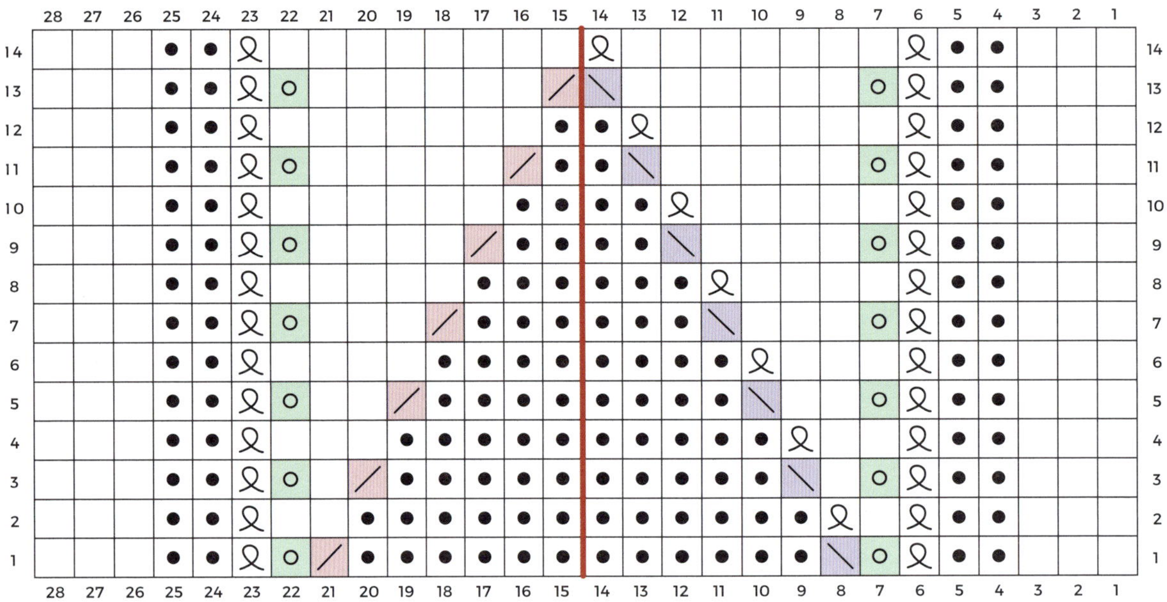

STRICKSCHRIFT B, SPITZENABNAHMEN

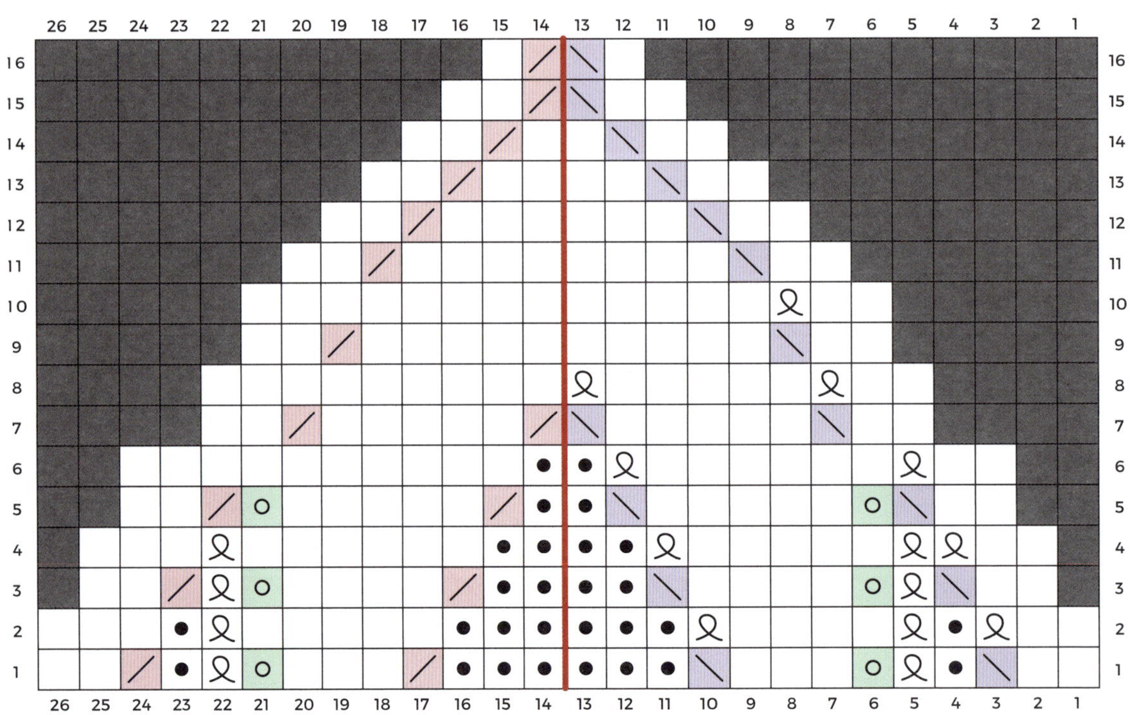

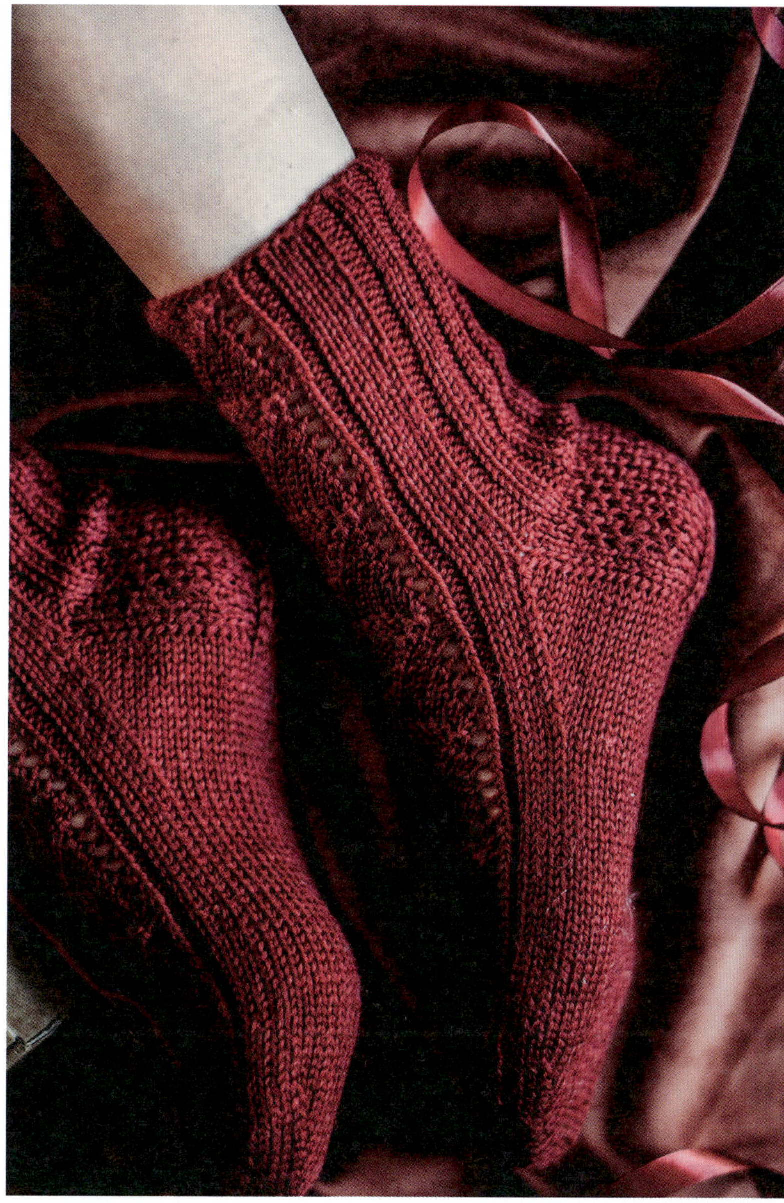

	rechts
Ω	rechts verschränkt
●	links
○	Umschlag
\	ssk: 2 M einzeln wie zum Rechtsstricken abheben, zurück auf die linke Nd legen und von hinten 2 M re zus
/	2 M re zus
	keine Masche
	Nadelverteilung

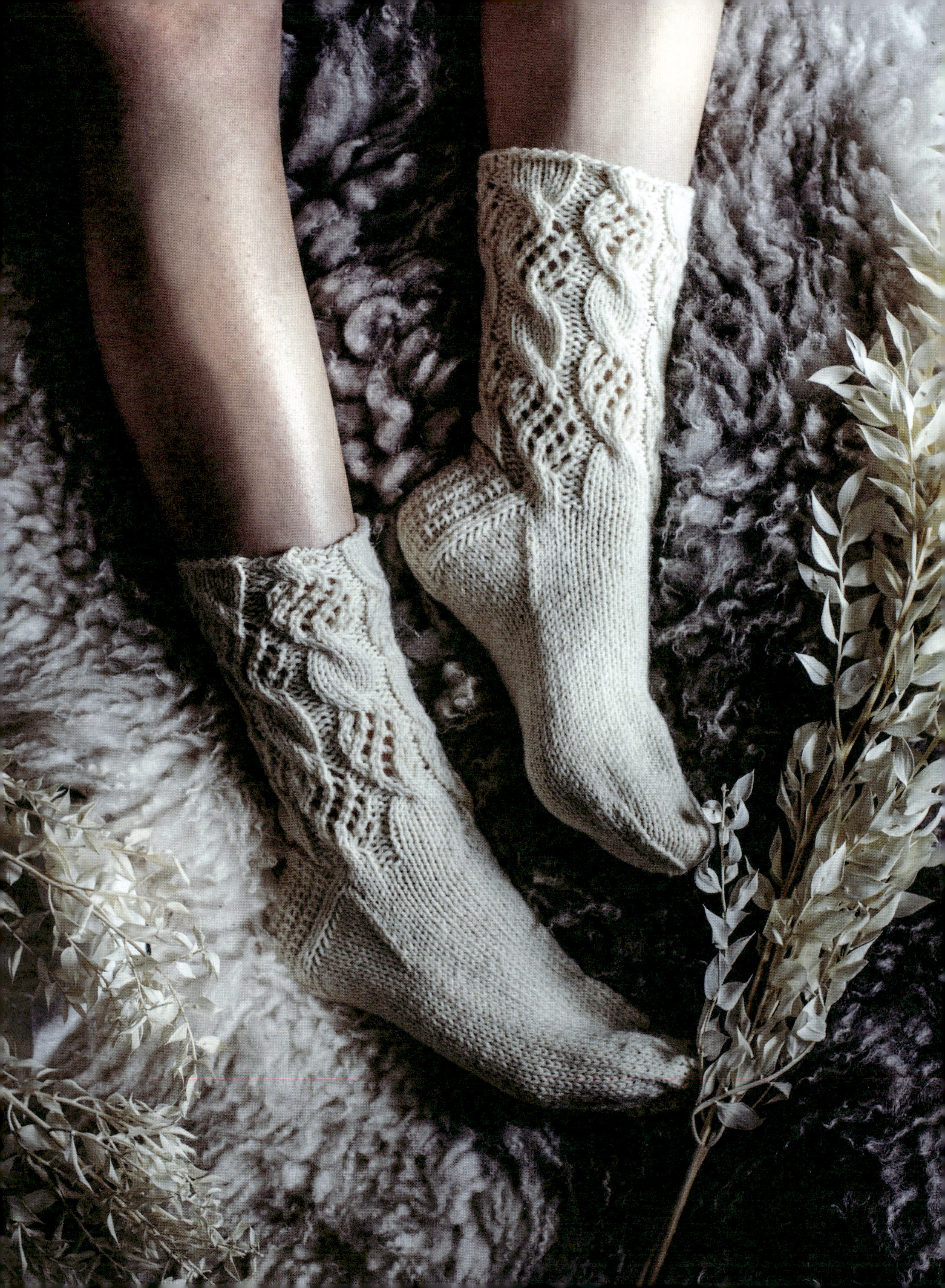

Still und leise

So langsam, heimlich, still und leise ist es richtig Winter geworden und die Erde ist mit Schnee bedeckt. Plötzlich ist alles weich und pudrig, Momente des Glücks unter den Schneeflocken und leises Lächeln in der Abenddämmerung. Die schönen Spitzenzöpfe am Schaft verleihen dem Modell ein wohliges Gefühl von Wintermagie.

GRÖSSE: 37 (39)

GARN: Novita 7 Veljestä, Farbe 011 Naturweiß

GARNVERBRAUCH: 120 g

NADELSPIEL: 3,5 mm, Hilfsnadel

MASCHENPROBE:
22 M und 26 Rd = 10 cm x 10 cm

BEVOR SIE BEGINNEN

Beide Socken werden bis zu den Zwickelabnahmen mit derselben Maschenzahl gestrickt. Danach sind die Abweichungen für Größe 39 in der Anleitung blau markiert.

SCHAFT

52 M anschlagen und auf den Nd verteilen: 11-16-14-11.

Alle 50 Rd laut Strickschrift arbeiten. Noch eine Rd re stricken, dabei 4 M abnehmen, sodass die Arbeit 48 M hat. Die M auf den Nd verteilen: 12-12-12-12.

FERSE

Mit der Fersenwand im Strukturmuster beginnen, dazu die M der 1. Nd auf die 4. Nd stricken (insg. 24 M). Die restlichen M bleiben ungestrickt. Die Arbeit wenden, die 1. M li abheben, ohne sie zu stricken, *1 M li, 1 M re, ab * wiederholen, bis noch 4 M übrig sind, 1 M re, 2 M li zus und 1 M li. Die Ferse hat jetzt 23 M.

1. R (Hin-R): Die Arbeit wenden, 1 M re abheben, ohne sie zu stricken, 1 M re, *1 M li, 1 M abheben mit dem Faden vor der Arbeit, ab * wiederholen bis noch 3 M übrig sind, 1 M li und 2 M re.
2. R (Rück-R): Die Arbeit wenden, die 1. M li abheben, ohne sie zu stricken, *1 M li, 1 M re, ab * wiederholen, bis noch 2 M übrig sind, 2 M li.

Diese zwei R wiederholen, bis für die Fersenwand 24 R gestrickt und zuletzt eine Rück-R gestrickt wurde.

Für die Käppchenabnahmen in der nächsten Hin-R beginnen: 1 M re abheben, ohne sie zu stricken, *1 M re, 1 M li, ab * wiederholen bis noch 8 M auf der Nadel sind. 1 Übz stricken, die Arbeit wenden. Auf der anderen Nd sind 6 M. 1 M li abheben, ohne sie zu stricken, *1 M re, 1 M li, ab * wiederholen bis noch 8 M auf der Nadel sind. 2 M li zus, die Arbeit wenden. 1 M re abheben, ohne sie zu stricken, *1 M li, 1 M re, ab * wiederholen bis noch 7 M übrig sind. 1 Übz stricken, die Arbeit wenden. 1 M li abheben, ohne sie zu stricken, *1 M re, 1 M li, ab * wiederholen bis noch 7 M auf der Nd sind. 2 M li zus, wenden. So fortfahren, dabei werden die äußeren M in jeder R reduziert, die mittleren M bleiben gleich (9 M).

Wenn die äußeren M aufgebraucht sind, die M der Fersenwand auf 2 Nd verteilen (5-4). Mit der 4. Nd 3 M re, 2 M re zus, sodass der Faden zwischen den Nd liegt.

FUSSTEIL

Aus dem Fersenrand mit der 1. Nd 14 M auffassen, mit der 4. Nd aus dem anderen Fersenrand ebenfalls 14 M auffassen. Die Arbeit hat jetzt 60 M. Mit der 1. und 4. Nd weiter re M stricken, die aus dem Fersenrand aufgefassten M re verschränkt stricken. Mit der 2. und 3. Nd ebenfalls re M stricken.

Für die Zwickelabnahmen in jeder 2. Rd am Ende der 1. Nd 2 M re zus, am Anfang der 4. Nd 1 ssk oder Übz stricken. Wenn noch 44 M (10-12-12-10) – 48 M (12-12-12-12) übrig sind, die Abnahmen beenden und re stricken. Für die kleinere Größe die M auf den Nd verteilen: 11-11-11-11.

Wenn nach der Fersenwand 42 Rd (46 Rd) gestrickt sind, mit den Spitzenabnahmen beginnen (breite Bandspitze):
1. und 3. Nd: Re stricken, bis noch 3 M übrig sind, 2 M re zus, 1 M re.
2. und 4. Nd: 1 M re, 1 ssk oder Übz, die restlichen M re stricken.

Die Abnahmen zunächst in jeder 2. Rd stricken. Wenn noch 32 M (8-8-8-8) übrig sind, die Abnahmen in jeder Rd stricken.

Wenn insg. noch 8 M übrig sind, den Faden abschneiden und durch die M ziehen.

Die Fadenenden vernähen und die Socken leicht dämpfen.

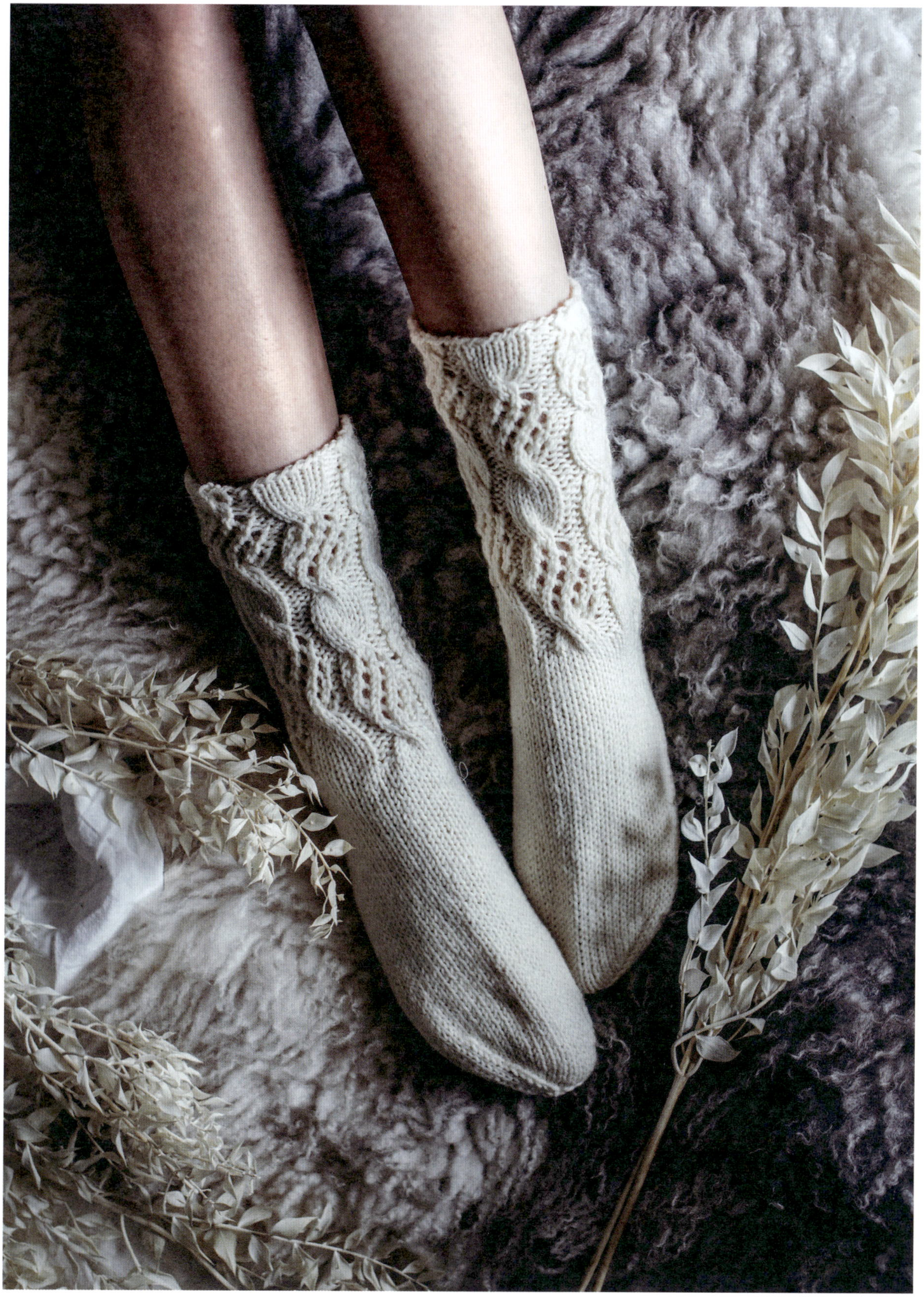

STRICKSCHRIFT, SCHAFT

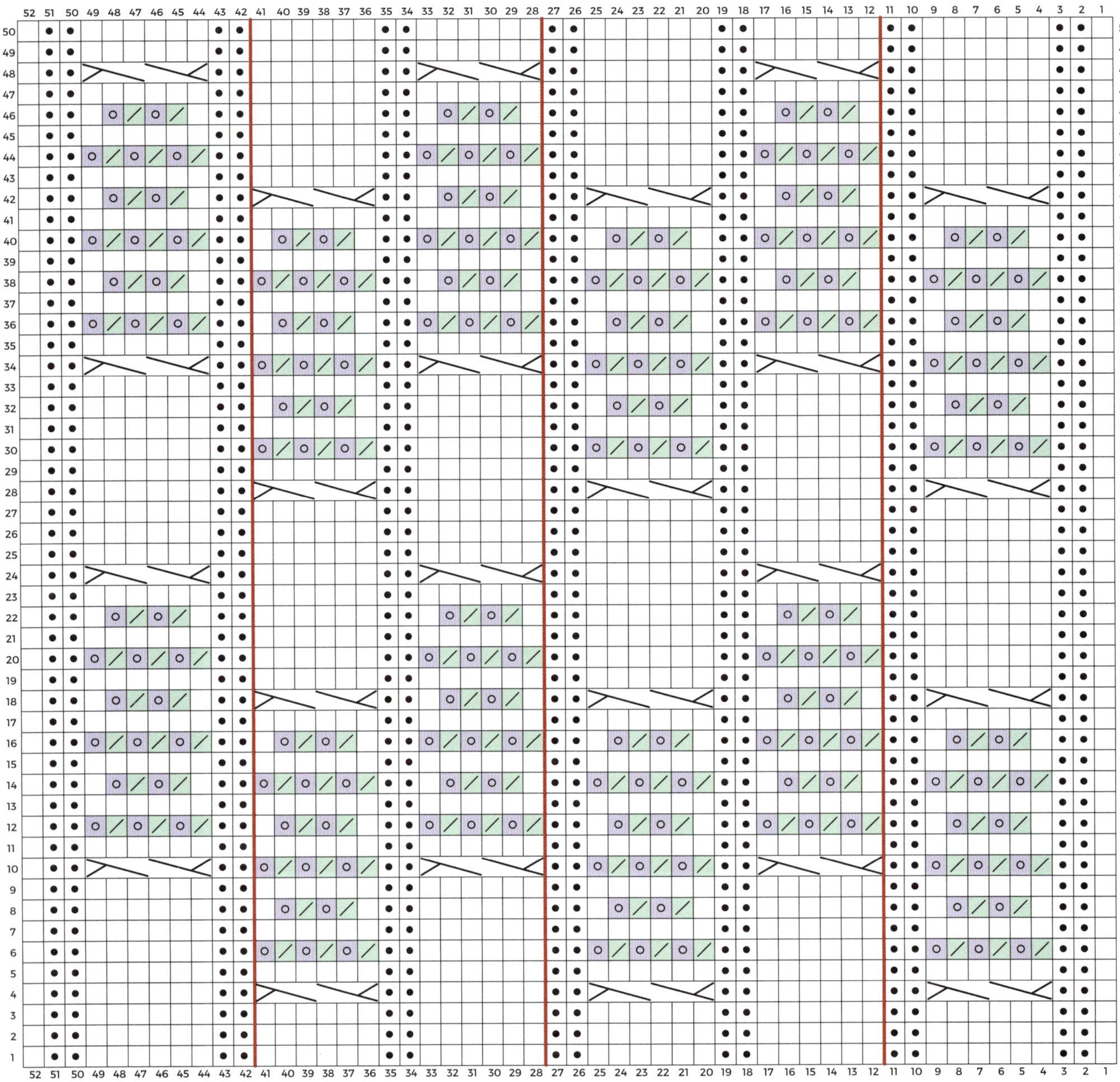

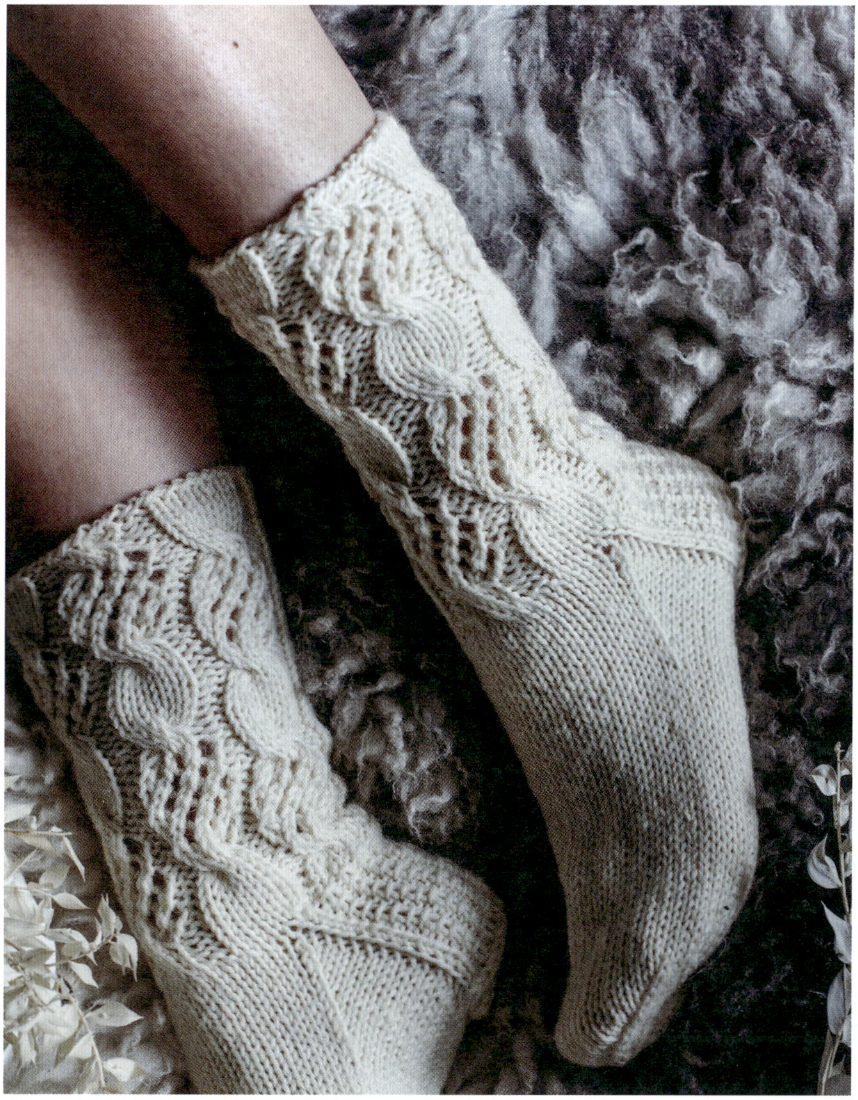

(leeres Kästchen)	rechts
●	links
/	2 M re zus
O	Umschlag
(Zopfsymbol)	3 M auf eine Hilfsnadel vor die Arbeit legen, 3 M re, die 3 M der Hilfsnadel re
(rot umrandetes Kästchen)	Nadelverteilung

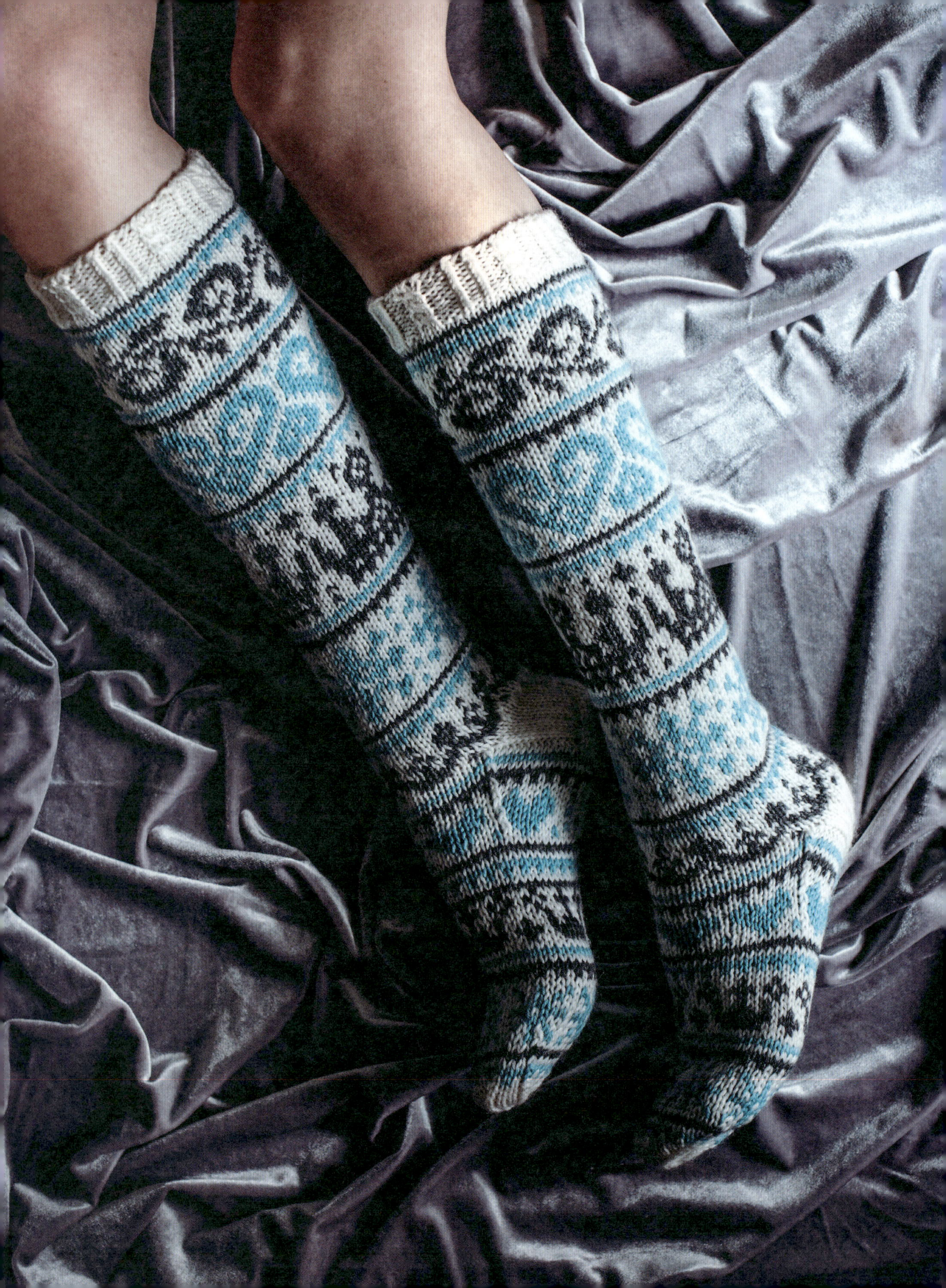

Schneekönigin

Dieses Modell ist für alle Königinnen meines Lebens, für meine lieben Freundinnen, mit denen der Alltag ein Fest ist. Für Menschen, die da sind, wenn man sie braucht, deren Worte man vertrauen kann und die einen verstehen, auch wenn man sich selbst nicht versteht. In diesen Socken stecken Liebe und Vertrauen. Stolz auf das, was man hat und ist.

GRÖSSE: 39

GARN UND GARNVERBRAUCH:
Gjestal Janne
Grundfarbe 400 Naturweiß, 130–140 g
Musterfarbe 405 Mittelgrau, 20–25 g
Musterfarbe 490 Helltürkis, 20–25 g

NADELSPIEL: 3,5 mm, Hilfsnadel

MASCHENPROBE:
20 M und 26 Rd = 10 cm x 10 cm

BEVOR SIE BEGINNEN

Die Strickschriften werden von unten nach oben und von rechts nach links gelesen.

Die Anleitung ist für zwei Schäfte unterschiedlicher Größe (mittel und breit). Laut Strickschrift A1 gearbeitete Socken haben eine Schaftbreite, die für Waden mit einem Umfang von ca. 35-39 cm passt. Laut Strickschrift A2 gearbeitete Socken passen für Waden mit einem Umfang von ca. 40-45 cm. Die Ferse und der Fußteil werden in beiden Größen nach derselben Anleitung gearbeitet.

SCHAFT (MITTEL)

64 M in Naturweiß anschlagen und auf den Nd verteilen: 15-17-16-16.

Das Bündchenmuster laut Strickschrift A1, Rd 1-10 stricken. In der 11. Rd re M stricken, dabei 1 M zunehmen und die M auf den Nd verteilen: 16-17-16-16.

Das Einstrickmuster laut Strickschrift A1 ab der 12. Rd beginnen und den Schaft laut der Strickschrift arbeiten, dabei in den unten genannten Rd im Anfangsbereich der 1. Nd und im Endbereich der 4. Nd an geeigneter Stelle abnehmen.

Abnahmen:
48. Rd: 2 M abnehmen, die Arbeit hat 63 M.
60. Rd: 2 M abnehmen, die Arbeit hat 61 M.
Bitte beachten! In der 66. Rd die M neu auf den Nd verteilen: 18-13-12-18.
67. Rd: 2 M abnehmen, die Arbeit hat 59 M.
73. Rd: 2 M abnehmen, die Arbeit hat 57 M.
78. Rd: 2 M abnehmen, die Arbeit hat 55 M.
83. Rd: 2 M abnehmen, die Arbeit hat 53 M.
88. Rd: 2 M abnehmen, die Arbeit hat 51 M.

Wenn alle 102 Rd für den Schaft gestrickt sind, die M auf den Nd verteilen: 13-13-12-13.

SCHAFT (BREIT)

70 M in Naturweiß anschlagen und auf den Nd verteilen: 18-18-17-17.

Das Bündchenmuster laut Strickschrift A2, Rd 1-10 stricken. In der 11. Rd re M stricken. Gleichzeitig 3 M zunehmen, dabei die M auf den Nd verteilen: 18-19-18-18.

Das Einstrickmuster laut Strickschrift A2 ab der 12. Rd beginnen und den Schaft laut der Strickschrift arbeiten, dabei in den unten genannten Rd im Anfangsbereich der 1. Nd und im Endbereich der 4. Nd an geeigneter Stelle abnehmen.

Abnahmen:
34. Rd: 2 M abnehmen, die Arbeit hat 71 M.
48. Rd: 2 M abnehmen, die Arbeit hat 69 M.
54. Rd: 2 M abnehmen, die Arbeit hat 67 M.
60. Rd: 2 M abnehmen, die Arbeit hat 65 M.
Bitte beachten! In der 66. Rd die M neu auf den Nd verteilen: 20-13-12-20.
67. Rd: 2 M abnehmen, die Arbeit hat 63 M.
72. Rd: 2 M abnehmen, die Arbeit hat 61 M.
76. Rd: 2 M abnehmen, die Arbeit hat 59 M.
80. Rd: 2 M abnehmen, die Arbeit hat 57 M.
84. Rd: 2 M abnehmen, die Arbeit hat 55 M.
88. Rd: 2 M abnehmen, die Arbeit hat 53 M.
91. Rd: 2 M abnehmen, die Arbeit hat 51 M.

Wenn alle 102 Rd für den Schaft gestrickt sind, die M auf den Nd verteilen: 13-13-12-13.

FERSE

Mit der gerippten Fersenwand in Naturweiß beginnen, dazu die M der 1. Nd re auf die 4. Nd stricken (insg. 26 M). Die restlichen M bleiben ungestrickt. Die Arbeit wenden, die 1. M li abheben, ohne sie zu stricken, die übrigen M li stricken. Gleichzeitig 2 M abnehmen, sodass die Fersenwand 24 M hat.

1. R (Hin-R: Die Arbeit wenden, *1 M abheben, ohne sie zu stricken, 1 M re, ab * bis R-Ende wiederholen.
2. R (Rück-R): Die Arbeit wenden, 1 M li abheben, ohne sie zu stricken, 1 M li, *1 M re, 1 M li, ab * bis R-Ende wiederholen.

Diese zwei R wiederholen, bis für die Fersenwand 24 R gestrickt sind und zuletzt eine Rück-R gestrickt wurde.

Die Käppchenabnahmen in der nächsten Hin-R beginnen und weiterhin verstärkt stricken, bis noch 11 M auf der Nd sind. 1 Übz stricken und die Arbeit wenden. Auf der anderen Nadel sind 7 M. 1 M li abheben, ohne sie zu stricken, und verstärkt stricken, bis 9 M übrig sind. 2 M li zus und die Arbeit wenden. 1 M re abheben, ohne sie zu stricken, und verstärkt stricken, bis 8 M übrig sind. 1 Übz stricken und die Arbeit wenden. 1 M li abheben, ohne sie zu stricken, und verstärkt stricken, bis 8 M übrig sind. 2 M li zus und die Arbeit wenden. So fortfahren, dabei werden die äußeren M in jeder R reduziert, die mittleren M bleiben gleich (8 M).

Wenn die äußeren M aufgebraucht sind, die M der Fersenwand auf 2 Nd verteilen (4-4). 4 M der 4. Nd re stricken, sodass der Faden zwischen den Nd liegt.

FUSSTEIL

Aus dem Fersenrand mit der 1. Nd 14 M auffassen, mit der 4. Nd aus dem anderen Fersenrand ebenfalls 14 M auffassen. Die Arbeit hat jetzt 61 M. Mit dem Einstrickmuster laut Strickschrift B ab der 1. Rd fortfahren. Die aus dem Fersenrand aufgefassten M re verschränkt stricken.

Für die Zwickelabnahmen in den in Strickschrift B angegebenen Rd (2, 4, 6, 8, 10 und 12) am Ende der 1. Nd 2 M re zus, am Anfang der 4. Nd 1 ssk oder Übz stricken. Die dunkelgrau markierten Karos stellen keine Maschen dar. Wenn die Zwickelabnahmen fertig sind, sind noch 49 M (12-13-12-12) M übrig.

Das Einstrickmuster weiter laut Strickschrift stricken. In Rd 28 am Ende der 4. Nd 1 M abnehmen und die M auf den Nd verteilen: 12-12-12-12.

Wenn die 38 Rd laut Strickschrift B gestrickt sind, mit den Spitzenabnahmen beginnen. In den Spitzenabnahmen setzt sich das Einstrickmuster noch über 6 Rd fort (Rd 39-44 in der Strickschrift). Danach sind noch 36 M (9-9-9-9) übrig.

In der Grundfarbe eine breite Bandspitze arbeiten. In jeder Rd abnehmen:
1. und 3. Nd: Re stricken, bis noch 3 M übrig sind, 2 M re zus, 1 M re.
2. und 4. Nd: 1 M re, 1 ssk oder Übz, die restlichen M re stricken.
Wenn insg. noch 8 M übrig sind, den Faden abschneiden und durch die M ziehen.

Die Fadenenden vernähen und die Socken leicht dämpfen.

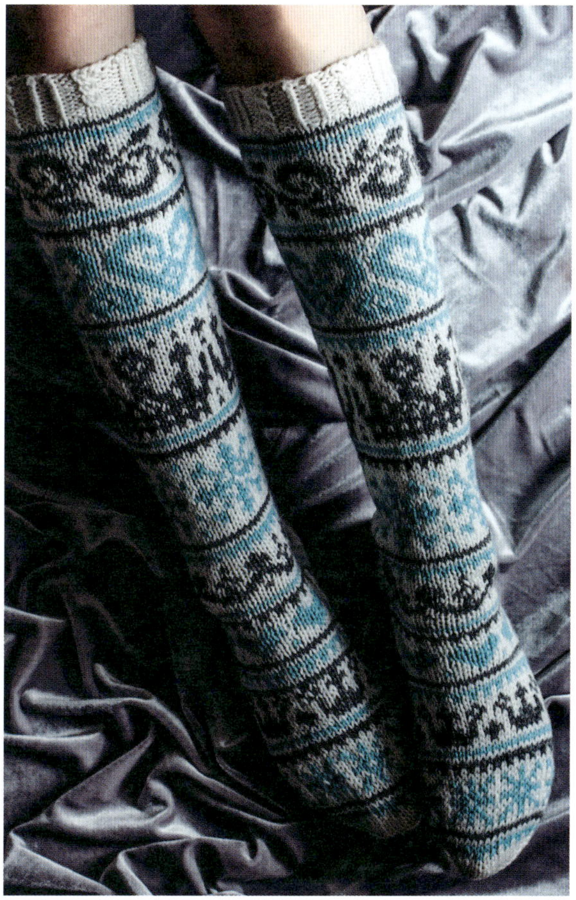

STRICKSCHRIFT A1, SCHAFT, MITTEL

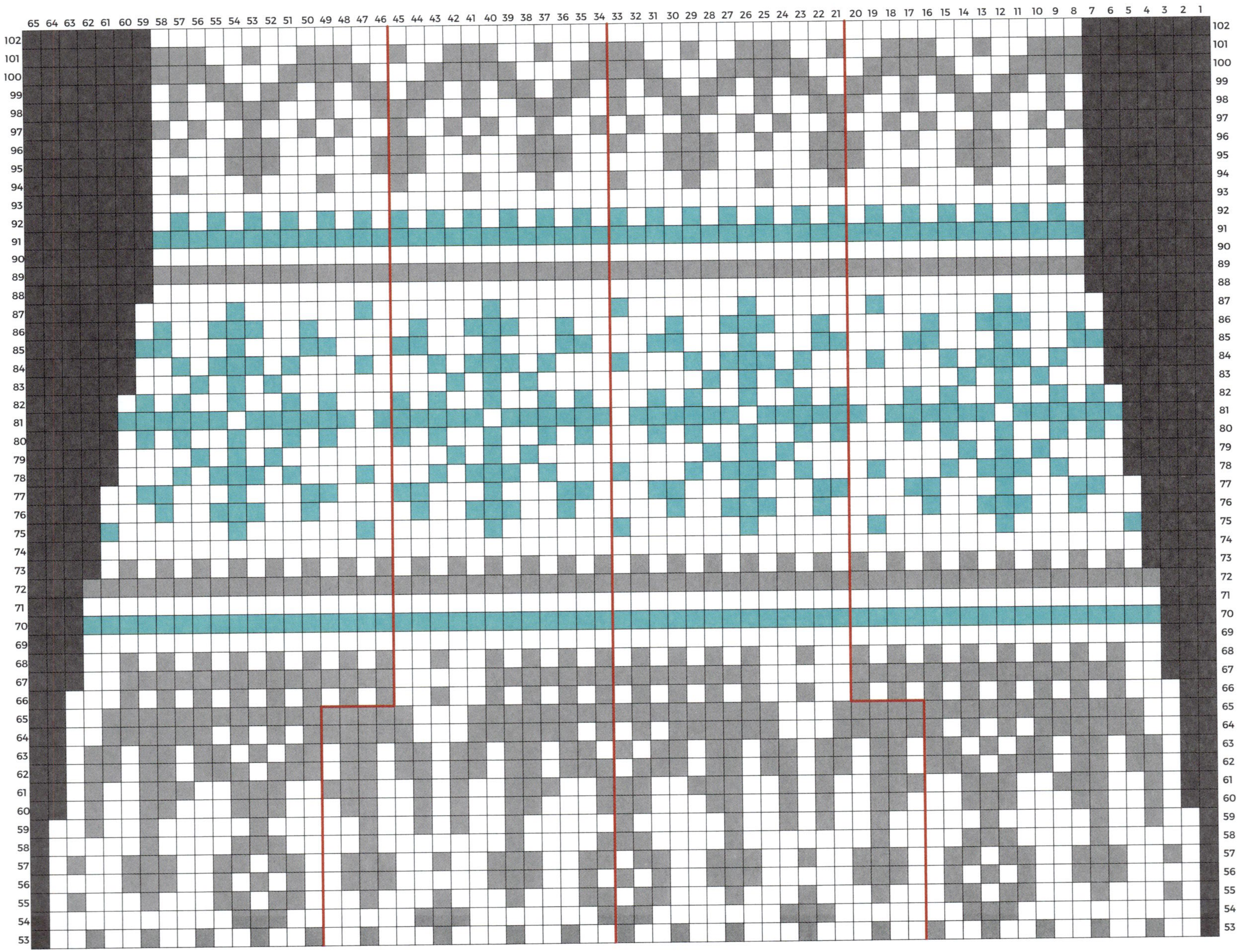

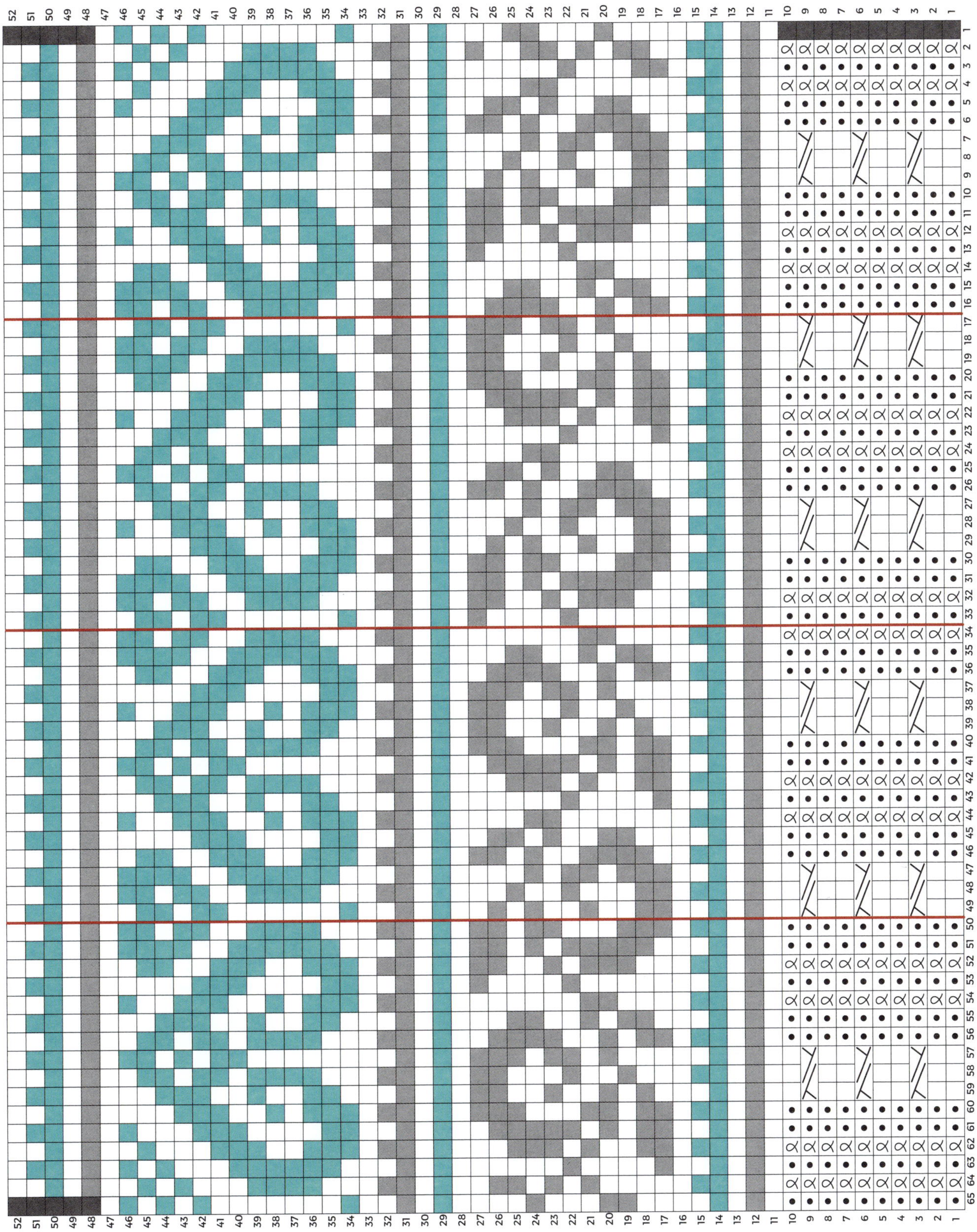

STRICKSCHRIFT A2, SCHAFT, BREIT

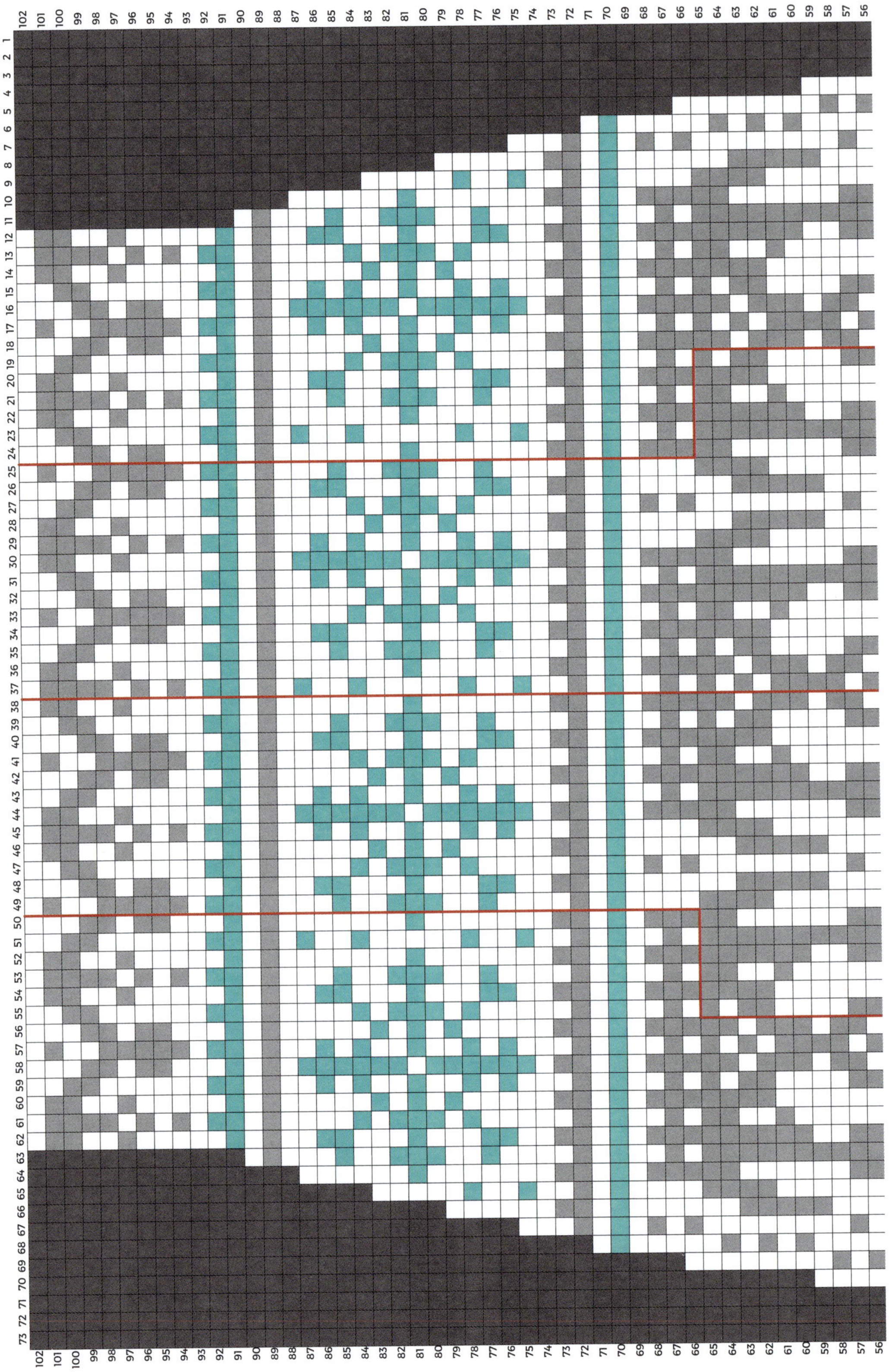

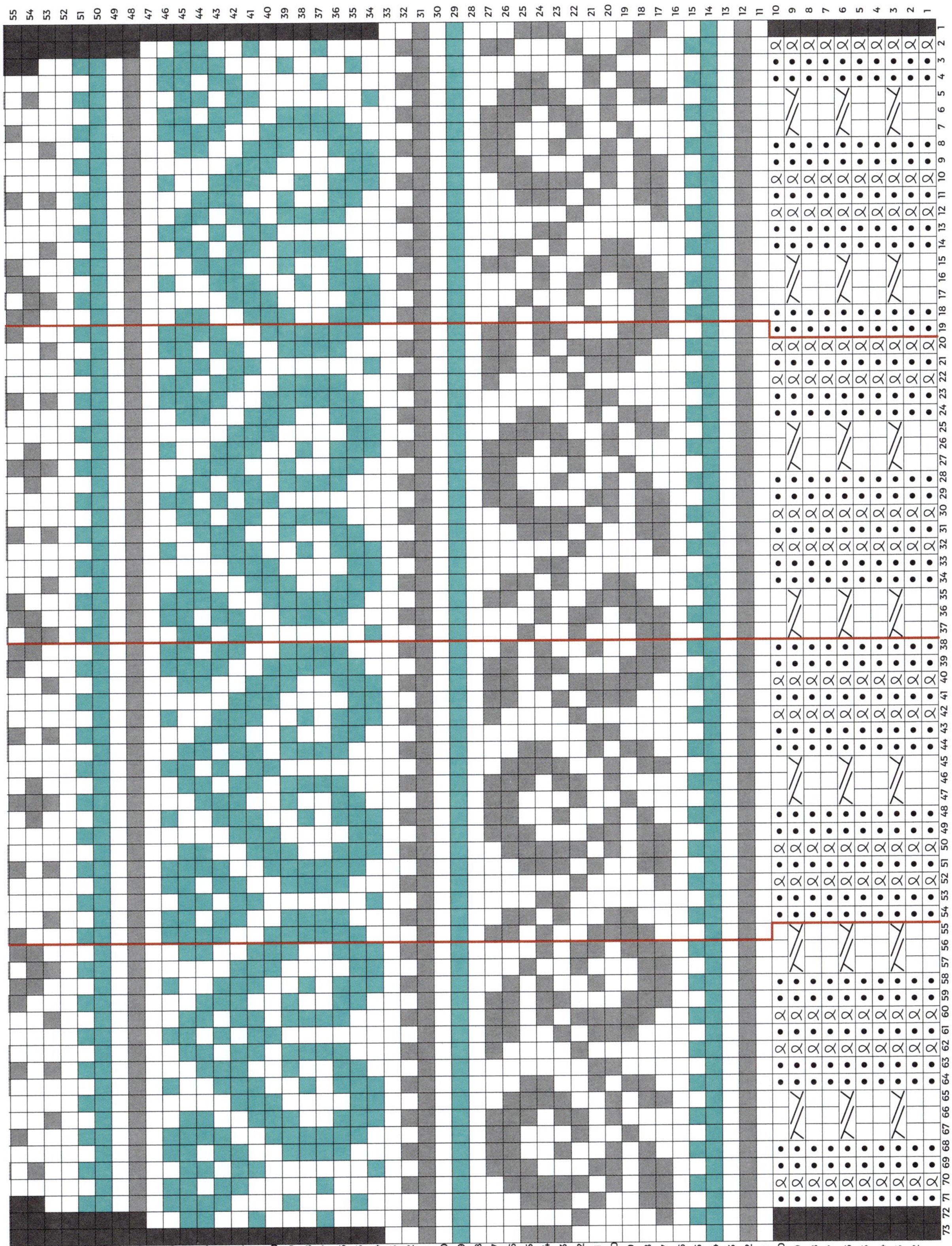
55 54 53 52 51 50 49 48 47 46 45 44 43 42 41 40 39 38 37 36 35 34 33 32 31 30 29 28 27 26 25 24 23 22 21 20 19 18 17 16 15 14 13 12 11 10 9 8 7 6 5 4 3 2 1
1 2 3 4 5 6 7 8 9 10 11 12 13 14 15 16 17 18 19 20 21 22 23 24 25 26 27 28 29 30 31 32 33 34 35 36 37 38 39 40 41 42 43 44 45 46 47 48 49 50 51 52 53 54 55 56 57 58 59 60 61 62 63 64 65 66 67 68 69 70 71 72 73

STRICKSCHRIFT B, FUSSTEIL

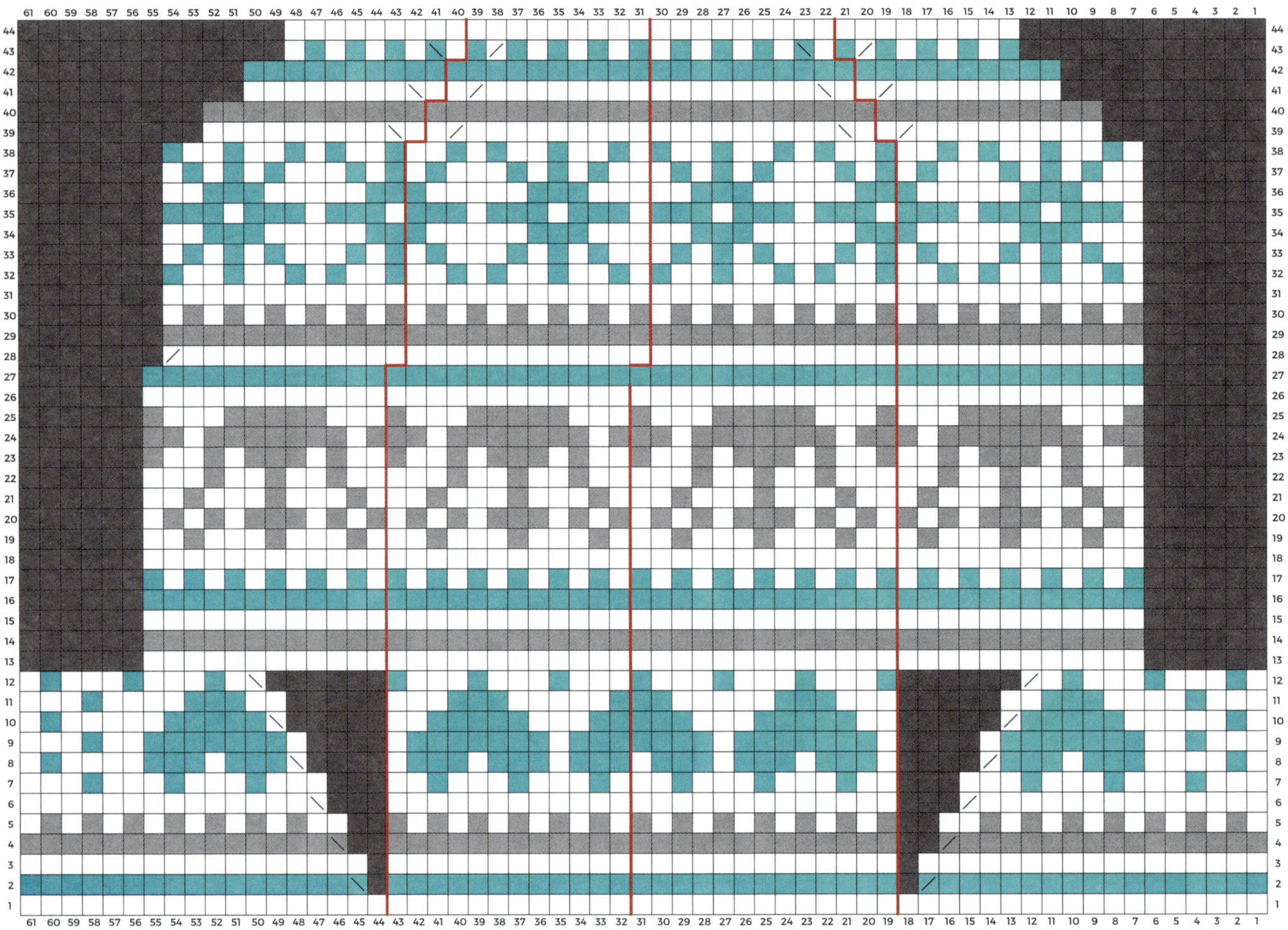

- rechts (Naturweiß)
- rechts (Mittelgrau)
- rechts (Helltürkis)
- rechts verschränkt (Naturweiß)
- links (Naturweiß)
- keine Masche
- Nadelverteilung
- 1 M auf eine Hilfsnadel vor die Arbeit legen, 2 M re, die 1 M von der Hilfsnadel re (Naturweiß)
- 2 M re zus (Mittelgrau)
- 2 M einzeln wie zum Rechtsstricken abheben, zurück auf die linke Nd legen und von hinten 2 M re zus (Mittelgrau)
- 2 M re zus (Helltürkis)
- 2 M einzeln wie zum Rechtsstricken abheben, zurück auf die linke Nd legen und von hinten 2 M re zus (Helltürkis)
- 2 M re zus (Naturweiß)
- 2 M einzeln wie zum Rechtsstricken abheben, zurück auf die linke Nd legen und von hinten 2 M re zus (Naturweiß)

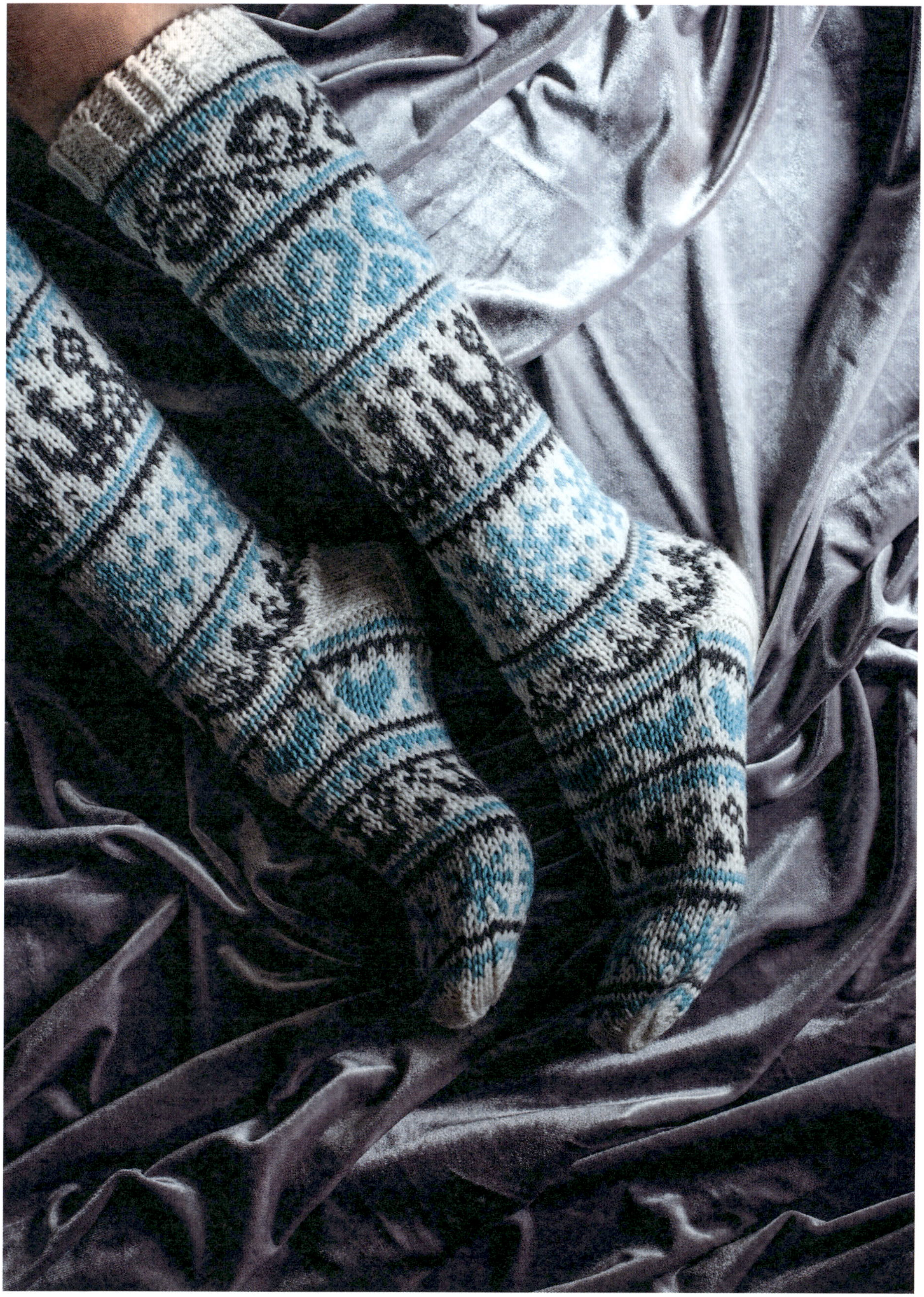

Impressum

Originalausgabe unter dem Titel
Villasukkien uusi vuosi erschienen bei:

Anleitungen und Strickschriften:
Niina Laitinen
Fotos, Styling, Gestaltung und Satz:
Viola Minerva Virtamo

Für die deutsche Ausgabe:
Produktmanagement: Xenia Kuczera
Übersetzung: Andrea Hauss-Honkanen
Lektorat: Stephanie van der Linden
Satz: Sabine Vonderstein
Umschlaggestaltung: Regina Degenkolbe
Herstellung: Bettina Schippel, Kathleen Baumann

Printed in Turkey by Elma Basim

Die Deutsche Nationalbibliothek verzeichnet diese Publikation in der Deutschen Nationalbibliografie; detaillierte bibliografische Daten sind im Internet über http://dnb.de abrufbar.

2. Auflage 2022

Infanteriestraße 11a
D 80797 München

ISBN 978-3-8410-6650-3

Besuchen Sie uns im Internet:
www.christophorus-verlag.de

Unser komplettes Programm finden Sie unter

www.christophorus-verlag.de